全数字化赋能

迎击颠覆者的竞争战略

[英] 迈克尔·韦德（Michael Wade）[美] 杰夫·劳克斯（Jeff Loucks）
[英] 詹姆斯·麦考利（James Macaulay）[美] 安迪·诺罗尼亚（Andy Noronha） 著
瑞士洛桑管理发展学院 译/出品

中信出版集团 | 北京

图书在版编目（CIP）数据

全数字化赋能：迎击颠覆者的竞争战略 /（英）迈克尔·韦德等著；瑞士洛桑管理发展学院译 .-- 北京：中信出版社，2019.1（2022.4重印）

书名原文：Digital Vortex:How Today's Market Leaders Can Beat Disruptive Competitors at Their Own Game

ISBN 978-7-5086-9832-8

I. ①全… II. ①迈… ②瑞… III. ①企业管理 IV. ① F272

中国版本图书馆 CIP 数据核字 (2018) 第 267041 号

全数字化赋能——迎击颠覆者的竞争战略

著　　者：［英］迈克尔·韦德　［美］杰夫·劳克斯　［英］詹姆斯·麦考利　［美］安迪·诺罗尼亚

译　　者：瑞士洛桑管理发展学院

出版发行：中信出版集团股份有限公司

（北京市朝阳区惠新东街甲 4 号富盛大厦 2 座　邮编　100029）

承 印 者：唐山楠萍印务有限公司

开　　本：880mm×1230mm　1/32　　印　　张：9.5　　字　　数：279 千字

版　　次：2019 年 1 月第 1 版　　印　　次：2022 年 4 月第 6 次印刷

京权图字：01–2018–8394

书　　号：ISBN 978–7–5086–9832–8

定　　价：58.00 元

各界对《全数字化赋能》的赞誉

企业要想在数字时代保持竞争力，就要做到每 18~24 个月对运营模式进行一次革新。对大型企业而言，以这种速度进行变革似乎有些不切实际，但企业的生死存亡恰恰取决于此。《全数字化赋能》为这些企业提供了提高其敏捷性所需的实用战略和框架，让它们得以不断改进运营模式，在业务中重新焕发创业精神。

——凯文·班迪（Kevin Bandy），思科首席数字官

全数字化颠覆是当下真实的、正在发生的事，而且正在从根本上改变未来数十年的竞争方式。从来没有哪个时代拥有如此美好的前景，也没有哪个时代存在着如此巨大的风险。企业如果不趁现在寻求转型之道，很快就会陷入穷途末路的境地。全球全数字化业务转型中心走在这一大趋势的前沿，如果企业想要先发制人引领潮流，那么这本《全数字化赋能》不应错过。

——道格·康纳（Doug Connor），SAP（思爱普）公司
全数字化转型全球副总裁

无论什么样的企业，只要渴望掌握必要的基本能力来灵活应对未

来的全数字化趋势，就能从《全数字化赋能》中找到全面而实用的战略。

——路易斯·埃尔南德斯·埃沙维斯（Luis Hernández Echávez），墨西哥西麦斯集团执行副总裁

全数字化并非只是一次技术浪潮，它还将影响人们的生活方式，因此，我们每个人都要做好迎接全数字化的准备。从“价值吸血鬼”到“价值空地”，一个个崭新的业务战略出现在我们面前，需要我们去掌握。《全数字化赋能》为这个新的领域揭开了神秘面纱，也为尚未做好全数字化转型准备的企业提供了详尽的指导。

——比尔·费希尔（Bill Fischer），《点子高手：如何找到最好的点子并付诸实施》（*The Idea Hunter: How to Find the Best Ideas and Make Them Happen*）的合著者及 DeepDive™ 创新方法的共同缔造者

在各种新型全数字化技术的推动下，当今的商业环境瞬息万变，这导致我们公司在捕捉市场内在机遇和威胁方面遇到不少问题。《全数字化赋能》从文化、技术和战略等诸多角度阐述了企业应如何应对现有的挑战，帮助我们解决了几乎所有问题。通过极有价值的案例研究和“自我反思”问题，我们能够从成功实现全数字化转型的企业身上汲取相关经验，并且迫不及待地投入变革中。

——乔纳森·格罗弗（Jonathan Grover），辉凌制药有限公司全球信息技术高级副总裁

这本书为所有不知在数字时代何去何从的企业提供了指路明灯。我们都在研究新的市场竞争者，并尝试尽可能地向他们学习更多东西，但是在传统企业中引入这种“精益创业”的方法根本行不通。这本书并未直接告诉我们应该采取什么样的战略，而是提供了一个可靠的框架，让我们自行构思适合自己的全数字化转型之路。

——阿格涅兹卡·许恩（Agnieszka Kühn），戴姆勒金融服务集团全数字化转型全球主管

如果你是高级管理层的一员，并且希望透彻地了解全数字化技术对您的企业有何影响，不妨读一读这本书。它不仅能帮你找到问题的答案，还能帮你在脑海中勾画一幅明确的未来蓝图。

——盖伊·劳伦斯（Guy Laurence），罗杰斯通信公司总裁兼首席执行官

如今，围绕全数字化和全数字化转型的宣传甚嚣尘上，众说纷纭。《全数字化赋能》拨开重重迷雾，为企业排除威胁、把握全数字化机遇指明了方向。这本书是每个面临全数字化颠覆挑战的高管应读的佳作。

——史蒂夫·李（Steve Lee），新加坡樟宜机场首席信息官

这是一部充满启发性的佳作，可以让我们对全数字化转型和全数

字化颠覆有一个整体认识。

——黑尔佳·梅尔（Helga Maier），施华洛世奇全数字化业务总监

我们的客户和合作伙伴常说，现在的企业需要加快行动步伐。这本书的价值在于，它阐述了企业如何将技术作为战略的核心，以更快的步伐向正确的方向前进。《全数字化赋能》可以帮助高管预测市场风向，据此做出明智的决策，并坚定不移地快速付诸行动。

——蒂里·莫皮莱（Thierry Maupilé），思科战略合作副总裁

《全数字化赋能》以切合实际的真知灼见、引人入胜的内容和令人信服的逻辑，精辟地阐述了现有企业如何在当前数字经济不断蚕食传统经济的大形势下保持领先地位。各行各业的管理人员都应该熟读这本书。

——莫里·派佩（Maury Peiperl），《变革管理》（*Managing Change*）的作者及克兰菲尔德管理学院院长

随便说一个行业，它都很可能正在被那些已经部署全数字化技术的竞争者颠覆。《全数字化赋能》一书在研究的基础上对这一现象进行了思考，以睿智的见解为企业在新环境下获得必要的灵活性提供了指导。

——丹尼尔·H. 平克（Daniel H. Pink），《驱动力》（*Drive*）和《全新销售》（*To Sell Is Human*）的作者

作为一家在欧洲各地设有门店的鞋业零售商，我们每天都能通过客户和潜在客户的行为变化深切体会到全数字化大潮带来的颠覆性冲击。我们的问题已不再是应不应该下大力气将全数字化业务整合到核心业务中，而是怎样才能做到这一点。这本书对我们整合价值链的各个方面都有至关重要的意义。通过阅读《全数字化赋能》，我们不仅得到了解决这一问题的灵感和方法，最重要的是，我们能够确保管理层加大投入，将全数字化转型放在最优先级。

——佩尔·赖默（Per Reimer），KRM 公司（ECCO 鞋业）首席执行官

在《全数字化赋能》一书中，来自思科和 IMD 的编写团队精辟地剖析了全数字化颠覆对现有企业的威胁。最难能可贵的是，他们为领导者有效应对势不可当的技术创新提供了深刻而且可行的建议。每一位关心公司存亡的高管都不应错过这本书。

——迈克尔·沃特金斯（Michael Watkins），《创始人：新管理者如何度过第一个 90 天》（*The First 90 Days: Proven Strategies for Getting Up to Speed Faster and Smarter*）的作者

《全数字化赋能》探讨了一个备受关注但众说纷纭的主题：全数字化颠覆。该书从实用性和适用性的角度出发，对这一主题进行了精辟的概括。如果你想了解具有颠覆性的竞争对手，以及这类竞争对手给你的企业带来的影响，不妨读一读这本书，因为它很可

能会使你的企业发生前所未有的变化——要在当今的数字时代中发展壮大，这样的变化是必不可少的。

——J.B. 伍德（J.B.Wood），技术服务行业协会会长兼首席执行官及《B4B：技术和大数据如何重塑客户与供应商的关系》（*B4B: How Technology and Big Data Are Reinventing the Customer-Supplier Relationship*）的合著者

目　录

第二部分

将本书献给海蒂（Heidi），感谢你的宽容、支持和爱……感谢你容忍我又一次沉湎于学术研究之中。

——迈克尔·韦德

将本书献给我的儿子多米尼克（Dominic）和马尔科姆（Malcolm）。作为在全数字化时代成长起来的一代人，他们会亲历这个时代的所有机遇和挑战。

——杰夫·劳克斯

谨以本书纪念吉姆·麦考利（Jim Macaulay）——一位睿智的商业思想家，更是一位好父亲。

——詹姆斯·麦考利

将本书献给我的孩子亚历山德拉（Alessandra）和马特乌斯（Mateus）。希望他们永远坚持大胆尝试，勇于发现、积极颠覆！

——安迪·诺罗尼亚

序

在担任思科首席执行官的20年里，我学到了许多重要的经验。其中，最重要的一条是，人必须有颠覆自己的勇气。这意味着我们要抢在同行前面预测并抓住市场转型时机。而要做到这一点，领导者往往需要大胆尝试，走出自己的舒适圈。我倾向于将这样的转型视为机遇而非挑战。我相信，这种思维方式有助于领导者改变自我，改变企业，乃至改变技术的前景。

如今，我们正处于有史以来影响最大的技术转型期，即数字化时代。全数字化的影响力将是互联网迄今为止累计影响力的5至10倍。思科的分析显示，连接到互联网的设备在2015年已达到150亿部，预计到2020年将超过500亿部。这一规模空前的互联网热潮将带来数万亿美元的商机，如果领导者能在眼下展开行动，就能为日后充分发挥全数字化转型的价值做好准备。否则，就会像预测的那样，40%的领先企业将在未来5年内因受到全数字化颠覆的影响而被淘汰。

作为这场变革的预见者，思科携手洛桑国际管理发展学院（简称IMD）发起一项5年计划，共同组建了全球全数字化业务转型中心（简称“DBT中心”）。双方以这项创新的联合计划为契机，建立了一所顶尖的全球研究中心，将企业和学术界领军人物汇聚到全数字化领域的最前沿，探索并解决客户、企业和社会在当今高度互联的世界中面临的最大问题。

我们之所以选择高管教育界的顶尖机构 IMD 作为合作伙伴，是因为它和我们一样坚信，要帮助所有客户共同了解全数字化的意义并在数字时代取得成功，就必须建立崭新的模式并付出不懈的努力。在合作的第一年里，思科员工协同 IMD 的教职人员和研究人员围绕“全数字化颠覆”展开调查，尝试通过走访企业来确定颠覆的具体定义，并寻找应对全数字化颠覆所带来的挑战的方法。

在此，我隆重推荐这本凝聚了一年研究成果的《全数字化赋能：迎击颠覆者的竞争战略》。在这本书中，作者将当今的竞争形势形容为“全数字化赋能”并加以解读。这个词形象地说明了当今一系列由全数字化驱动的市场转型共同促使业务发生的翻天覆地的变化。

《全数字化赋能》论述了颠覆者如何打造业务来引发市场变革，并提供了组织迫切需要的尖端研究、规范化见解和“下一步行动”。成熟的组织和机构可以利用这些信息转守为攻，一跃成为颠覆者。这也正是每一位首席执行官和政府领导者的头等要务。要处理好“全数字化旋涡”效应，组织和政府必须将敏捷性提升到新的高度，做到不仅改变自己的做事方式，而且对适应性调整习以为常。这本书就如何做到这一点提出了切实可行的路径，并告诉企业如何成为颠覆者，而不是被别人颠覆。

对领导者而言，无论身处何地，从事何种行业，抑或企业的市场份额如何，现如今都面临着一个重要的转折点，我希望大家都能看到并利用好这个机会。如今，所有企业都处于技术史上的一个关键时期，只要善于了解并利用这个时代的特质，就不难脱颖而出。这本书及书中的研究成果和方法为领导者把握这一机遇提供了契机。

约翰·钱伯斯（John T. Chambers）

思科系统公司执行董事长

前言

虽然本书的4位作者迈克尔·韦德、杰夫·劳克斯、詹姆斯·麦考利、安迪·诺罗尼亚都致力于研究全数字化转型这一课题，但各自的出发点不尽相同。我们中有3人供职于总部位于硅谷的全球互联网巨头——思科公司，是公司内部研究团队的成员，另外1人则是洛桑国际管理发展学院的教授，这是一家以高等教育著称的商学院，其总部位于瑞士。从2012年到2014年，我们都注意到一个现象，那就是我们的主要利益相关者对全数字化相关主题的兴趣陡然上升。因此，思科围绕技术融合大趋势进行了一项专题研究，并估算出该趋势在10年内的潜在价值高达19万亿美元。[1]当时，全数字化技术正处于迅猛发展和进步阶段，而思科正处于这一浪潮的核心。

此外，在每年访问洛桑国际管理发展学院的9 000名高管中，大多数都对全数字化抱有兴趣，但他们在更多情况下倾向于采取观望态度。有些人甚至对全数字化能否实现良性发展表示怀疑。这是因为全数字化本身的定义并不明确，而且这些高管感觉很难将谷歌、亚马逊和脸书等互联网巨头作为自己效法的榜样：与数字化相关的一些行业也许还有可借鉴之处，但是对采矿、制造和运输等行业而言，全数字化似乎与它们相去甚远。这些高管所从事的业务大多为传统业务，全数字化是否适用尚且未知，至于如何引入全数字化商业模式的时间框架更是无章可循。很多人还有一种似曾相识的感觉：他们曾经历过2000年互联网泡沫的破灭，并亲眼见证了随后几波由技术推动的发展趋势不过是夸大其词。

随着时间的推移，一个新的全数字化术语应运而生，那就是颠覆。说到颠覆，就不得不提到备受媒体关注（甚至有些过度关注）的爱彼迎和优步。它们的出现是一个分水岭，标志着全数字化商业模式开始实实在在地威胁到实体行业。而这一次，并非媒体推波助澜的结果。当时，无论是酒店行业还是出租车公司，都尚未具备发起此等颠覆的条件，而且对此毫无防备。因此，这些行业被这场颠覆打了个措手不及。一时间，针对其他保守型行业发起颠覆的初创企业也开始成为媒体和风险投资界关注的焦点。市场变革步入全面加速期。

从2015年起，IMD和思科陆续收到高管的询问，他们希望了解初创企业是否有可能利用全数字化技术和商业模式颠覆他们的行业或公司。随着高管的好奇心逐渐转变为紧迫感，他们的问题也有了本质上的变化："这些颠覆者为什么能如此成功、如此快速地冲击现有企业？""我的企业也会受到冲击吗？""我如何才能利用全数字化商业模式更有效地开展竞争？"全数字化已不再是饶有趣味的抽象学术课题，而是成了与人们切实相关的大事。

为解答这些问题，思科和IMD于2015年年中联合成立了DBT中心。该中心力求从两个互为补充的视角审视全数字化转型问题，即IMD的商业和管理视角以及思科的技术视角。这两种视角的结合形成了以全数字化颠覆为主题的独特而有力的"研究透镜"。就这样，我们4位作者作为DBT中心的研究合作者走到了一起。

最初，对于这些高管提出的问题，我们也没有令人信服的答案。在查阅学术资料和相关文献后，我们发现，其他人也没有这些问题的答案。虽然可以找到不少意在说明企业如何利用全数字化技术实现转型的著作和白皮书，但大多数建议乏善可陈，或者技术性极强，或者没有摆脱传统变革管理的范畴，或者在本质上只是营销噱头。“从上到下推动转型”和“文化变革”也许对企业具有重要的意义，但是对深受全数字化颠覆威胁的组织而言，这些“万金油”式的方法的实用价值着实有限。这些著述几乎没有阐明全数字化颠覆者对现有企业构成的威胁具有怎样的性质，也未说明现有企业必须采取什么策略来应对这些威胁。

我们的团队采用举办研讨会、大型学习活动，以及制订培训计划和设立研究项目等多种形式，努力将理论研究与实践紧密结合。我们走出象牙塔，与全球各地不同行业的全数字化及非全数字化高管进行了数百次对话，并在此基础上建立了专门的知识库。需要澄清的是，这并不是一本有关思科的书，只不过思科公司力求引领世界各地的企业顺利实现全数字化变革的独特定位，对我们建立和发展全数字化学说起到推动作用。

本书提供的见解源自 DBT 中心开展的以下研究活动：

- 对世界各地现有企业的 941 名高级主管进行的定量调查
- 对初创企业及颠覆性企业创始人和高管的数十次深度访谈
- 对 100 多家全数字化颠覆者进行的商业模式分析（旨在了解其形成过程以及为终端客户创造的价值）
- 与市场现有企业的数百名高管举行的研讨会等活动（主题是全数字化颠覆带来的挑战，以及这些企业利用全数字化技术

改造自身业务的尝试）

通过这些研究活动，我们得到了以下启示：有关颠覆如何发生的经验总结、应对颠覆所需的战略，以及组织落实这些战略所需具备的能力。虽然创业型初创企业本身也是一个颇有意义的研究课题，但是我们撰写本书的初衷是服务于那些想了解如何在全数字化颠覆中蓬勃发展的现有企业。不可否认，在本书介绍的初创企业中，能够取得长期成功的只是少数，甚至只是凤毛麟角。这也是初创企业的宿命。我们在书中提到这些企业，不是因为我们认为它们一定能凭一己之力扳倒当前市场的领头羊企业，也并非因为它们的存在有值得特别称道之处。事实上，我们完全没有为初创企业唱颂歌的意思。我们之所以提及这些初创企业，是因为它们（和少数敏锐的现有企业）引发了最为轰动的颠覆效应，其经验值得我们剖析和研究，并运用到传统的大型企业中。我们在本书中也多次指出，重要的是颠覆带来了什么，而不是颠覆者自身多么值得研究。因此，真正有可能持久长存的是这些企业所代表的全数字化颠覆，这种颠覆才是引发竞争变革的原动力。对现有企业而言，这既是威胁，也是机遇。

定　义

“全数字化”既是当今最常用的商业术语，又是定义最模糊的商业术语。通过研究，我们明确了若干有关全数字化的概念，并将其作为贯穿本书的指导性概念。

全数字化：我们对“全数字化”的定义是，通过连接实现的各种技术创新。虽然这些创新会随时间推移不断演变，但目前相关度最高的技术创新包括：大数据和分析、云计算和其他平台技术、移动解决方案和基于位置的服务、社交媒体和其他协作应用、互联设备和物联网（IoT）、人工智能和机器学习，以及虚拟现实。在我们看来，全数字化必须以上述一项或多项技术为基础，而连接是实现全数字化的关键。

全数字化颠覆：我们对“全数字化颠覆”的定义是，全数字化技术和商业模式对企业现有的价值主张以及由该价值主张取得的市场地位造成的影响。虽然全数字化颠覆不一定是负面的，但人们似乎常常会往这方面想。尽管如此，正如本书所指出的那样，全数字化颠覆既是威胁，也是机遇。[①]

全数字化业务转型：我们对“全数字化业务转型”的定义是，运用全数字化技术构建新的商业模式，实现组织变革，进而提高绩效。首先，全数字化业务转型的目标是提高业务绩效。其次，全数字化业务转型的基础是全数字化技术。组织的转型需要持续的改进，而要判定一场转型是否为全数字化业务转型，要看在转型过程中是否有一项或多项全数字化技术在发挥重要作用。最后，全数字化业务转型必须涉及组织变革——包含流程、人员和战略在内的真正的变革。总之，全数字化业务转型涉及的内容绝非仅限于技术范畴。

---

① 需要指出的是，我们无意区分不同类型的创新（例如克莱顿·克里斯坦森教授提出的“持续性创新”和“颠覆性创新”）。在我们看来，颠覆是一种竞争效应。任何导致竞争格局迅速发生剧烈变化的事物，都可以是具有“颠覆性”的。简单来说，只要这种效应是由全数字化技术和商业模式引发的，我们就将其视为全数字化颠覆。在这个认知的基础上，我们对那些引发全数字化颠覆的企业的商业模式和能力进行了研究，并总结出了适用于现有企业的经验。

严格地说，这不是一本关于“转型”的书（至少不是一本关于传统意义上的“转型”的书）。本书代表着 IMD 与思科合作开展的 DBT 中心计划第一年所取得的最高成就，并介绍了我们迄今为止取得的主要经验教训。在未来 4 的合作中，我们将深入研究多个与转型相关的主题，以及面向企业的组织变革路线图。本书可作为一本手册，用于帮助现有企业从容应对全数字化颠覆，使其能有效地与初创企业和非传统竞争对手开展竞争。

内容结构

在本书中，我们解释了全数字化颠覆的形成过程、创新者引发全数字化颠覆的途径，以及现有企业在这种形势下发展所需采取的战略。我们重点关注以提高企业整体敏捷性为外在表现的转型（即“组织变革”），力求从人员、流程和技术层面找出令全数字化颠覆者有别于现有企业的关键因素。

本书分为两部分。第一部分借助“全数字化旋涡”这一形象的比喻来说明全数字化颠覆的概念，并诠释它对各行各业的竞争所产生的影响。在此部分，我们通过确定两个要点来探讨颠覆的机制：一是客户价值的类型，二是支持各类客户价值的商业模式。我们还提出了高管在应对这场颠覆时可以采用的战略和措施。现有大型企业的领导者可以通过这部分内容学会如何“以其人之道还治其人之身”，从而击败颠覆者。

在第 1 章中，基于大量的原始研究和数据分析，我们揭示了全数字化颠覆给各行各业带来的严重影响已然迫在眉睫。这里我们引入了“全数字化旋涡”这一概念，本书将围绕这个概念逐步展开。全数字化颠覆是真实存在的，而且我们认为，无法妥善应对这场颠覆的企业将很快受到重创。企业可以借助“旋涡”这个形象的比喻来理解这场颠覆的性质并驾驭它的规则。同时，这个比喻能够帮助人们更好地理解全数字化颠覆的概念，以及可能因此受到波及的原因和方式。

第 2 章探讨全数字化颠覆者用于创造客户价值的具体商业模式，剖析现有企业在颠覆者进入市场后难以与其抗衡的原因。我们详细说明了全数字化颠覆者是如何创造三种不同类型的价值（成本价值、体验价值和平台价值）的，又是如何通过 15 种不同的商业模式实现这些价值的。那些最成功的颠覆者运用了我们称之为“组合式颠覆”的方法，混合使用这些商业模式，往往能够打造出比市场现有产品（或服务）更加物美价廉的产品（或服务）。这些商业模式可以为现有企业自行试水颠覆式创新提供借鉴。

第 3 章介绍在全数字化旋涡中，随着市场参与者的改变，竞争性质将发生怎样的根本性的变化。我们提出了“价值吸血鬼”这一概念，以描述那些在现有企业看来有如噩梦般可怕的颠覆者。“价值吸血鬼”的标志性影响是，它们所攻击的市场会永久性地缩小规模，因为它们的攻击会让现有企业不顾一切地争抢资源来填补收入缺口和利润目标，否则现有企业便无法生存。我们也探讨了全数字化颠覆积极的一面，即现有企业也能利用全数字化商业模式把握新机遇。我们也为这些新机遇起了一个专业的名字——“价值空地”。因为在全数字化旋涡中，竞争优势不会是恒久不变的。

第 4 章将谈到，被“价值吸血鬼”和其他颠覆者攻击核心业务的企业必须将自身最大的劣势转化成优势，而且必须搞清颠覆市场与占领（或赢得）市场之间的重要区别。我们提出了 4 种通用的应对战略，包括两种防御性战略（收割和撤退）和两种进攻性战略（颠覆和占领）。这些战略将帮助企业了解如何在全数字化旋涡的颠覆性环境中开展竞争。

在第二部分，我们将探讨如何搭建敏捷行动的基石，来应对全数字化颠覆。我们认为，要在全数字化程度与日俱增的时代有效开展竞争，敏捷性是最重要的法宝。如果没有可靠的敏捷性做保障，就无法在全数字化旋涡中获得持续的成功。

虽然不同行业和不同企业培养敏捷性的方式可能有所不同，但其敏捷性的核心概念及核心能力大同小异。只要拥有良好的敏捷性：企业就能通过迅速调整来适应不断变化的市场形势，甚至提前预知市场变化，抢得先机；企业也将能够洞悉颠覆者如何攻击自己的核心市场，以及如何主动向客户提供更有吸引力的价值主张；企业还能及时发现崭露头角的强势全数字化颠覆者，并敏锐捕捉相关市场中的机遇。在全数字化旋涡中求生存，必须依靠转型，而敏捷性是实现转型的基本保证。

第 5 章提出了“全数字化业务敏捷性”的概念，这是企业利用全数字化商业模式开拓新的价值形式所必须具备的能力。全数字化业务敏捷性由 3 个相辅相成的部分组成：超强感知能力、明智决策能力和快速执行能力。我们对这些概念进行了定义，并说明了为什么必须将三者合而为一才能在全数字化旋涡中开展有效的竞争。

第 6 章至第 8 章逐一剖析了全数字化业务敏捷性的 3 个组成部分，并举例说明现有企业和初创企业如何培养这些能力。我们着重分析了企业在培育超强感知能力、明智决策能力和快速执行能力时需要考虑的“下一步做法”和新技术。通过综合运用构成全数字化业务敏捷性的3种能力，企业不仅可以对威胁和机遇了然于胸，而且还能持续做出明智决策，并以符合全数字化颠覆发展步伐的速度展开行动。我们可以将建立全数字化业务敏捷性所需的运营变革视为一种有助于获得卓越能力的内部“全数字化颠覆”。

本书的结论部分着重说明了如何将上述研究成果和理论运用到实践中。此部分提供了一些练习，可以帮助企业管理者判断自己的企业是否容易受到全数字化颠覆的冲击，以及可以采取哪些措施来与之对抗并发起反击。本书旨在帮助企业管理者了解颠覆者的运营方式，并学会如何在硝烟弥漫的新时代开展竞争。归根结底，企业管理者需要自行探索自己的组织应具备怎样的超强感知能力、明智决策能力和快速执行能力。

最后，我们提供了可供企业管理者在踏上转型之旅时参考的模型，并针对未来几年内领导者在全数字化旋涡中开展竞争所需提前考虑的主要问题分享了一些看法。

第一部分

第 1 章
全数字化旋涡中的颠覆

全数字化颠覆与传统竞争效应之间的区别可以归纳为两点：变革速度及存在的风险。全数字化颠覆者能够快速创新，它们利用创新抢占市场份额及扩大业务规模的速度也远远超过主要采用实体商业模式的竞争对手。它们似乎能在一夜之间建立起庞大的用户群，而且它们行动敏捷，能够同时在多个市场发起对现有企业充满威胁的业务。因此，全数字化颠覆者极具危险性。

电信行业曾经发生过一起引人瞩目的全数字化颠覆事件。2009 年，WhatsApp（瓦次普）开始提供可以替代有偿短信服务的免费文本消息服务，并向价值 1 000 亿美元的全球文本消息传送市场[1]发起攻势。不久，该公司又开始向用户提供免费移动语音呼叫服务。WhatsApp 平台凭借 8 亿用户的强大优势吸引了脸书的注意。2014 年，脸书以 220 亿美元的价格收购了 WhatsApp。[2]脸书将 WhatsApp 及其下属品牌纳入麾下的目的并不单纯地在于颠覆电信行业。随着基于 Facebook Messenger（脸书推出的桌面窗口聊天客户端）的点对点（P2P）支付服务正式上线，脸书准备将这项服务扩展到 WhatsApp 庞大的用户群。不仅如此，为了向谷歌在手机广告市场的统治地位发起挑战，脸书正在试验一种新的商业模式：向企业提供直接联系脸书用户的付费服务。这一系列颠覆仅仅来自一个创新平台，其功能十分简单，就是让消费者通过智能手机互相发送“免费”消息。

从某种意义上来说，这种风险投资的成败并不重要。① 有些收购战略会带来成效，有些则收效甚微，这是不可避免的。但是毫无疑问，无论是对脸书的潜在收入而言，还是对大量面临颠覆的公司而言，这都是一个风险极高的赌注。据预测，从 2012 年到 2018 年，WhatsApp 和其他 OTT 业务（一种架构在网络运营商提供的网络之上的服务业务）仅在移动语音呼叫业务这一方面，就让全球电信公司损失了 3 860 亿美元。[3] 有多少电信运营商能承受这种程度的核心业务损失？

全数字化颠覆不仅是高科技领域企业所面临的问题。正如我们在本书中阐述的那样，当前很多行业都能感受到全数字化颠覆的影响，连人们普遍认为的比较传统的市场也不例外。例如，高端时尚行业在开展全数字化变革方面一直行动缓慢，但是现在却受到博柏利等精通全数字化技术的现有企业以及 Net-A-Porter（全球化奢侈品网上专卖店）和 Gilt（一家闪购网站，已被萨克斯第五大道精品百货店收购）等新进企业的颠覆。此外，许多企业间（B2B）市场也开始受到颠覆，包括农商行业、商业银行、能源业、保险业、制造业、制药业、专业服务行业、房地产业、供应链和物流等。

面对令人生畏的颠覆，企业在决定具体的应对策略之前，必

---

① 实际上，WhatsApp 本身也正在被另一批富有远见且财力雄厚的后来者颠覆。苹果公司的 iMessage（苹果公司推出的即时通信软件）和中国互联网巨头腾讯公司的微信已在全球消息传送和语音流量市场占据了极大份额。

须先了解颠覆所代表的竞争变革的性质，即最具颠覆性的技术和商业模式。为了更好地了解全数字化颠覆在全球范围的市场影响力，DBT 中心对 13 个国家和地区的包括 12 个行业在内的 941 名企业领导者进行了调查。这些领导者的回答表明，全数字化颠覆已导致许多行业陷入波澜，而且变革速度有加快之势。具体内容在本书中会有所引述。

颠覆效应

过去 3 年里，拥有上百万用户（和价值超过 10 亿美元）的全数字化颠覆者数量增长惊人。例如：风险投资界用“独角兽”这一术语来指代估值在 10 亿美元以上的初创企业。究其原因，是因为独角兽在历史上非常罕见。随着风险投资者开始寻觅有潜力成为下一个阿里巴巴（中国的电子商务门户，曾在 2014 年制造了有史以来融资规模最大的首次公开募股，募集到 250 亿美元资本）的颠覆性公司，独角兽已成为人们争相关注的焦点。[4] 调研公司 CB Insights 的报告显示，截至 2016 年年中，独角兽公司的数量已超过 150 家，[5] 其中有 14 家的估值超过 100 亿美元。在这些独角兽公司中，仅优步和中国智能手机制造商小米两家的价值，就接近 1 000 亿美元。[6]

就现有企业受到颠覆的可能性以及对适应性调整的准备程度而言，我们的调查结果得出了一些令人不安的结论。如图 1 所示，接受调查的高管认为，未来 5 年内，在市场份额排名前十的现有企业中，平均有 4 家会因全数字化颠覆而遭到淘汰。被取代的现有企业比例视行业而异，从电信行业的高至 43%，到石油和天然气行业的低至 25%，不尽相同。这意味着不仅大公司会面临遭到淘汰的威胁，连整个行业的生存都将受到威胁。我们所研究的行业的高管认为，全数字化颠覆大大增加了企业被彻底淘汰出局的风险（参见图 2）。

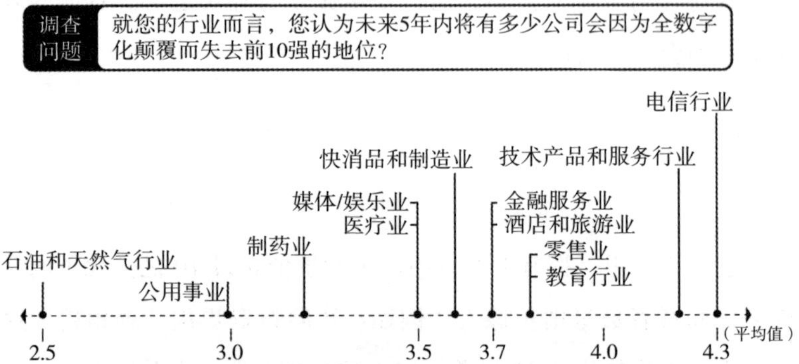

图 1　强者的陨落

资料来源：全球数字化业务转型中心，2015 年

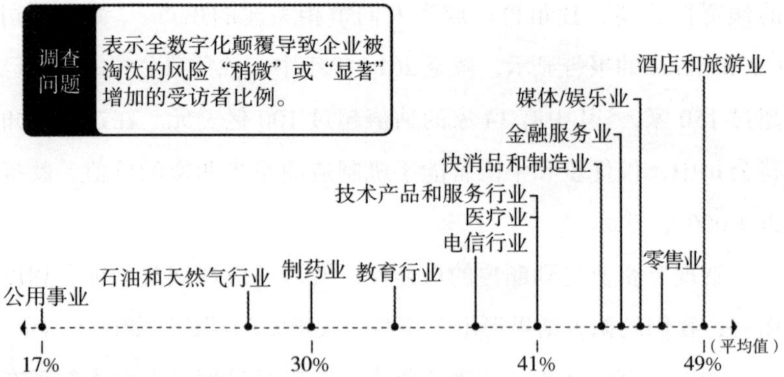

图 2　存亡危机

资料来源：全球数字化业务转型中心，2015 年

尽管可能存在可怕的后果，但在接受调查的公司中，仍有 45% 的受访者认为全数字化颠覆不值得引起董事会层面的关注。这种安之若素的心态甚至存在于酒店和旅游业、电信行业等已受颠覆影响十余年的行业中。

与高层的这种不以为然同样值得担心的是，企业应对全数字化颠覆的战略极不完善。约 43% 的企业或者不承认全数字化颠覆的风险，或者尚未对此做出充分的应对（参见图 3）。近 1/3 的企业对此持观望态度，意图效仿成功的竞争对手。然而，全数字化颠覆速度快、风险高的特性决定了这 32% 的“快速跟风”的企业不可能成功。只有 25% 的受访者表示他们对全数字化颠覆采取积极主动的态度，愿意通过自我颠覆来获得竞争优势。

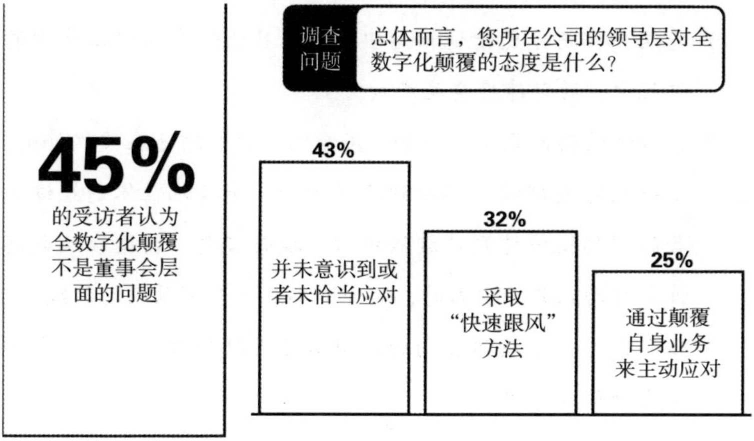

图 3　这不是杞人忧天吗

资料来源：全球数字化业务转型中心，2015 年

全数字化旋涡

由于全数字化颠覆具有快速、无序和复杂的特点，所以很难确定其模式或趋势，提出有效的行动方案更是难上加难。但是，企业要想制定有效的战略来对抗（或利用）全数字化颠覆，就必须对其形成过程有一个基本的了解。

“旋涡”这一形象比喻可以帮助我们从概念上理解全数字化颠覆如何影响企业及各个行业。旋涡产生的旋转力可以将周围的一切吸到中心。在自然界中可以找到很多旋涡的例子，例如水中的旋涡和飞机的尾流。虽然旋涡在理论上十分复杂，但是它有 3 个主要特征与全数字化颠覆十分相似。

1. 旋涡会将物体无情地拉向中心，而且物体在向中心靠近的过程中，移动速度会呈指数级上升。①
2. 旋涡运动杂乱无章。例如，某个物体前一刻还在旋涡外围，下一刻可能就被直接拉到旋涡中心，而其他物体则经过更长的圆形轨迹才到达旋涡中心。换而言之，物体在从旋涡外部移动到旋涡中心时，不会遵循统一或可预测的路线。
3. 旋涡内的多个物体在向旋涡中心靠近时会频繁碰撞，或者发生分解和重组。

① 这种情形特定于“非旋转性”旋涡，其他形式的旋涡则具有不同的特征。有关旋涡原理的概括说明，请参阅维基百科词条“Vortex”，维基百科，自由的百科全书，2016 年 4 月 5 日 (en.wikipedia.org/w/index.php?title=Vortex&oldid=706651597)。

全数字化旋涡是各行各业向“全数字化中心”推进时必然经历的过程，将使商业模式、产品（或服务）和价值链最大限度地实现全数字化。旋涡的力量将使实体要素与全数字化要素分离开来，形成可以直接组合的“组件”，从而引发新的颠覆并冲淡行业之间的界限。

于是，我们开始将全数字化颠覆想象成一个旋涡，并运用调查数据来确定未来 5 年内全数字化颠覆对哪些行业最具威胁。我们对研究所涉及的 12 个行业内的高管进行了访谈，希望根据 4 个变量来推测发生颠覆的可能性（请参阅附录 A“全数字化旋涡方法”）。①

然后，我们根据得到的回答，制作出按行业预测全数字化颠覆程度的排名。结果显示，受颠覆程度最高的行业也是全数字化程度最高的行业。处于旋涡外围的行业则不太容易受到颠覆，且更有可能“独善其身”。尽管如此，所有行业都势必会经历全数字化颠覆导致的竞争剧变，即便是近年来比较稳定的行业也是如此。

如图 4 所示，从现在到 2020 年，受全数字化颠覆影响最大的行业是技术产品和服务行业。这个行业有其独特性，因为它为所

① 除 DBT 中心外，也有其他机构指出了颠覆的深度和加速程度，特别是那些我们认为最接近全数字化旋涡中心的行业。花旗集团在分析中发现，音乐销售、录影带租借、旅游预订和报纸等行业的全数字化颠覆“在 10 年时间里，平均导致 44% 的市场份额从实体商业模式转变为全数字化商业模式。不仅如此，全数字化颠覆会随时间推移而不断加速：市场份额最初逐渐转变（速度为每年提升 1.6% 左右），在第 4 年左右到达转折点，传统份额的降幅迅速增至每年 6% 以上。”请参阅 Digital Disruption: How Fintech Is Forcing Banking to a Tipping Point,” *Citi Global Perspectives & Solutions*, March 2016, ir.citi.com/D%2F5GCKN6uoSvhbvCmUDS05SYsRaDvAykPjb5subGr7f1JMe8w2oX1bqpFm6RdjSRSpGzSaXhyXY%3D。

有颠覆提供技术基础。由于它最接近旋涡中心，所以受当前全数字化颠覆影响最深。而相比其他行业，制药业受全数字化颠覆的影响最小。然而，即便如此，这个行业也是很容易受到全数字化颠覆影响的。个性化医疗、基因测序和利用数字市场套利等由技术推动的创新给世界各地的制药公司带来压力。

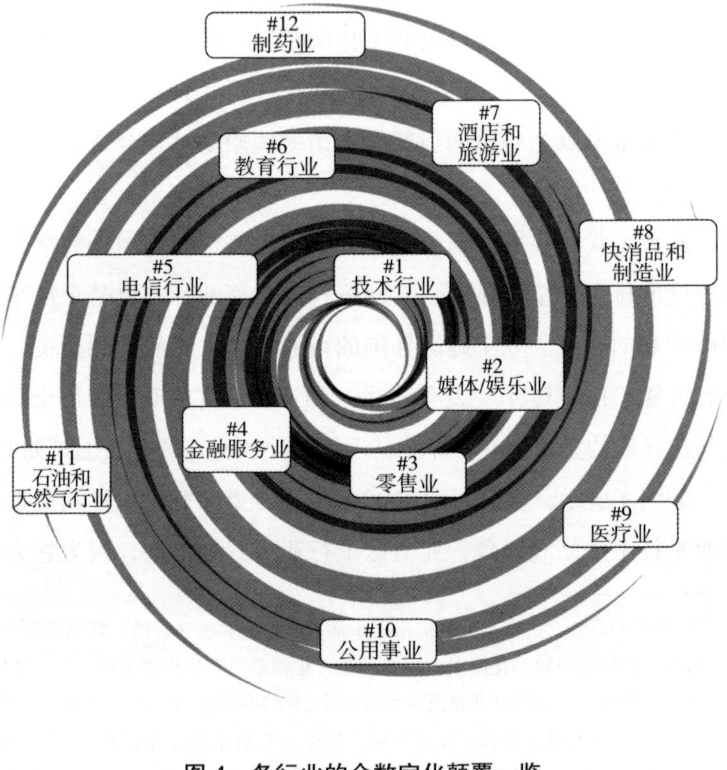

图 4　各行业的全数字化颠覆一览

资料来源：全球数字化业务转型中心，2015 年

全数字化旋涡的中心象征着一种“新常态”，随着各个行业的全数字化程度日益加深，人们对快速而又持续的变革将习以为常。

请注意：某个行业相对于全数字化旋涡中心的位置反映的是该行业的企业将要面临的竞争态势，而不是该行业的企业全数字化能力的强弱。此外，旋涡中心并不代表最终状态（即市场围绕新的竞争领导结构形成长期稳定的状态）。最后需要指明的是，靠近旋涡中心也不意味着某个行业（或企业）就此“每况愈下”。

涟漪效应：自动驾驶汽车

我们来看一个可以同时影响多个行业的全数字化创新范例。汽车行业属于制造业范畴，其位置靠近全数字化旋涡的外缘。与金融服务业和电信行业等位于旋涡中心附近的行业相比，汽车行业至少处于相对安全的位置。但是，在审视该行业的前景时，需考虑到目前出现的一个关键性市场颠覆因素：自动驾驶汽车。有预测指出：自动驾驶汽车的数量到 2020 年将达到 1 000 万辆[7]；到 2030 年，自动驾驶汽车在新车销售量中所占的比重将达到 15%。[8] 事实上，半自动驾驶汽车已经得到应用，不仅能在高速公路上自动驾驶，而且还支持自动泊车。谷歌、苹果和其他公司都在积极开发自动驾驶汽车，而特斯拉已为其各型号电动汽车配备了多种自动驾驶功能。那么，我们不妨假设自动驾驶汽车将成为汽车市场的主流。

当道路上的自动驾驶汽车越来越多时，哪些行业会遭到颠覆？有些答案显而易见。汽车制造业无疑会首当其冲。几乎可以肯定，自动驾驶汽车的崛起将开创一个人人拼车的时代，这意味着汽车市场的刚需将有所下降，需要（或想要）拥有汽车的人也会逐渐减少。汽车修理行业也将受到影响，因为自动驾驶汽车可以减少车祸的数量。毋庸讳言，大多数车祸都是人为原因造成的。据麦肯锡估计，自动驾驶汽车的全面普及可以减少 90% 的交通事故。[9]公共交通也是一个会受到显著影响的领域。自动驾驶汽车可以直接将乘客送抵目的地，因此比按照固定路线行驶的火车和公共汽车更具优势。此外，出租车（或至少是出租车司机）的需求量也将下降。实际上，所有驾驶职业都有可能受到负面影响。

如果深入思考下去，其影响远不止于此。快递公司可能会面临由自动包裹投递设备引发的新一轮竞争，例如，顺丰速运等公司目前已开始尝试无人机快递模式。[10]酒店业可能会遇到客源减少的问题，因为人们在长途旅行时直接可以睡在自动驾驶的汽车上。出于同样的原因，航空公司也可能会面临客户流失的窘境。保险公司则不得不重新构思车险条款，并设法应对随车祸率下降而逐渐下滑的需求及价格。此外，医疗行业需要处理的车祸伤患以及执法部门需要开具的罚单也将减少。

当然，还有一些影响是悄然发生的。例如，随着车辆上路率的提高，汽车总量将会减少，所需的停车位也将随之减少。这会降低停车场的赢利能力，并影响政府的财政收入。停车位（在许多城市占到城市面积的 1/3）的减少可以释放出更多闲置空间，从而引发城市改造和房地产热潮（甚至城市格局的调整）。[11]谈到空间，因为自动驾驶汽车可以让人们边“驾车”边工作，所以在一定程度上有助于降低人们对生活在工作地附近的需求，并提高乡村生活的吸引力。由于驾驶者无须看路，因此自动驾驶汽车有潜力发展成为媒体和娱乐中心。自动驾驶汽车还能方便送餐或购物，从而影响餐厅和零售商。不仅如此，各界普遍认为，自动驾驶汽车的问世对解决气候变化问题颇为有益，因为汽车产量的减少不仅有助于改善交通堵塞的状况，而且还能降低碳排放量。[12]

只要稍加考虑，我们就能很容易看出自动驾驶汽车对经济的巨大影响。事实上，我们认为图 4 中的所有行业都将受到影响，只不过有些受到的是正面影响，有些则会受到负面影响。

束手束脚的现有企业

在调查中，我们请高管预测了全数字化颠覆会在何时对他们所在的行业产生影响（如果有）。结果显示，受到颠覆的平均时间（即现有企业的市场份额出现“重大变化”的时间）大约为 36 个月。与历史水平相比，此数字表明竞争变革的速度明显加快。

如今，现有企业正面临着所谓的“创新者的窘境”。正如哈佛商学院教授克莱顿·克里斯坦森注意到的那样：“现有企业难以利用破坏性创新的原因在于其现有流程和商业模式，事实上正是它们在现有业务上的优势，让它们在争取破坏性创新时处于劣势。”[13] 然而，即使许多现有企业囿于墨守成规的惯例，并受缚于股东期望、死板的成本结构及其他种种因素，仍能有所作为。

大多数参与调查的高管认为，“业内人士”最有可能成为颠覆者。所谓业内人士，泛指受访者所在行业的现有企业和初创企业（参见图 5）。媒体 / 娱乐业、电信行业和零售业在孕育创新型初创企业方面有着悠久的历史，这几个行业的高管认为，初创企业仍将是推动颠覆的生力军。但是，这并不表示其他行业的公司不会对它们构成威胁。正如我们看到的那样，“外界人士”也能够利用颠覆成为“空降兵”从而重创现有企业，而这一切似乎都无章可循。无论颠覆来自行业内部还是行业外部，现有企业向全数字化旋涡中心移动的趋势是不变的。

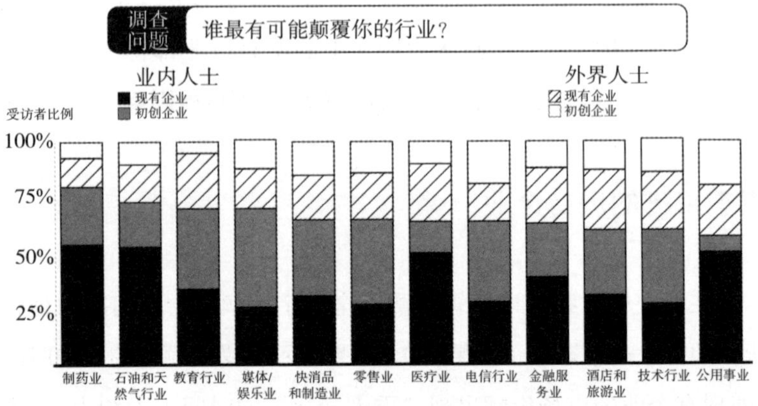

图 5　业内直系 pk 空降新贵

资料来源：全球数字化业务转型中心，2015 年

高等教育行业是最传统的行业之一，我们来看看初创企业在这一行业的颠覆性变革中扮演了什么样的角色。尽管参与调查的大多数教育行业领导者指出，现有企业是颠覆的主要来源，但是也有 41% 的人表示对“教育科技”型初创企业的崛起心怀忧虑。Coursera 和 Udacity 等所谓的大型开放式网络课程慕课（MOOC）正在向世人证明，通过将涉及内容甚广的专业知识与学习者群体联系在一起，在线高等教育能够以低成本模式蓬勃发展。另一家企业 Pluralsight（一家在线教育网站），作为截至 2016 年年中教育行业唯一的独角兽公司，通过一系列收购不断提高自身能力，力求在日益增长的“硬”计算机科学和 IT（信息技术）技能市场中占据主导地位。[14] 鉴于高等教育在许多国家和地区费用昂贵，传统高等教育机构提供的价值正在受到质疑。包括一些全球最负盛

名的高校在内，已有大批高校被迫低价甚至免费提供具有竞争力的服务。

参与调查的高管表示，初创企业在实现业务增长和抢占现有企业市场份额方面拥有一些明显的优势。尽管包括埃隆·马斯克在内的一些创业家因为富有远见的愿景而受到世人的称赞，但一些高管认为，小型全数字化竞争者的真正优势并非源于宏伟的计划，而是来自以下能力（参见图 6）：

- 快速创新
- 敏捷性
- 勇于尝试和敢于冒险的文化

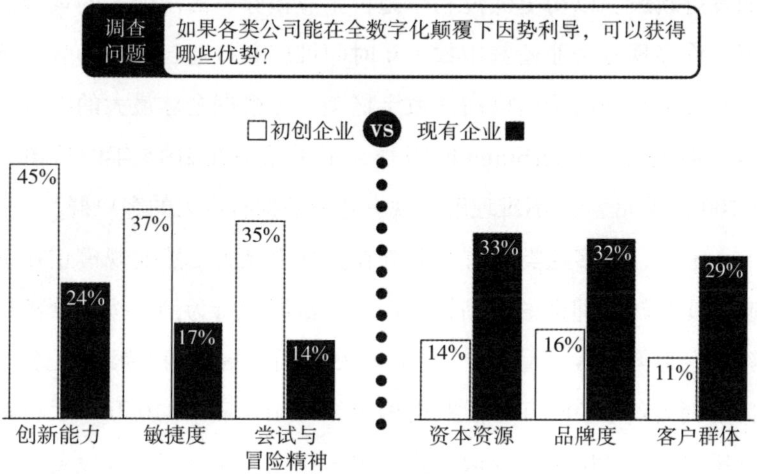

图 6　两军相逢勇者胜

资料来源：全球数字化业务转型中心，2015 年

显然，能够做出前所未有的创新并根据新情况快速做出反应是一项至关重要的优势。在通常情况下，初创企业的这种能力比其在市场上推出的任何具体创新都更加重要。（我们将在第 5 章详细探讨有关组织敏捷性的概念。）

与此相对，高管认为现有企业的优势则直接源于其现有的市场地位：

- 获得资本的渠道
- 强大的品牌
- 庞大的客户群

诚然，大型企业在面对动荡的竞争时还拥有自己的武器，例如发行新股、以历史低位利率抛售企业债券、活用庞大的现金流等。许多现有企业还曾用数十年时间推广和打造自己的品牌，其中有许多品牌的价值已高达数十亿美元（根据全球最大的综合性品牌咨询公司 Interbrand 的报告，苹果品牌在 2015 年的价值为 1 700 亿美元）。[15] 不难理解，现有企业还拥有庞大的客户群。

不过，许多这类现有企业胜在其规模庞大，然而规模正在迅速转变为转瞬即逝的商品化资产。以富国银行为例，按存款额计算，它是美国第二大银行，[16] 于 1995 年首次提供网上银行服务 [17]，目前拥有约 2 500 万 [18] 活跃的网上银行用户和 1 410 万 [19] 手机银行用户。与富国银行获取客户的艰辛相比，在可穿戴式设备（例如 Fitbit）上跟踪饮食和运动信息的移动应用程序 MyFitnessPal 所积累的用户数已超过 8 000 万。[20]①

与此同时，有传言称手机图像和视频消息传送领域的独角兽公司 Snapchat（色拉布）的每月活跃用户数已超过 2 亿[21]，大致相当于巴西的总人口数。2015 年 5 月，Snapchat 获得了高达 5.37 亿美元的融资，公司的估值超过 160 亿美元。[22]

这些例子证明，过去分隔现有企业与初创企业的第一道防线已经土崩瓦解。究其原因，我们可以借用组织理论家杰弗里·摩尔的术语来解释，那就是“晚期大众”现在已经“跨越鸿沟”[23]，并表现出过去只有创新者和早期采用者才会具备的全数字化行为（例如自如使用智能移动设备和应用）。正如我们在 WhatsApp 的例子中看到的那样，庞大的客户群现在已成为打造颠覆性商业模式的充分条件，这种商业模式还能跨越另一道鸿沟，那就是：过去划分不同行业的分界线。

不是价值链，“价值”才是王道

前文提到，在旋涡中运动的物体，其轨迹非常难以预测。前一刻它还在旋涡外围，下一刻就可能直接被拉到旋涡中心。目前，以制药业为代表的一些行业尚处于全数字化旋涡的外缘，这些行业的高管可能会因为所在行业相对不容易受到颠覆而心存侥幸。

① 运动服饰制造商 Under Armour 于 2015 年收购了 MyFitnessPal，向其全数字化战略迈进了一步，它将很快推出内置传感器的服装，用以跟踪运动和监测生理周期。请参阅“Under Armour Turns Ambitions to Electronic Apparel Monitoring Apps,” *Wall Street Journal*, February 27, 2015, wsj.com/articles/under-armour-looks-to-get-you-wired-with-its-apparel-1425061081。

虽然就现状而言这无可厚非，但是这些高管应谨防某些行业的前车之鉴。5 年前，人们很难想象出租车公司会受到全数字化颠覆的影响。但时至今日，出租车公司的市场份额却不断遭到挤压。它们被一股不可抗拒的力量快速拉进全数字化旋涡中心，只得硬着头皮与优步和 Lyft（来福车）等全数字化竞争对手竭力周旋。

再来看公用事业。在前文的分析中，该行业在列出的 12 个行业中排在第 10 位。也就是说，根据我们的分析，该行业属于最不容易受到颠覆的行业之列。公用事业公司需要将大部分资本用于发电和配电，然而，由于它们为客户提供的最终价值是电力，因此就这个层面而言，全数字化颠覆早就波及了可再生能源领域。例如，利用可再生能源的发电比例在德国已达到 26%（其中 22% 为太阳能发电）[24]，在苏格兰则已达到 50% 以上。[25] 但是，要解决太阳能发电固有的不稳定性和物流难题，除了要集成来自用户的太阳能电池板产生电力所需的灵活性之外，还必须依赖一种全数字化技术："智能"电网。

如今家喻户晓的特斯拉也是全数字化颠覆的积极推动者。在过去的很长一段时间内，特斯拉颠覆的主要对象是汽车行业。它出产的电动汽车能够以软件下载的方式实现功能升级，因此可以为车主带来更长远的价值。对主流汽车制造商来说，这无异于一项颠覆性的挑战。但是在 2015 年 5 月，特斯拉开始利用低价位的电池产品进军家用和商用市场，这些电池不但可以储存太阳能电池板产生的电能，而且可以在电价较低的非高峰时段吸收储存电力。[26]

显然，特斯拉之所以能对汽车制造商构成巨大威胁，正是因为它的电池和软件技术，而这些技术很容易转而应用到发电和蓄电领域。像这种能够适用于多个行业和多种商业模式的颠覆案例，应该引起现有企业的充分关注。即使是单一创新或一个平台的建立，也可能会让多个表面上看起来几乎毫无关联的市场改头换面。正因为如此，高管们很难认清谁才是最可怕的对手，谁也不知道这些对手会突然从哪个行业冒出来。因此，那些认为自己不会受到外界攻击的高管可能会因为自己欠缺想象力而自食苦果。

在金融科技初创公司冲击银行业的大潮中，我们同样看到了这种趋势：它们懂得扬长避短，通过拆分传统的捆绑产品和服务，在抢占利润最高的业务市场份额的同时，也成功避开了成为全方位服务银行所需的准入条件。这些初创企业使用多种技术和商业模式（如分析技术和自动化模式等），很有可能同时颠覆多种利润丰厚的业务，并填补市场上的需求空缺。

借助全数字化的产品、服务和业务流程，颠覆性竞争者无须复制传统的价值链，即可提供与传统竞争对手相同甚至更高的价值。事实上，这也正是全数字化颠覆者的基本目的：在为终端客户提供优异价值的同时，避开资本投资、监管要求，以及“束手束脚的现有企业”面临的其他类似障碍。对颠覆者而言，为终端客户创造新价值和提高现有价值才是最重要的，而完成产品或服务的价值链则无关紧要。我们将在下一章详细探讨不同形式的客户价值。

如前所述，我们发现有些高管存在着一种想当然的安全感，产生这种安全感的主要原因是这些高管认为他们所在的行业牢不可破。在接受调查的高管中，有 25% 认为其所在的行业对全数字化颠覆具有“较高”壁垒，按行业来看，比例最高的是石油和天然气行业（37%）与金融服务业（36%）（参见图 7）。这里所说的壁垒包括资本成本、监管门槛和业务流程的复杂性等。然而，大多数颠覆性竞争者无意在这些方面开展竞争。

调查问题 表示自己所在的行业对全数字化颠覆的壁垒“较高”、“非常高”或“无法逾越”的受访者比例。

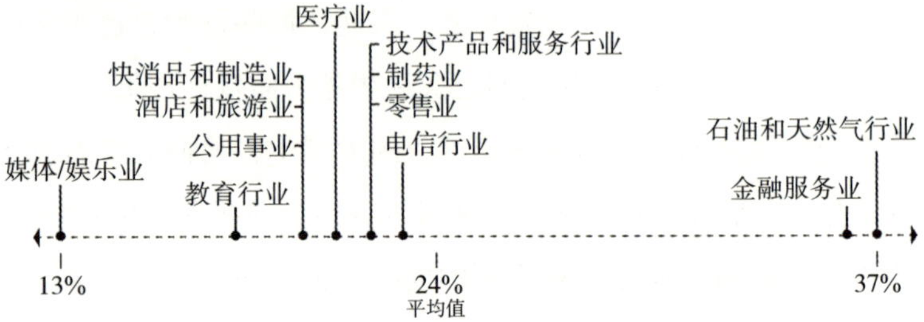

图 7 谁都不能高枕无忧

资料来源：全球数字化业务转型中心，2015 年

启 示

如今，全数字化颠覆的影响已经渗透大多数经济部门，乃至我们生活的诸多方面。在这个全数字化颠覆时代，多种技术转型（云技术、移动技术、社交媒体、大数据）将融合在一起，形成一股强大的力量。当两种迅速壮大的力量碰撞在一起时，会发生什么情况？它们的效应会成倍增大，还是会增大一个数量级？它们会改变方向，还是会蜕变为全新的力量？

各个行业在向全数字化旋涡中心移动的过程中会频繁碰撞，失去一些价值来源，继而融合并产生新的竞争形式。随着全数字化程度的提高，各行各业将会不断分解并重组，甚至有可能导致“行业”这个概念失去意义。在未来的几十年里，如果企业还带着“银行业”或“公用事业”这样的身份烙印参与竞争，也许会显得不合时宜。试问，特斯拉或苹果公司属于哪个行业？

对全数字化颠覆的威胁不以为然的那 44% 的受访高管应该问一问自己："我们怎样才能在这场变革中置身事外？我们的自信何时变成了自负？"翻天覆地的变革在到达未来学家雷·库兹韦尔提出的"曲线拐点"之前，与循序渐进的变革并无明显不同，但若等到"曲线拐点"来临时再做准备，便为时已晚。[27]

受全数字化驱动，颠覆性创新者将传统价值链的颗粒变得越来越精细，这种趋势几乎遍及所有行业。其导致的结果是价值不断细化，现有企业赖以生存的许多传统利润板块均已出现裂缝。我们的研究显示，高管认为未来 5 年可能会有大量现有企业（多达 40%）在全数字化颠覆中受创（也许是致命的重创）。尽管如此，现有企业仍有一线生机。正如我们要在本书中证明的那样，只要企业善于利用全数字化技术和商业模式，就能战胜这场危机。

不过，我们的调查也突显出一些隐忧，让我们怀疑现有企业是否已准备好迎战新的数字竞争对手。有时，所谓的"过早放弃核心业务"[28]是许多市场领导者走向灭亡的原因。这些成功企业过度追求新市场的增长，以致影响了收入和利润的主要来源。大多数成熟的组织仍能通过推动运营和关键内部流程的全数字化转型来创造相当可观的价值，这也是成熟的组织应该把握的机会。此外，当企业利润处于历史高点时，现有企业采用防御性战略可能也不失为一个不错的选择（而且通常也确实如此）。[29]在第 4 章中，我们将探讨现有企业面对全数字化颠覆时可以选择的各种应对战略。

但是有时候，有效进攻才是最佳的防御手段。据国际货币基金组织预测，漫长的收入停滞期即将结束，全球 GDP（国内生产总值）将恢复稳定增长[30]，到 2020 年以前增速将达到每年 4% 左右。① 然而，麦肯锡的一项分析却得出大相径庭的结论。通过观察过去 20 年企业利润的增长情况，麦肯锡预计从现在到 2025 年，企业利润将下降约 15 个百分点。[31] 麦肯锡认为，新兴经济体竞争者和全数字化颠覆者是造成这种下降的主要原因，并同时指出："高科技公司正在开创新型商业模式，并向新的行业领域进军。但是威胁不仅来自科技巨头。阿里巴巴和亚马逊等实力强大的全数字化平台将成为数千中小企业的跳板，让它们有充分的机会和资源对大型企业发起挑战。"[32] 因此，全数字化旋涡无疑会让赢利难上加难，可能现有企业需要采取更具有颠覆性的战略。

"颠覆自己"并不意味着放弃那些助你成功的现有战略，也不需要你模仿那些大行其道的全数字化战术。你需要做的是：质疑过去的成功所依赖的种种假设，然后对你提供客户价值的方式进行压力测试。

① 并非所有观察人士都对恢复增长的前景如此乐观，以下文献便是其中一例：Robert J. Gordon, The Rise and Fall of American Growth: *The U.S. Standard of Living Since the Civil War*, (Princeton: Princeton University Press, 2016).

第 2 章
全数字化价值与商业模式

客户价值的三种形式

鉴于各个行业都在向颠覆程度最高的全数字化旋涡中心移动，我们需要明确的是，这场运动并非仅仅由技术效应引起的，理解这一点至关重要。这一次之所以“不同以往”，是因为全数字化技术能够催生新的商业模式，让企业能够以前所未有的方式为客户创造新的价值。

那么，何谓商业模式？与“全数字化”一样，这个词也有各种各样的定义。在这里，我们可以参考亚历山大·奥斯特瓦德和伊夫·皮尼厄在《商业模式新生代》(*Business Model Generation*)一书中使用的定义：“商业模式描述了组织如何创造价值、传递价值和获取价值的基本原理。”[1]

对于以全数字化技术为基础的颠覆性商业模式，我们可以按照它们提供的主要价值类型来加以分类。DBT 中心的研究显示，全数字化颠覆者提供的客户价值主[①]要有三种类型：成本价值、体验价值和平台价值。

为了了解全数字化颠覆的形成过程，我们研究了 100 多家全数字化颠覆者的商业模式［涵盖了企业对消费者（B2C）模式和企业间（B2B）模式］，并按客户价值的形式对这些企业的商业模式做出分类（参见图 8）。这样做不仅是为了弄清威胁会从哪里出

图 8　按价值形式划分的全数字化商业模式

资料来源：全球数字化业务转型中心，2015 年

---

① 客户价值并不是消费者价值的同义词。颠覆者使用成本价值、体验价值和平台价值打造具有吸引力的产品，其目标客户既有企业，也有消费者。事实上，本书中讨论的许多强势颠覆者都拥有极高的 B2B 收入。谷歌的主要业务是 B2B 业务，占全球数字广告收入的 1/3（670 亿美元）；2015 年，苹果的企业业务达到 250 亿美元。此外，也有许多颠覆者以物流、制造业和能源行业等特定 B2B 行业为目标。详情请参阅：Kris Carlon, "Google Makes One Third of All Global Online Ad Revenue, But There's Trouble Ahead," *Android Authority*, March 18, 2016, androidauthority.com/google-makes-one-third-global-online-ad-revenue-680883/ and Daisuke Wakabayashi, "Apple's Business-Related Revenue Hits $25 Billion" *Wall Street Journal*, September 29, 2015, wsj.com/articles/apples-business-related-revenue-hits-25-billion-1443548280

现（如果你的行业正在遭受颠覆，那么几乎可以断言颠覆者至少采用了其中的一种或者多种商业模式来实现），也是为了制定一份清单，供现有企业自身发起颠覆。我们将在第 4 章探讨这个内容。

下面，我们来深入探讨客户价值的 3 种形式，以及颠覆者针对每种客户价值采用的 5 种主要商业模式（共计 15 种商业模式）。我们将以初创企业和现有企业为例，分析企业如何使用这些商业模式来影响市场变革。不过，成功的颠覆者很少只采用一种商业模式，而是非常精通综合运用多种商业模式，通过深化市场颠覆力度来创造客户价值。我们也将在下文中具体谈到这一点。

成本价值

成本价值可能是全数字化颠覆的竞争效应表现得最为显著的方面。也就是说，颠覆者会降低终端客户获取产品或服务所需付出的成本。产品和服务的虚拟化（或“非物质化”）是全数字化颠覆者降低成本的一个重要手段。显而易见，如果你不需要制作实物产品，那么你的收费自然也会随之降低。以 Amazon Kindle（由亚马逊设计和销售的电子书阅读器）为代表的电子书阅读器就是产品非物质化的范例。与购买实体书相比，用户可以用更低的费用下载电子书。虚拟会议也属于非物质化的一种形式。InXpo、ON24 和 Unisfair 等公司提供的在线会议产品已成为商务差旅的理想替代方案。这给酒店企业带来了负面影响，因为酒店的大部分利润通常是来自会议客源。[2] 虚拟化也已影响到分销领域。实体零售商要广泛开设连锁实体店，必须拥有足以维持店面运营的利润率，还要考虑到店内员工的劳动力问题，但是电子商务已经彻底颠覆了这种模式。

此外，许多全数字化颠覆者都会借助分析来创造或利用信息优势并优化运营，以此提升成本价值。通过建立这种信息优势，颠覆者可以让客户“以更少的付出获得更多回报”，就像利用优惠券、奖品或折扣为终端客户提供成本价值一样。最后，全数字化颠覆者往往会对员工管理、供应链和其他业务环节采用非常规方法（利用云技术、分析和众包等途径），以此改善运营，从而进一步降低成本并提高竞争力。我们将在本书的第二部分对这一点进行深入探讨。

值得注意的是，颠覆者创造成本价值的方式并非仅限于提供比现有企业价格更低的产品。它们也可以通过充当商业活动的中介来创造成本价值。例如，Expedia、LY.com 和 Orbitz 等在线旅游预订网站本身既不是航空公司，也不是连锁酒店或汽车租赁公司，但它们却给这些行业的企业带来了间接的成本压力，当然也给其所在领域（即旅行社行业）的竞争对手带来了直接压力。除了这种直接的成本价值外，这些网站提供的对比购物功能也让通过该渠道销售服务的企业不得不谨慎定价，从而为终端客户创造间接的成本价值。

在当今市场上，创造成本价值的方法大致可以概括为 5 种商业模式（参见表 1）。下面，我们来逐一审视每种商业模式。

表 1　成本价值驱动的商业模式：
以向客户提供更低成本或其他经济收益为竞争手段

商业模式	客户价值	示例
免费 / 超低成本： 客户无须付费，商家免费提供产品或服务，提供返现或者返利，利润极低或不计利润，免费增值	彻底消除成本，因忠诚度或参与度而提升的价值	Coursera、Skype、iBotta、Shopkick、Dropbox、Spotify、亚马逊和 Jet.com
买家集中： 将人或时间作为分摊成本的手段	随着时间的推移分摊成本；团购折扣，需求方规模经济效应	Fon（一家通信公司）和 Groupon（高朋，一家团购网站）
价格透明： 通过价格比较享受到更优惠的让利商品	更多的供应商选择，比较购物	Priceline（一家美国在线旅游公司）、Shopzilla 和 NexTag（美国购物搜索引擎）
逆向竞拍： 逆向竞拍销售，竞价投标，“自助定价”	价格下调压力，战略采购	Lending Tree（一家美国网贷平台）和 SPA Ariba（一家供应链平台）
基于消费的定价： 按使用 / 消耗情况付费，订用服务，“一切皆服务”	可变成本，风险降低，供应商的开销减少	Metromile（一家美国车险供应商）、Salesforce.com（一家在线客户关系管理提供商）、LiquidSpace、ShareDesk 和罗尔斯·罗伊斯公司

资料来源：全球全数字化业务转型中心，2015 年

免费 / 超低成本模式：此模式以免费或接近免费的价格、或以极低的利润向客户提供产品或服务，而这些产品或服务过去需要客户以全价或市场支配价格才能购买。俗话说：“赔本赚吆喝。”再也没有什么比免费更有吸引力的了。举例来说，客户过去必

须付费购买，但现在可以免费获得的商品包括高校课程（可通过 Coursera 等服务获得）以及语音和视频通话（可通过 Skype① 和许多其他提供商免费实现）。以提供奖品、折扣或其他激励措施提高终端客户经济收益的商业模式也可以纳入此模式之下（当然，其前提是客户不需要付费）。iBotta（一款购物应用）和 Shopkick（一款基于当前位置的购物服务）便属于此列。[3]

此模式还包括那些采用“免费增值”定价模式的竞争者，它们免费提供基础产品或服务，但需要用户付费来购买产品或服务的高级版本或专门版本。例如，在线存储提供商 Dropbox 和流媒体音乐服务 Spotify 就是众所周知的例子。

最后是那些以极微薄的利润甚至不计利润地提供产品或服务的企业。亚马逊和 Jet.com（将在第 3 章详细介绍）均属于此类企业，它们以消除或大幅削减利润为竞争手段，为客户创造成本价值。

买家集中模式：此模式将人或时间作为分摊成本的手段，或者通过“团购”或数量折扣来创造经济利益。例如，Fon 自诩为世界上最大的 Wi-Fi（无线局域网）网络，用户只需成为 Fon 的会员，即可通过该公司大约 2 000 万个热点连接上网。这种竞争战略对那些同样提供 Wi-Fi 服务的现有电信公司构成了威胁，因为它们的一部分客户会改用全数字化商业模式来进行合作，实现成本分摊。

社交团购网站 Groupon 代表了另一种通过集中用户降低成本的形式（暂且不提它遇到了一些困难）。参加某项团购的人数越多，最终价格就越低。

① Skype 是一款即时通信软件，具备视频聊天、多人语音会议、多人聊天、传送文件、文字聊天等功能。——编者注

价格透明模式：第一次电子商务浪潮中涌现的许多颠覆者都采用了这个模式，其中不仅包括以 Priceline（在线旅游和酒店门户 Booking.com 及 KAYAK 的母公司）为代表的企业，还包括以 Shopzilla 和 NexTag 为代表的各种对比购物工具。它们为买家提高了价格透明度，使客户能够从产品和服务提供商那里享受到更优惠的让利商品。这些网站还可以在多种市场之间比较差价。例如，手表或首饰等奢侈品在不同市场的定价往往会有所不同。而许多颠覆者使这些差价变得透明，让用户能够以全球最低价购得这些商品。

逆向竞拍模式：此模式对商业规则反其道而行，要求卖家通过竞价来赢得买家。采用这种竞争模式的典型代表包括 LendingTree（一家提供线上贷款的公司）和 SAP Ariba（一家软件信息技术服务公司），它们在为客户创造成本价值的同时，也给供应商带来了价格压力。逆向竞拍把难题丢给了卖家，它们既要尽最大可能提高报价，又要确保不会因此而流失买家，不使其投向另一个更具价格优势的卖家的怀抱。在线逆向竞拍还会使用先进的软件算法，使竞价过程节奏更快、变数更多，从而导致价格压力进一步增加。

基于消费的定价模式：此模式彻底改变了客户购买产品和服务时的付费机制。通过将固定费率机制转变为按使用情况付费的机制，提供商为客户提供了更多决定权（和成本价值）。这种商业模式的示例包括按里程付费的保险（例如 Metromile），以及通过订阅模式购买的基于云的软件应用（例如 Salesforce.com 和思科网讯）。在一些情况下，客户可以将归于资本投资性质的购买商品经费挪到营业支出下的购买服务经费，从而提高财务灵活性和可预测性，并获得更高的成本价值。

在 B2B 领域，LiquidSpace、ShareDesk 和 PivotDesk 等颠覆者可使企业按小时、按天或按月出租闲置的办公空间。这给快速发展的组织和需要定期聚集到某个物理位置工作的虚拟团队带来了福音。受益于基于消费的定价模式，企业可以仅在需要使用办公空间时支付相关费用。鉴于办公场所的平均利用率只有 45% 至 50%，这种商业模式的优势十分显著。[4] 同样，全球第二大飞机发动机制造商罗尔斯·罗伊斯公司等企业一改传统的喷气式发动机销售方法，通过销售"业务成果"[5]（即推进力或正常运转时间）来代替销售设备，帮助客户转移资本支出。[6] 这种基于性能的销售模式将财务风险从买家转移到卖家，并借此为客户提供成本价值。

体验价值

体验价值涉及为客户提供更多便利条件、使用场景或控制权等，是当今许多最具颠覆性的企业迅速崛起的决定性因素。与成本价值一样，体验价值也会随着产品的全数字化而增加，因为以前不可分割的实物产品现在可以恰当地按客户需求分割，然后立即传送到任何设备或位置。

颠覆者通过拆分现有企业的产品和服务，让客户能够凭自己的意愿选择对他们来说有价值的产品或服务（并支付相应的费用），同时舍弃他们不需要的"捆绑"元素——正是这些元素抬高了商品的价格。这些"拆分者"也对诸如大型金融机构等提供捆绑式服务的现有企业造成了冲击。借助虚拟化技术，利基市场参与者可以通过数字渠道，以更高的个性化程度和更低的成本（甚至是免费）提供这些服务。正是这种"去捆绑化"趋势导致银行在财富管理和银行抵押等获利颇丰的业务领域屡屡受到颠覆者的冲击，很难维持现状。[7]

由于颠覆者在客户体验上的绝对优势，现有企业很难维持通过品牌或品质建立起来的市场份额，而客户则很容易转向非常规提供商。例如，我们的研究表明，80% 的消费者愿意把自己的"银行"事宜放心交给传统银行以外的企业处理。[8] 为了更好地理解全数字化颠覆者提供体验价值的方式，我们来探讨一下对打造这种体验功不可没的 5 种主要商业模式（参见表 2）。

表 2　体验价值驱动的商业模式：以向顾客提供出色的体验为竞争手段

商业模式	客户价值	示例
客户做主： 实现自助服务，中间商"脱媒"，DIY（自己动手制作）	更大的自主性、控制权和便利性	PayPal（一种国际贸易支付工具）和Netflix（网飞）
定制： 实现产品、服务、体验的个性化	更高的定制程度、情景化程度，注重美学或设计改进	诺德斯特龙 /Trunk Club（一家男装导购服务平台）和新百伦
即使送达： 实时交付或通过新式设备（例如手机）交付货物、服务或增值体验，非物质化	相关度，即时性	Instacart（一家创业公司）、Shyp（一家物流创业公司），Google Express（谷歌的物流服务）、Amazon Prime Now（亚马逊同城当日到达服务）、乐购点击取货和 Amazon Echo（亚马逊智能音箱）
化繁为简： 提高简化程度，提高效率，汇聚信息	消除业务流程中的滞后或瓶颈	Mint.com（一款理财购物软件）、Liquidnet（一家英国的专业网站主机托管服务商）和比特币

（续表）

商业模式	客户价值	示例
自动化： 利用分析或低成本劳动力实现流程自动化	节省时间，提高执行质量，工资套利	Wealthfront（一家美国互联网金融公司）和TaskRabbit（一家“共享经济”平台）

资料来源：全球全数字化业务转型中心，2015 年

客户做主模式：此模式的中心是去中间化，即去掉那些在交易中没有附加价值或仅能提供有限价值却仍然作为中介收取不菲“佣金”的中间商。没有了这些中间商，消费者就能根据自己的意愿选择购买什么和不购买什么，而且通常购买价格会更低。绕过中间商（直销）、DIY 以及让客户“掌握主动权”是全数字化颠覆的核心要素。例如，PayPal 开创了新的汇款和支付方式，绕过了长期以来由银行和信用卡公司完全支配的传统支付方式（及提取费用方式）。

Netflix 是客户做主模式的另一个典型示例。Netflix 会员不必为了数百个几乎不看的频道而购买昂贵的有线电视套餐，他们只需支付一笔极低的月费，即可获得观看大量电视节目和电影的权利。Netflix 利用全数字化商业模式，将电视节目从中间商（有线电视公司）的束缚中解脱出来，让用户拥有更大的自主性和控制权，并能更方便地收看节目。①

定制模式：此模式按照客户的独特偏好提供定制体验，以此

① 虽然成本价值无疑也是 Netflix 的吸引力所在，但该公司更称得上是以体验价值“抢得先机”的颠覆者典范。客户只需为自己喜欢的节目付款，因此可以支付更少的费用。

为客户带来价值。① 这些价值可能来自定制产品或服务本身，也可能来自情景化的服务（例如，提供商以智能方式解读用户的位置和特定需求，并据此打造最具价值的体验）。我们对零售业进行的研究表明，主流购物者越来越期待享受比普通个性化服务更进一步的所谓“超高相关度”体验。比如商家能够主动认出客户并致以欢迎，或者在客户的搜索结果中列出“其他相似客户查看过的”商品。[9] 全渠道创新，即让消费者能够在自己选择的渠道中享受无差别的体验，也属于定制模式的范畴。

Trunk Club 是基于定制的男士个人形象设计服务商。它会在男性注册时对其进行时尚品位调查，并收集他们的身体尺寸的详细信息。然后，Trunk Club 会向注册者寄送“衣箱”，其中装有根据客户品位偏好专门搭配的个性化服饰和配饰。用户可以在家中尽情试穿并购买喜欢的物品，不想购买的物品只需在 10 天内退回即可。

Trunk Club 所采用的商业模式通过定制服务从若干方面提升了客户体验。首先，衣箱里的物品是按照用户品位定制的，用户可以从形象设计师“精心筛选过”的产品中做出选择。其次，时尚百货巨头诺德斯特龙于 2014 年收购了 Trunk Club，为客户带来了进一步的体验价值。诺德斯特龙通过世界一流的个性化服务，在服装和家居用品市场中独树一帜，地位超然。[10] 现在，Trunk

---

① 本书所述的 15 种商业模式并非旨在介绍企业可用于开展竞争的所有方式，而是为了说明这些商业模式如何创造新的客户价值，从而提高竞争力。例如，宣扬某种产品“质量更高”或“设计更佳”（面料更致密的床单、更鲜嫩多汁的牛排、更时尚奢华的汽车）可能是促使客户决定购买的关键因素，但这些因素与全数字化颠覆并不直接相关。

Club 用户可以通过诺德斯特龙店内的裁缝修改他们从衣箱中选择保留的服饰，这意味着 Trunk Club 能够在客户体验的多个阶段提供定制价值。

新百伦目前提供按跑步者脚型和尺寸定制跑鞋的业务。它使用扫描仪获取客户脚部的图像，然后使用 3D 打印机制作出与客户的脚完美贴合的鞋底。[11]

即时送达模式：此模式改变了产品和服务的配送方式，让时间不再成为影响购买的因素。无论是快速交付实物产品，还是即时提供数字产品，这种商业模式让客户无须等待即可获得想要的价值。虽然非物质化对此起到一定的作用，但是正如我们无数次地在全数字化颠覆中见证的那样，全数字化商业模式也可以达到这样的速度。

例如，Instacart 用户通过电脑网络或手机应用从入驻 Instacart 的店家购物时，只需额外支付 7.99 美元，即可在 1 小时内收到订购的货物。[12] 其他一些公司也采用了类似的模式。以 Shyp 为例，客户只需给要寄的物品拍个照，“Shyp 英雄”就能上门帮客户打包发货，免除了客户在邮局或货运网点遭受的排队等候之苦。[13] 谷歌和亚马逊也通过 Express 和 Prime Now 服务在快递速度方面展开激烈的角逐。[14] 亚马逊投资研发的技术可以近乎实时地交付制成品。它不仅在运货车上配备了 3D 打印机，还宣布了一项雄心勃勃的无人机配送计划。[15] 它面向家庭推出了一款名为“Amazon Echo”的小型互联网设备，用户能够通过语音命令激活人工智能助理“Alexa”，享受即时送达服务。这不仅包括加快货物从亚马逊送抵消费者家中的速度（如果用户向 Alexa 下达口头订单），还包括获得即时信息（如果用户询问“二次方程式是什么”或“明天天气如何”等问题）。[16]

乐购作为零售市场最具创新力的现有企业之一，近年来引入了大量体验创新。以它的“点击取货”配送方法为例：“通过‘百货点击取货’服务，您可以在线订购百货商品，然后您可以选择合适的时间和合适的地点去取货。我们为您提供的取货点超过 350 个，包括乐购门店、火车站和当地企业（点击取货拉近您与百货商品的距离）。”[17] 在这个例子中，乐购不仅缩短了配送时间，而且免除了客户的等待，从而避免了因时间问题导致的消费者不满情绪。

化繁为简模式：此模式的宗旨在于将有形的业务流程转变为全数字化业务流程，运用技术手段为客户排除阻碍并提供便利，从而让客户顺利达到目的。例如，Intuit 的子公司 Mint.com 可将不同金融机构的用户账户数据汇聚到一个工具中，这样一来，客户就能在一个统一的门户中跟踪自己的支出、余额、预算和目标，而不必从各个银行、贷款人和投资经理人那里收集信息，手动汇总自身财务的“实际状况”。

对大型银行和资产管理公司来说，在大型公共金融交易所进行交易可能会使它们失去宝贵的信息优势。Liquidnet 等另类股票交易系统有效解决了为买家和卖家寻找合适资金池（即希望进行交易的其他机构）时效率低下的问题，让证券交易化繁为简。例如，成为 Liquidnet 客户的大型资产管理公司可以将交易转移到各大交易所正常交割的范围之外，通过速度极快的“低延时”交割在买家与卖家之间直接转移大量证券。据报道，Liquidnet 的平均股票交易量约为 4.2 万股，是美国各大股票交易所平均交易量的百倍以上。在这种规模的交易中，信息优势也要精确到毫秒。[18] Liquidnet 还允许机构匿名交易，以防止其他公司知道谁在出售什么（或谁持有多少头寸），并防止其他公司利用这些信息从事掠夺交易或不当地操纵价格。[19]

此外，也有许多全数字化颠覆者利用区块链技术使金融交易化繁为简。区块链是一种账本，记载着所有数字活动，具有“分布式”特性，即可供多方共享。只有在系统中大多数参与方一致同意的情况下，才能对区块链进行更新。而且，信息一旦输入，就永远无法删改。[20] 这种基于一致同意的模式让造假变得非常困难，因此，比特币等主要加密数字货币都是以区块链来维护自己的所有交易记录。区块链的优点在于，交易双方无须通过银行等中介机构就能以可验证的方式交换数字货币，让交易大大简化。这必将彻底改变跨行业的企业间的支付方式。除了数以百计的初创企业外，还有数十家世界级大型银行甚至国家银行系统也投资进行了区块链测试。[21]

自动化模式：此模式利用技术手段自动完成任务或安排他人完成任务，并以此提供体验价值。Wealthfront 是一项自动化投资服务，由于使用了高级分析技术，它能够根据几个简单问题的答案选择正确的投资组合和资产分配。Wealthfront 还能在不同类别的资产之间自动平衡投资，根据投资者的目标和风险评级保持理想的平衡。最后，它还能提供自动“税损收割”服务，确保投资者能在资产价值下降时变现或“收割”亏损，从而减少总纳税额。鉴于在 Wealthfront 提供体验价值的领域中存在着大量缺乏专业知识的客户，自动化不仅可以节省时间，还能让客户避免从事自己不擅长的活动。这些活动可以由机器执行，也可由廉价劳动力或专业人士来执行。例如，TaskRabbit 可以为用户提供随叫随到的低成本劳动力，使用户从无暇从事或不愿从事的枯燥工作、无谓奔走和其他杂务中解脱出来。①

平台价值

在成本价值或者体验价值上面做文章展开竞争并不新奇，可以说，平台价值才是全数字化颠覆独有的竞争手法。平台价值对竞争效应具有颠覆性的影响，因为它引入了呈指数级变化的元素。平台可以制造网络效应，在这种情况下，用户数量或用户类型将会左右平台所能实现的价值。网络效应通常会让人联想到以著名技术专家罗伯特·梅特卡夫的名字命名的“梅特卡夫定律”。这条定律的内容是：网络的价值与用户数的平方成正比。例如，单独一部电话的个体价值并不是非常高，但是随着用户数量的增加，每一部电话的价值也随之提高。这在很大程度上解释了为什么平台能推动颠覆，因为平台引起的市场变化不是线性的。②

在日常生活中，无论是一般民众，还是消费者和商人，我们都已经对网络效应司空见惯了。万维网、网络病、引爆点、群体智

---

① 毫无疑问，自动化也会带来显著的成本价值。比如在 Wealthfront 的例子中，消费者就无须支付昂贵的金融顾问费。当然，通过工资套利（使用更廉价的劳动力来执行任务）也可以创造成本价值。尽管自动化模式具有潜在的成本价值优势，但由于这种模式的主要特点在于实现简化、提高效率和创造便利，因此我们明确地将其纳入体验价值阵营。

② 目前占据主导地位的平台是否构成了“颠覆性”创新？这个问题已经引起广泛的争论和关注。关于这个问题，有人提出了发人深省的观点，详情请参阅以下文献：AlexMoazed and Nicholas L. Johnson, “Why Clayton Christensen Is Wrong about Uber and Disruptive Innovation,” *TechCrunch*,February 27, 2016,techcrunch.com/2016/02/27/whyclayton-christensen-is-wrong-about-uber-and-disruptive-innovation/

慧、文件共享、社交媒体、用户原创内容、金融传染……这些都是网络效应的表现形式（其中，有些是正面效应，也有些是负面效应）。网络效应是一个大包容的概念，涉及点对点交互、相互依存、病毒模式、游戏化和反馈循环。简而言之，当网络的参与者（或“节点”）以一种能够实现“整体效能大于各部分效能之和”的方式连接在一起时，就会产生简单的网络效应。因此，平台代表一种更高层次的客户优势，具有放大价值的固有特征。

平台也是一股强大的竞争力量。平台的网络化性质一旦成功形成，就会让平台变得比独立的竞争性创新更难撼动（但并非不可撼动）。平台优势会产生所谓的“赢家通吃”效应[22]，为支配平台的所有者带来压倒性的收益。①这种思维正是许多最有活力且最具颠覆性的全数字化商业模式的基础，其中包括脸书、谷歌、iTunes（苹果公司开发的免费数字媒体播放应用程序）、推特和优步等，它们的商业模式都应用了这种逻辑。平台价值的来源也有5种主要的商业模式（参见表3）。

生态系统模式：在这种商业模式中，企业（或企业联合体）提供标准化的工具包、组件、环境或“沙盒”供他人使用。客户使用后能为他们自身创造价值，特别是货币价值。苹果和谷歌的开发人员生态系统就是著名的例子。还有一个例子是电子

---

① 花旗集团的研究发现：“全数字化细分市场比传统细分市场更集中，排名前三的企业所占有的份额平均达到80%左右。而在实体细分市场，排名前三的企业所占的份额平均只有45%左右。”这为“颠覆会导致市场份额集中化”的说法提供了证据。请参阅以下文献：Sandeep Davé, Ashwin Shirvaikar, and Dave Baker, “Digital Money: APathway to an Experience Economy,” Citigroup, January 2015, citibank.com/icg/sa/digital_symposium/docs/DigitalMoneyReadinessReport2015.pdf

游戏《我的世界》。玩家可以使用视觉元素（类似于乐高积木）创造视觉效果惊人的建筑或风景，并与其他玩家及其创造的世界互动。用户还可以通过修改或增强程序（即 mods），来增添游戏新功能，或者在游戏中嵌入小游戏等，为玩家提供多种潜在收入来源。[23] 还有一个例子是树莓派，这种价格低廉的基础型计算机吸引了数百万用户。树莓派的售价仅 35 美元，为数以百万计的教育者、业余爱好者和热心 DIY 的科技迷提供了一个动态的生态系统，让他们能以极低的成本使用标准个人计算机组件进行创新。[24]

表 3　平台价值驱动的商业模式：
以向顾客提供正面的网络效应为竞争手段

商业模式	客户价值	示例
生态系统： 提供标准化的工具包、组件、环境或“沙盒”供其他企业为自己创造价值	与生态系统的其他参与者进行互动，共同创造价值，在生态系统中实现重复利用，发挥资源的杠杆作用，通过生态系统实现产品和服务获利的机会	Apple iOS（苹果开发的移动操作系统）、Google Android（谷歌安卓）、《我的世界》、树莓派、GrabCAD（免费 3D 模型下载网站）和 Docker（应用容器引擎）
众包： 从贡献者生态系统中征集各种意见	汇聚更多且多元化的创意，开辟新的劳动力来源，获取很少得窥的信息或者一些独特的见解	Qoura(一家问答网站)、《赫芬顿邮报》、Kaggle①、Innocentive 和维基解密

① Kaggle 是一家为开发商和数据科学家提供举办机器学习竞赛、托管数据库、编写和分享代码的平台。——编者注

（续表）

商业模式	客户价值	示例
社区： 通过信息接收人网络或社区来传播信息，疯狂传播内容	优化沟通 / 分发 / 执行	Nextdoor（一款美国的邻里社交应用）、推特和 Reddit（一家社交新闻站点）
全数字化市场： 联系个体与群体，市场创造能力，“共享经济”和点对点动态性	从购买、销售、交易中获得收入，促进资源社会化，实现资源调动，用户教育	Etsy（一家网络商店平台）、爱彼迎、Cargomatic 和 Transfix（一家卡车货运按需服务提供商）
数据协调者： 将传感器 / 机器数据与分析组合，从而获得新的洞察力	实时数据，新的数据源，在极其复杂的情况下看清形势，优化决策	ABB、思科、通用电器、IBM（国际商业机器公司）、英特尔、Palantir（一家培养初创公司的公司）、SAP、Splunk（一个机器数据引擎）和 John Deere（美国迪尔公司）

资料来源：全球全数字化业务转型中心，2015 年

B2B 市场的颠覆者也在采用生态系统模式。GrabCAD 是一家在爱沙尼亚成立并于 2014 年被 3D 打印机公司 Stratsys 收购的企业，其建立起来的生态系统包括 290 多万名成员，而由这些成员共同协作开发并免费共享的计算机辅助设计（CAD）模型开放源代码文件超过 125 万。[25]Docker 是一种开放源码技术，能够让开发人员使用“容器”进行构建、运行、测试和部署等一系列应用。借助容器，就能可靠地将软件从一个计算环境（例如笔记本电脑或云端）移植到另一个计算环境。[26] 近年来，Docker 获得了惊人的增长，2014 年前 6 个月，其下载量只有 300 万次，但到 2014

年12月时却已高达1亿次。[27]这种大受欢迎的形势催生了这样一个生态系统：主要技术供应商和开发人员都积极支持技术的开发，以及技术与他们自身产品的整合。[28]

众包模式：此模式利用群策群力作为竞争手段，并通过多种途径造福于平台用户。首先，它可以通过让用户执行扩充平台的工作来降低成本（事实上这对用户和平台所有者双方都有益处）。正如Quora那样，一部分用户可以对其他用户提出的问题进行专业的解答。Quora以社交网络的形式提供的仅仅是场所，而非内容本身，真正的内容由用户免费提供。同样，作为网络最受欢迎的新闻聚合商之一的《赫芬顿邮报》主要依靠的也是发布不付报酬的博主和客座专栏作家的内容。与许多媒体竞争对手不同，《赫芬顿邮报》不向用户收取访问内容的费用。其成功的原因在于庞大的用户群吸引了希望扩大读者群的特写专栏作家和内容提供者（例如名人），形成了信息供求的良性循环。

其次，平台用户可以从不同的见解中获益，通常能让原本模糊晦涩的信息豁然开朗。Kaggle和Innocentive是两家将技术工作（预测分析、科学“挑战”）游戏化的企业，它们将抢手的专业知识运用到多方参与的竞争性环境中，有助于让根深蒂固的业务问题得到突破。以“告密者”信息著称的网站维基解密也采用众包方法，（匿名）揭露一些很少被人们窥见的内幕，比如一些机密文件，用户是无法通过其他途径来获得的。

社区模式：此模式是典型的面向平台的商业模式。社区模式追求的是网络效应所带来的效率和规模效益，它们可以转化为积极的商业影响（在非营利组织中则是促进其他组织目标）。[①] 这种模式我们几乎每天都能在网上看到，它通常是以内容传播的形式出现（例如走红的 YouTube 剪辑或 TED 演讲）。但是，它其实也适用于很多其他情况，只要当用户价值与传播效率或传播效果有一定对应时，就能看到。举个例子，Nextdoor 是一个极其重视“紧邻”关系的社交网络，其宗旨是为本地社区的街区、企业和机构创造一个沟通平台。Nextdoor 成员可以使用“公告牌”与社区内的买家或卖家进行商业活动，也可以参与公民活动（例如请愿），或者交换一些诸如宠物走失、学校关闭或给水总管爆裂等仅在当地有价值的信息。这种只允许当地居民参与社区交流的做法能提高传播的效率，因为过于广泛的参与会削弱互动的效果。

成功的平台拥有着与生俱来的规模经济效应，这意味着用户可以缩短信息传播的滞后时间（因为信息可以更快地进行传播），并且花费更少的人力物力就可以“广布信息”。或者反过来说，花费更少的人力物力就可以获得对自己有价值的信息。这是推特等平台获得成功的助力，这些平台的用户可以在不增加成本的情况下与大量其他用户建立联系。“推特热点”信息通过向用户指出其

① 生态系统商业模式与社区商业模式有什么区别？在前一种模式中，网络的成员利用生态系统所有者提供的基本组件为自己创造价值。这可能包括改善或增加此类组件并用这些改进来创造利润，为贡献者和参与分成的生态系统所有者双方带来收益。在社区模式中，网络的用户就是用户自身。尽管用户可以通过转发推特等手段来扩散他们访问的信息，但是社区模式很少涉及“附加”价值，也就是说用户本身不能以此获得收入。一般而言，用户因社区模式而增加价值的可能性低于在生态系统商业模式中的可能性。如果要总结众包模式与社区模式之间的区别（因为这二者都可以采用游戏化机制等），则前者利用群策群力创造价值，而后者以传播的效率为核心。

他用户发现的有价值的内容来提高用户的信息效用。这减少了个体用户将时间、精力等有限资源浪费到访问无价值信息上的可能性。推特的"认证"机制还可确保用户声称的身份信息是真实的，这样可以消除其他用户的不确定性。

在社区模式中，用户得到的许多价值可能并不纯粹是经济上的，其中有些可能是无形价值。心理学家和行为经济学家告诉我们，我们对价值的认知绝不仅限于单纯的金融术语。平台价值可以包括声誉资本、声望成就和人际关系（例如"社群意识"）。

因果论有一个核心理念，那就是一个人未来的幸福或成功取决于自己的行为和意图。那么，所谓的"数字因果"就是以量化方式衡量用户对平台做出贡献的"良好行为"。在 eBay（易贝）上，卖家的评分正是其入驻平台后交易经历的写照，这也有助于提高他们在潜在买家眼中的诚信度。热门新闻和信息公告网站 Reddit 会为那些发布热门帖的用户提供"分数"。用户可因发帖的质量和频率而收集积分。尽管 Reddit 的因果分没有什么经济价值，但它作为对用户地位的衡量标准，直接影响了平台用户所获得的价值。社区商业模式也可以依靠游戏化、社区本身制造社交压力、竞争紧张感、娱乐趣味和友好情谊等方面的能力，以及用户获得"成功威望"的前景来激励社区用户、培养可取的行为（例如客户忠诚度）并促进参与。

全数字化市场模式：此模式已成为许多全数字化颠覆者战略中普遍存在的特征，其前提是在个体与群体之间建立联系，促使他们互利互惠。这种市场多"边"互利的概念是平台价值的核心。它不仅是指颠覆者本身提供的价值，还包括在颠覆者促进下创造的价值。全数字化市场模式包括平台提供商为某种商品或服务"开拓市场”，并为买卖双方创造交易场所的能力。Etsy 就是一个颠覆者使用全数字化市场模式为手工制品和复古物品、艺术品、工艺品、珠宝和服装等特色商品打造平台的例子。该公司公布的 2015 年销售额超过 20 亿美元，[29] 注册用户逾 5 000 万。[30] Etsy 上的商家通常是家庭企业和手工艺者，他们能以 Etsy 为跳板，接触到传统零售渠道无法接触到的买家。同时，买家也可以接触到他们在其他情况下不可能（或至少是不方便）浏览和购买的商品。在这里，价值就以接触机会、多样化选择和交易效率等形式显现了出来。

全数字化市场模式还包括所谓的“共享经济”平台，其中提供由个人房产业主向游客销售住宿服务的爱彼迎就是共享经济平台的代表。在传统的酒店价值链之外，游客有了第二条购买住宿服务的途径。

共享经济在某种程度上要依赖于 P2P 动态性，它代表平台的另一个基本方面。对于爱彼迎，这意味着将个人房产的业主（例如想用闲置卧室赚钱的人）转换为服务提供商，然后给业主和希望使用相应服务的人牵线搭桥。同样，爱彼迎和住宿服务的提供商两者都不是酒店企业。住宿服务提供商以个人消费者为主，但也有一些是规模较小的物业管理公司。

Cargomatic 和 Transfix 等 B2B 初创企业已经创建了针对卡车运输业的全数字化市场，使司机与装载量的匹配效率获得显著提高。托运人可以在这些平台上列出工作，卡车司机则可以接下这些通过其他渠道可能没法知道的工作。此外，双方还可获益于实时装运跟踪和在线支付等其他的全数字化功能。除了许多小型企业，美国图书零售商 Barnes & Noble 和德国制造商博世等大公司在托运时也使用此类全数字化市场来安排货物的运输。[31]

数据协调者模式：此模式利用物联网和大数据分析的颠覆性力量创造新的机会来实现创新和创造价值，包括基于位置的服务、远程监控和预测性维护、情景感知营销服务和视频分析。有关物联网的定义众说纷纭，但最简单的理解就是物联网是物体间的联网。[32] 物联网的宗旨是联所未连：像车辆和其他运输基础设施、建筑物、工厂车间的机器、医疗设备、服饰等都是可以被连接起来的物体。互联网历来以连接计算机（即为信息处理提供方便的机器）为重点，而物联网则用于连接具有种种其他用途的物体。这为建立一个巨大的传感器和嵌入式系统平台创造了机会，信息在网络中传输并由应用进行分析，从而获得新的洞察力。

许多企业拥有或监管着有利于建立这种连接的大型资产基础和数据流。智能楼宇、工业自动化、可穿戴式设备和远程通信都是实现这种商业模式的助力。不少大型企业或面临着全数字化颠覆，或面临着传统业务方面，尤其是以产品为中心的业务线上的挑战，竞争压力越来越大，这种通过物联网 / 分析平台为终端客户打造增值服务的可能性对它们极具吸引力。实行数据协调者商业模式的企业包括 ABB、思科、GE、IBM、因特尔、Palantir、SAP 和 Splunk。

美国农业设备制造商 John Deere 就是一家采用数据协调者商业模式追求智能农业愿景的企业。农户可以在其推出的在线门户网站 Myjohndeere.com 上访问诸如机器传感器上收集的数据、第三方财务、天气数据等各类数据信息。这些信息不但可以用来优化耕作，比如决定种植时间和地点之类的问题，还可以用于预测性维修，让农户能在车辆和设备零部件发生故障前进行更换。John Deere 甚至还将数据协调者角色延伸到自己公司以外的领域，推出

Deere 开放数据平台。这一平台既可以供农户之间相互交换数据，也可以供开发新的创新农业应用的第三方开发商交换数据。[33]

组合式颠覆

近年来最成功的颠覆者（包括亚马逊、苹果、脸书、谷歌和网飞）通过有效融合成本价值、体验价值和平台价值打造出新颖的商业模式，并实现了财富的指数级增长。我们将这种创新方法称为“组合式颠覆”。

实际上，谷歌首席经济学家兼加州大学伯克利分校荣誉教授哈尔·范里安（Hal Varian）早已提出“组合式创新”的理念，并广为流传。他在著作中提出这一理念时引述了历史上的一些事例，来说明技术标准化和技术融合如何有效实现技术的组合与重新组合，进而推动新发明的诞生。[34]组合式颠覆以这一理念为基础，并为其赋予了全数字化旋涡时代的新内涵，旨在说明如何通过组合与重新组合全数字化商业模式，为包括消费者和企业在内的各类客户提供集成本价值、体验价值和平台价值于一身的颠覆性体验。这个过程将伴随着全数字化颠覆与竞争变革的双重冲击，因此需要企业（特别是现有企业）努力寻求转型之道。不言而喻，组合式颠覆对终端客户极具吸引力，因为它可以丰富产品和服务的购买渠道。而对少数能够实现这种更高价值标准的公司而言，组合式颠覆是树立竞争差异和获得竞争优势的最佳方式。

需要承认的是，有些颠覆者是围绕一种商业模式而组建的，甚至有少数颠覆者是围绕一种客户价值而运转的。例如，Kickstarter 就是专门为初创企业筹集投资资本的众筹平台。但是，大多数取得持久成功的颠覆者都采用了某种组合式颠覆方法。下面提到的两家公司就是很好的例子，其中一家公司主要组合了两种客户价值，另一家公司则组合了全部三种客户价值。

Adyen

Adyen 是总部位于荷兰的 B2B 国际支付服务提供商。优步、脸书、爱彼迎、KLM 和 Spotify 等客户都使用该支付平台，该平台通过信用卡、借记卡、银行转账和其他手段接受世界各地的电子支付。Adyen 也是欧洲最有价值的私营企业之一（即独角兽公司），其 2015 年的估值达到 23 亿美元。[35] 自 2011 年以来，该公司在息税折旧摊销前一直保持赢利，公司成立至今处理的支付逾 500 亿美元。[36] 下面，我们会举例说明 Adyen 用于提供体验价值和平台价值的几种不同商业模式。

体验价值

化繁为简——Adyen 的支付平台汇集了 250 种支付方式，可以使用的支付货币包括六大洲的 17 种货币。而且，企业还能通过 Adyen 收到客户经由电子商务、移动电话（iOS 和 Android）和店内销售点系统等多个渠道支付的款项。通过化繁为简加快商业交易速度，是 Adyen 向客户提出的价值主张的核心。

即时送达——Adyen 能够将服务即时送达直接客户和客户的客户。该企业提供预先开发的支付功能集成，包括托管的支付页面、加密服务和用于处理付款的直接应用编程接口（API）等，让客户不必自己开发或购买这些产品与服务。这些服务为 Adyen 所服务的商家提供了重要的价值源泉，因为对这些增长快速的全数字化颠覆者来说，市场投放时间至关重要。商家使用 Adyen 的平台，就无须耗费时间和精力针对每个本地市场设计自己的支付解决方案。例如，优步于 2015 年宣布将使用 Adyen 的平台来支持其在摩洛哥的扩张，因此这家拼车服务公司无须定制自己的本地支付协议。[37]

Adyen 还能将服务即时送达其支付平台的数百万终端用户。这些消费者使用信用卡或其他形式的非现金支付方式购买服务，因此日益期待无论买什么和如何买都能一键轻松支付。Adyen 认识到这一需求，成为美国和英国唯一接受使用 Apple Pay 进行应用内和店内购买的支付技术提供商。[38]

平台价值

数据协调者——Adyen 为零售商提供单一支付平台用于接受店内和在线购买，这种能力也让它得以收集宝贵的消费者数据。零售商和其他商家可以通过这些数据了解不同渠道间（例如店内与在线）的购物者行为并推出创新的服务，例如允许在线购买后在店内取货。此外，Adyen 收集的数据还可用来改进在线商户的欺诈检测和防范策略。[39]

Adyen 的全球支付平台采用全数字化商业模式为商家和消费者提供新的价值组合。该公司的服务报价虽略低于传统提供商，但其主要价值来源于服务水平和遍及全球的覆盖范围。Adyen 为企业提供全球支付采购解决方案，让企业不必与本地提供商展开一系列合同的谈判，因此能化繁为简并为客户提供更好的选择。凭借其全球平台，Adyen 也可以与规模更大但难以应付跨境商务的本地竞争者一较高下。

LinkedIn

LinkedIn（领英）是全球最大的面向企业的网站，其用户数量超过 4 亿，遍及全球 200 多个国家和地区。[40] LinkedIn 主要通过以下商业模式实行组合式颠覆战略。

成本价值

免费 / 超低成本——LinkedIn 为会员提供多种免费功能，包括建立在线档案、与他人联系、加入兴趣群组和发帖。截至 2015 年 5 月，超过 80% 的 LinkedIn 会员只使用该平台的免费服务。[41] 不过，该公司也提供有偿的“高级”服务，付费用户将拥有一些额外的功能，比如进行高级档案搜索、查看自身人脉圈之外的会员档案，以及在线培训等。收费以当地货币计算，月费折合 29.99 美元到 119.95 美元不等。

体验价值

定制——LinkedIn 会员可以在很大程度上定制自己的在线档案。他们不仅能说明自己的教育背景和工作经验，还能将所获奖项、发表的作品和联系人的推荐信放置在档案中。此外，会员还可以使用自己喜爱的图像对档案外观进行个性化设置，并可以设定档案的阅读权限。不过，这种用户主导的定制只代表 LinkedIn 价值的一小部分，更大的定制价值来自 LinkedIn 公司自身。该公司广泛使用机器学习等分析技术来匹配会员接收的内容，包括联系建议、新闻订阅以及与其特定档案和行为相关的招聘职位。[42]

平台价值

数据协调——世界各地有数亿人在 LinkedIn 上免费提供了有关其专业背景的详细信息和其他相关信息。此外，其中许多人还会花数小时浏览网站，该公司能够从这些点击流数据中对会员进行了解。LinkedIn 已经开发了情报销售业务，向数千家希望提高招聘效率，甚至了解自己员工的行为（例如识别有可能离职的员工）的企业销售有价值的情报。事实上，该公司 2015 年向雇主销售此类 B2B 人才和招聘解决方案的收入超过了广告收入和消费者驱动的订阅收入之和。[43]

建立社区——LinkedIn 的主要目标之一是让个人能与具有类似背景和兴趣的会员建立社区。自 2004 年以来，LinkedIn 创建的群组超过 200 万个，可供用户交换意见和举行在线讨论。这些社区已实现了巨大的增长，普通会员一般会加入 7 个群组。[44]

全数字化市场——2015 年 10 月，该公司悄然推出新的 ProFinder 服务，以期和同样在职场匹配市场杀出的黑马 Fiverr 和 Upwork 竞争。这些颠覆者与 LinkedIn ProFinder 之间的关键区别在于，ProFinder 上的自由职业者是“经 ProFinder 管理团队审查”后才会在平台上列出，因此招聘人员从这里找到的专业人才可能会比在成本较低的自由职业者网站上能找到的人才通常更有才干也更可信，而 Fiverr、Upwork 和 99designs.com 等在线市场对自由职业者则没有这样的准入要求。凭借已经建立起来的庞大平台，LinkedIn 现在处于非常有利的地位，可以影响自由职业者与渴求高质量合约工作的公司之间的联系。[45]

三重威胁

通过 Adyen 和 LinkedIn 的例子我们可以看出，颠覆性企业灵活运用全数字化商业模式，以更受客户青睐的价值组合扳倒竞争对手，方式层出不穷。当下，随便说一个行业，一旦细究其中极具颠覆性的企业，你就会发现类似的模式，就是综合运用本文所述的 15 种商业模式。

尽管几个世纪以来企业都在成本或体验质量方面进行竞争，但全数字化商业模式能够让颠覆者以从前无法实现的方式将低成本和卓越体验结合起来。更何况，平台价值还能在颠覆者与现有企业竞争时为其带来新的优势。[①] 仅仅在几年前，如此迅速地扩大规模，或将需要服务的人与愿意提供服务的人联系起来，或将新的数据源直接导向能够采取行动的人等，企业根本做不到。此外，平台还能提供确立互补商业模式并实行组合式颠覆的强大机制，将成本价值和体验价值与庞大的客户数量相结合。例如，平台所有者能够通过吸引用户"眼球"获得的广告收入抵消其他成本。因此，平台所有者通常可以免费或者以"免费增值"的方式给消费者提供更好的成本价值或体验价值，彻底碾轧那些没有平台的竞争对手。

全数字化颠覆对传统市场领导者如此具有威胁性的原因在于，它能够为客户创造巨大的价值，特别是将全数字化商业模式与契合的成本价值、体验价值和平台价值相结合而创造的价值。这种组合式颠覆是最强劲、最危险的全数字化颠覆者的动力源泉，而我们现在要做的，就是变成这种颠覆者。

---

① 有关详细论述，请参阅以下文献：Geoffrey G. Parker, Marshall W. Van Alstyne, and Sangeet Paul Choudary, *Platform Revolution: How Networked Markets Are Transforming the Economy and How to Make Them Work for You* (New York: W.W. Norton & Company, 2016)

第3章
“价值吸血鬼”与价值空地

上一章，我们研究了全数字化颠覆者提供的三种类型的价值——成本价值、体验价值和平台价值——以及支持每种价值的商业模式。在本章，我们将研究全数字化旋涡的竞争动态，并介绍两个新概念：“价值吸血鬼”和价值空地。“价值吸血鬼”是指一部分全数字化颠覆者，它们将种种引人注目的成本价值、体验价值和平台价值结合起来，与现有企业削价竞争并迅速赢得可观的市场份额。价值空地则是指竞争激烈的市场中存在的短期商机。组织可以利用价值空地应对来自“价值吸血鬼”和其他全数字化颠覆者的威胁。

“价值吸血鬼”

简而言之，“价值吸血鬼”的竞争优势会缩小市场总体收入或利润板块，或二者兼而有之（参见图9）。“价值吸血鬼”对现有企业来说非常危险，因为它们既冷酷无情，又能不遗余力地创造客户价值。

首先，“价值吸血鬼”总是会带来某种成本价值，利用包括免费/超低成本、价格透明和买家集中在内的商业模式。这些商业模式会将现有企业的利润吸干。其次，“价值吸血鬼”有个创新的“坏”习惯，而这些创新往往能给客户带来全新且更好的体验价值。客户做主、即时送达和化繁为简模式能够让客户手握控制权，更快地交付产品和服务，并消除不便。如前所述，这些颠覆者关注的是价值而非价值链。换言之，它们倾向于扬长避短，创造全新体验智胜“束手束脚的现有企业”的做法，让历史最悠久的公司成为“明日黄花”。因此，“价值吸血鬼”不仅会吸干利润池，还有可能让市场领导者完全丧失地位。最后，“价值吸血鬼”既得益于翻天覆地的市场变化，也是这些变化的推手。

“价值吸血鬼”
这类颠覆性竞争者的竞争优势会缩小整个市场的规模。

- 让现有企业处于守势
- 利用成本价值使现有企业的利润和（或）收入大幅缩水
- 也可能利用体验价值（让现有企业成为“明日黄花”）或平台价值（迅速赢得市场份额）
- 最危险的“价值吸血鬼”会实施组合式颠覆（同时利用三种价值来源)

图 9　“价值吸血鬼”定义

资料来源：全球数字化业务转型中心，2015 年

欢迎来到全数字化旋涡时代，切记居安思危。

虽然“价值吸血鬼”可能影响任何行业，但最有可能出现在创新（即新形式的成本价值、体验价值或平台价值）不太多的市

场。为什么？因为这些市场中的许多客户对现有服务水平并不满意。更糟糕的是，他们可能会觉得那些左右着整个过程并限制客户选择的现有企业没有用正确的方式对待他们。通常，这些现有企业很长一段时间以来一直享受着高额利润。

今后，“价值吸血鬼”可能会给全数字化旋涡中的企业带来更频繁、更灾难性的收入停滞。最致命的“价值吸血鬼”会娴熟地实施组合式颠覆。它们会同时创造成本价值、体验价值和平台价值。仅其中一项已足够糟糕，如果“价值吸血鬼”再毁掉你的利润、让你的价值主张成为一句空话并抢走你的全部客户，那可真是糟糕透顶了。

Napster：“价值吸血鬼”鼻祖

要确定哪些企业是“价值吸血鬼”，哪些企业是相对普通的全数字化颠覆者，需要进行一定程度的主观判断。一般情况下，如果没有证据表明市场整体规模出现萎缩，就不能将某个企业定性为“价值吸血鬼”。①

“价值吸血鬼”现象最明显的例子大概就是音乐产业曾经发生的事情了，整个音乐产业不仅收入和利润日渐下滑，市场规模也全面萎缩，而这些都无法归咎于经济周期或其他原因。经历十多年的全数字化颠覆后，该产业的现状堪称“价值吸血鬼”效应的生动教材。

1999年，音乐产业如日中天，全球收入达到286亿美元（参

① 当然，要确定“价值吸血鬼”的介入与市场萎缩之间存在的是因果关系，而非单纯的相关关系，则有必要进行严谨的市场分析。

见图 10）。当时，激光唱片（CD）的平均价格是 14 美元——尽管在过去十年里其生产成本大幅下降，但是价格却基本与 20 世纪 90 年代初期持平。[1] 这样的高价销售让价值链中的每个环节都获利颇丰。以 1995 年每售出一张 CD 为例，音像店获利 35%，唱片公司获利 27%，艺人获利 16%，生产商获利 13%，发行商获利 9%。其中，零售商仅靠销售 CD 就可以获得 35% 的利润。[2] 然而，随着 CD 技术的日益成熟，消费者开始对 CD 价格的居高不下感到匪夷所思。有时候一张 CD 的零售价格甚至超过 20 美元，这让消费者渐渐产生了一种被剥削的感觉。尽管如此，他们仍选择购买 CD，一方面是因为 CD 的音质比磁带更出色，另一方面是因为 CD 比黑胶唱片更便携。CD 的年销售量在 2000 年攀至顶峰，达到近 25 亿张。[3]

几乎没有多少高管意识到这个行业会被推至我们现在所说的全数字化旋涡中心，可是颠覆恰恰在这个时候悄然发生了。CD 的产生使消费者手中拥有了录音棚品质的数字文件。全数字化颠覆可谓万事俱备，只欠一个可用于复制这种数字文件并且易于分发的文件格式。

恰逢此时，MP3 出现了。20 世纪 90 年代中期，MP3 可从 CD 中获取大量数据，将其进行压缩，并转化为可传输的格式，技术日渐成熟。通过“刻录的”CD 和互联网，消费者终于可以轻松复制并共享品质颇高的数字音乐文件了。

事实上，从 2004 年到 2009 年，从文件共享网络和 BT 网站上非法下载的歌曲估计达到 300 亿首。[4] 这场全数字化颠覆给音乐产业带来了巨大的影响，导致该产业的全球收入减少了一半（参见图 10）。到 2014 年时，该产业仅有 46% 的收入来自实体音像制

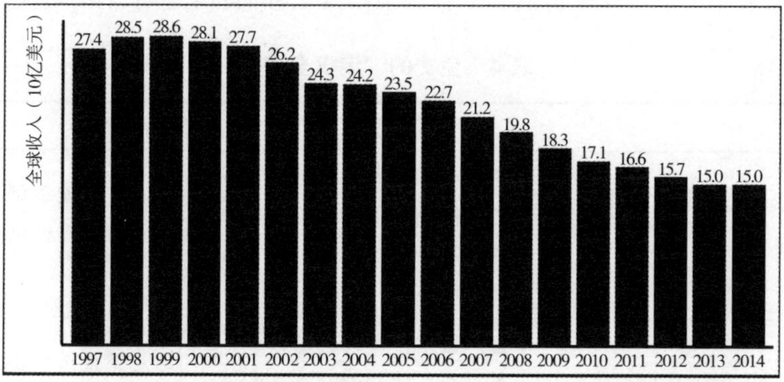

图 10　音乐产业的全球收入

资料来源：IFPI，2005 年

品。[5]价值链中的众多参与者被打了一个措手不及，无力招架。而设法幸存下来的企业至今仍能感受到这一冲击的余波。

接下来，我们来认识一下这场颠覆中的关键角色，亦可称得上是“价值吸血鬼”鼻祖的 Napster。虽然可能与前文稍有重复，但我们仍要从成本价值、体验价值和平台价值的角度来分析这个例子，看看“价值吸血鬼”是如何发动攻势，如何造福于终端客户却又同时导致市场规模大幅缩小的。

Napster 最早出现在 1999 年，是一项文件共享服务，消费者可以免费下载并与他人共享音乐收藏。通过从 CD 中“提取”数字文件并将其转换为 MP3 格式，乐迷可以将自己喜爱的专辑和歌曲从实物载体的枷锁中解脱出来，通过互联网分享给其他人。Napster 为乐迷提供了联系和交流的平台，使他们能够交换或下载他人上传的文件。突然之间，消费者有了免费获取歌曲或专辑的新途径，而不必再花大价钱去购买公认定价过高的 CD 了。下面的表 4 以 Napster 的商业模式为重点，详细列出了该商业模式如何从成本价值、体验价值和平台价值角度填补消费者需求上的空缺。

表 4 免费的“满汉全席”

	商业模式	客户价值
成本价值 	**免费 / 超低成本：**为消费者提供免费（或者廉价得近乎免费）的产品或服务	彻底脱钩：客户无须付费即可拥有海量多样化的音乐
体验价值 	**客户做主：**实现自助服务，中间商“脱媒”，共享内容和体验 **即时送达：**实时交付或通过新式设备（例如手机）交付货物、服务或增值体验，非物质化 **定制：**实现产品、服务和体验的个性化	用户可以尽情挑选想要的艺术家的专辑和歌曲，并立即直接下载。 此外，当只想要一首曲时（在现有音乐发行模式下不能单独购买），他们不必再支付 20 美元的高价购买整张 CD
平台价值 	**全数字化市场：**通过信息接收人网络或社区来传播信息、市场创造能力 **社区：**能够快速扩大规模，通过点对点动态地获取和传播内容，疯狂传播内容	通过使用 P2P 共享从自己设备上分发的内容，将数百万乐迷联系到一起。 借助 P2P，Napster 可以快速拥有大量的歌曲和专辑，从而将成本结构控制得很低

资料来源：全球全数字化业务转型中心，2015 年

原本暴利的产品一夜之间变成免费的了，Napster 这种商业模式（当然，这个“商业”仅仅是从最广义的意义上来说）给价值链中的其他参与者带来了巨大的成本压力，给唱片公司和零售商们带来的打击尤为严重。支出和消费脱钩了。Napster 用户无须付费即

可获得歌曲和专辑。①“价值吸血鬼”最具颠覆力的时刻，就是它们在满足市场需求的同时，又能迅速扩大产品和服务。就 Napster 而言，它填补了以下需求空缺：（1）消费者能够根据自己的喜好只下载自己想要的音乐；（2）消费者能够立即获取这些音乐。

在以 CD 为载体的音乐市场，乐迷哪怕只想获得一首歌曲，也不得不付出 14 美元到 20 美元的可观投入，市场上几乎没有低价购买单曲的途径。不仅如此，消费者要购买 CD，还必须冒着因断货买不到的风险跑一趟音像店。但是 Napster 出现后，他们可以尽情挑选歌曲或专辑，并立即下载。用户还可以通过 Napster 发现新音乐，而不再局限于大多数调频电台、MTV（音乐电视）节目或音像店提供的选择。

最重要的是，Napster 的 P2P 文件共享服务使其用户数量以惊人的速度迅速扩增（Napster 曾一度是互联网历史上用户人数增长最快的应用，其用户数在短短 7 个月内从 100 万人增加到 5 000 万人）。[6] 在鼎盛时期，Napster 的用户数曾达到 8 000 万之多，几乎相当于当时全球互联网用户数量的 1/5。[7] 用户共享自己的音乐库，促使越来越多的人效仿。这为 Napster 创造了良性循环：平台的客户和内容数量成倍增加。简而言之，正是兼具成本价值、体验价值和平台价值的组合式颠覆让 Napster 的颠覆力达到极致。

新生力量：ClassPass、Jet.com 和 Freightos

就像围绕音乐产品和其他以信息为中心的产品运转的产业一

① 虽然这种做法是否合乎道德在当时饱受争议，但在线用户已经习惯了免费获取报纸和杂志等以前需要付费购买的内容。

样，那些核心产品极易数字化的领域在过去 10 年里也经历了最猛烈的全数字化颠覆。我们常常能听到制药业、服饰业、矿石燃料和交通运输业等行业中经营“有形”产品和服务的企业高管谈及这一点。诚然，技术行业和媒体 / 娱乐业在性质上最容易受到全数字化颠覆的冲击（部分归因于其产品和服务容易数字化），但我们的研究发现，无论其产品和服务是否容易数字化，各行各业均显现出全数字化颠覆不断加速的趋势。这表明，颠覆者正在利用全数字化商业模式来颠覆现状。优步这个老生常谈的例子颠覆的打车业，正是有形服务领域。

我们不禁要问，如果产品和服务不容易数字化，“价值吸血鬼”还能创造成本价值、体验价值和平台价值吗？答案是：在全数字化旋涡中，可以数字化的一切都会数字化。就产品只能为实体形式的行业而言，“可以数字化的”往往是渠道或客户生命周期中的环节，而不是产品本身。

为了弄清“价值吸血鬼”在“信息产业”范畴以外的行业是否适用，我们来研究一下 3 家相对年轻的企业：ClassPass（美国一家能在 2 000 多个不同的工作室和高端健身房提供无限健身课程的公司）、Jet.com（一家特卖网站）和 Freightos（一家物流科技创业企业）。尽管这 3 家企业成立时间不长，但它们全都表现出了“价值吸血鬼”的迹象。

据报道，[8]ClassPass 在 2016 年年中的估值高达 4 亿美元，它提出了一种新的健身会所理念：“数千课程，一卡通行。”与消费者只能付费加入一家健身房的传统做法不同，ClassPass 会员只需支付一笔固定的月费，即可不受限制地出入所有加盟 ClassPass 的健身房（在任一健身房每月最多参加 3 门课程）。这项特色服务无疑为客户带来了成本价值：在提供该服务的大多数城市，这笔固定费用大约为每月 125 美元，即使对每月“顺路”去上五六次健身课的非发烧友来说，这个价格也更为便宜。[9]

与本身不提供航班或酒店客房的在线预订网站一样，ClassPass 也不经营健身房，而是通过充当中介改变了健身房与会员之间原本已经十分完善的商业关系。低利用率是健身房赢利的关键（使用设施的顾客越少，运营中的可变成本就越低）。因此，如果健身课被 ClassPass 会员约满，提高了设施利用率，导致其他付费更多的顾客无法预约，就会使健身房陷入不利局面。

ClassPass 也能带来体验价值，因为它大大丰富了健身场所、授课时间和课程类型的选择。例如，用户可以选择瑜伽、普拉提、有氧搏击操、舞蹈和健身车等各种健身方式，如此全面的内容通常是无法在一家健身房享受到的。

ClassPass 的平台价值则来源于 8 000 多家加盟健身房和健身俱乐部的网络效应。健身房和健身俱乐部迫于竞争压力而不得不通过 ClassPass 平台销售健身服务，它们唯恐自己无法紧跟健身迷需求的变化而遭到淘汰。事实上，消费者还可以“推荐”身边的健身房加盟到 ClassPass。这就会出现“价值吸血鬼”效应的典型症状：随着 ClassPass 网络不断扩大，现有服务提供商的利润会呈螺旋式下降。[10] 据报道，该公司自 2013 年起步以来，达成的预订交易已经超过 1 500 万次。该公司公布的数据显示，其服务已扩展到全球各地近 40 个城市，用户数以每月 20% 的速度增长。[11] 虽然该公司在 2015 年宣布会向加盟健身房支付超过 1 亿美元的酬劳[12]，但未来几年健身房和健身俱乐部总体收入的走势仍耐人寻味。①

Jet.com 是另一个值得注意的例子，同样作为全数字化颠覆者之一，它在跨零售类别的多个细分市场引发了“价值吸血鬼”效应。Jet 自诩为“能让你以会员价购买任何商品的会员制商店”。它结合使用免费 / 超低成本和价格透明商业模式，为百货、家电、首饰等丰富多样的产品提供大幅折扣。

Jet 最初的方针是承诺向消费者提供全网最低价（通常比其他在线产品低 10% 到 15%）[13]，不从商品赚取利润（事实上它经常产生负利润），而是通过每年 49.99 美元的会员费赚取收入。这个会费不禁让人联想到 Jet 的主要攻击对象，同样收取会员费的现有企业 Costco 和 Amazon Prime。2015 年 10 月，该公司宣布取消会员年费制度[14]，改为向零售商通过 Jet 渠道完成的销售额收取“佣金”。

Jet 向商家购买商品，然后由商家直接向消费者发货。2015 年 7 月，《华尔街日报》记者对 Jet 进行了测试。他们购买了 12 件商品，并发现“Jet 为这 12 件商品开出的价格为 275.55 美元，较 Jet 从其他零售商网站上购买这些商品的花费平均要低 11%。如果加上估算的运费和税费，Jet 的总成本合计约为 518.46 美元。也就是说，Jet 在这 12 件商品上共计亏损 242.91 美元”。[15]

Jet 的体验价值也是有目共睹的，特别是在定制（提供更多选择）和化繁为简（提高流程效率）两方面。它的商业模式中有一个明确的原则：“通过对成本去捆绑化，为你提供更多的选择。我们会分解传统的零售模式，帮你去除通常被转嫁到价格中的成本。

① 这种商业模式也在其他市场引起了连锁反应，从以下文献便可见一斑：Laura Entis, “Meet Cups, the ClassPass of Coffee Shops,” *Entrepreneur, September* 3, 2015, entrepreneur.com/article/250183

例如，如果你不需要某件商品附加的免费退货服务，我们可以为你去掉退货服务这一选项，让你节省更多。”[16] 这种去捆绑化正是“不是价值链，价值才是王道”这一理念的绝佳体现。消费者们才不关心企业是如何经营的，或者企业的业务限制是什么，谁价格低他们就跟谁走。

Jet 运用计算机算法来建立信息优势（例如通过产品分组提高货运效率），从而降低成本、增加选择，并更加灵活地为消费者提供所需商品。Jet 的这种将成本价值与体验价值相结合的方式表明，当企业真正做到组合式颠覆时，一些由来已久的竞争战略理念（例如“以成本领先”战略与“差异化”战略）[17] 将失去意义。Jet 的例子也凸显了这种新型客户价值如此具有颠覆力的原因：消费者不必被迫在价格与体验之间做出取舍。

Jet 之所以特别值得关注，是因为零售商的利润并没有直接遭受损失（姑且不提它们现在需要向 Jet 支付中介费）。而且恰恰相反，Jet 的“智能购物车”算法实际上可以推动零售商销售量的提升，因为客户加入购物车的商品越多，节省得就越多。从表面上看，这是一种共生关系：Jet 为零售商提供了额外的销售渠道，相当于一个面向商家和消费者这个“双边市场”的中介平台。但是从宏观角度来看，一个必须思考的问题是：Jet 是否正在以大规模创造成本价值为手段，在整个零售业掀起隐形的价格战，让买家养成只以抄底价购物的习惯。据电子商务定价软件供应商 Boomerang Commerce 估计，Jet 上有 81% 的产品价格低于亚马逊。[18]

自 2015 年 7 月起步以来，该公司已积累了 10 多万用户，并且正在努力冲击估值 30 亿美元的大关。[19] 公司坦陈至少在未来 5 年内没有创造营业利润的计划，但也表示在用户数突破 1 500 万后会有赢利计划（目前尚不明确停止收取会员费的举措会对其创造利润有何影响）。[20]

Jet 的这些计划引发了有关 Jet 模式是否可持续的讨论。那么，是否可以断言像 Napster 这样的“价值吸血鬼”最终会“迎来胜利”？实际上，重要的是看颠覆带来了什么，而不是看颠覆者本身：无论 Jet.com 最终何去何从，企业运用分析从价格中剥离利润的脚步都不会停下来。但是无论如何，对现有企业而言，这样的颠覆只会让它们被迫“竞相杀价”卷入恶性竞争，成为间接受害者。

正如我们所见到的那样，“价值吸血鬼”会不惜血本地创造成本价值，并借此发起组合式颠覆，从而永久性地吸干利润，而且往往也会吸干市场总体收入。虽然最广为人知的“价值吸血鬼”普遍活跃于直接提供消费者服务的行业，但嗜血无情的初创企业也已开始入侵肥沃的 B2B 市场了。

例如，物流业在全球拥有价值 4 万亿美元的庞大市场[21]，其中一些利润丰厚的细分市场已经“万事俱备，静待颠覆”。可想而知，投资者一直在以前所未有的速度向该行业的初创企业注入资金，最大的目标之一是货运代理。这是一个价值 1 600 亿美元的市场，虽然目前有德迅和德铁信可等几家跨国企业，但总体仍处于群雄割据的状态。[22] 大多数货运代理本身并不运送货物，而是充当中间商，代表客户协调货运。随着供应链的国际化程度和复杂性日益加深，货运代理的作用也相应增加，但大多数货运代理仍依赖于电子邮件、电子表格和传真机等过时的技术，导致客户平均需要等待 3 天才能收到报价。加之该行业缺乏竞争和透明度，客户不得不支付高额的保证金。如果客户对货运有超出正常货运合同范围的特殊要求，通常也要委托货运代理来处理。对企业而言，这类业务在货运量中所占的比例不到 1%，但为其支付的费用加起来却占到货运成本的 30%。[23]

目前，以色列一家名为 Freightos 的颠覆者正在运用全数字化市场商业模式提高货运流程的透明度和市场竞争力度，以此降低货运代理费。Freightos 能够从网上收集有关货运费用的非结构化数据，对之进行分析，将多达 20 种费用浓缩到一份报价中，并提供整个货运过程的最佳路线安排。整个过程耗时不超过 1 分钟。由于 Freightos 采用逆向竞拍模式，由多家货运代理进行竞价，所以还有助于减少货运费用。除了可以降低费用和加快报价，Freightos 平台还能帮助企业全程跟踪货运状态——从货运代理将货物转交给航空公司，直至货物最终抵达目的地。

可以说，Freightos 是一个潜在的“价值吸血鬼”，它利用集成本价值、体验价值和平台价值于一身的组合式颠覆榨取货运代理市场的利润。① 虽然“价值吸血鬼”不需要提供平台价值来颠覆市场，但是连接市场双方的平台（全数字化市场）和运用数据分析发现机会的平台（数据协调者）可以为“价值吸血鬼”提供低价优势，将现有企业取而代之，并导致整个市场的赢利能力减弱。

新的超常现象

“价值吸血鬼”只是一个描述性的词，而非贬义词。“价值吸

① 我们在第 2 章提到的另一家物流初创企业 Transfix 也使用类似的商业模式帮助卡车司机寻找空闲的拖车和需要运送的货物并收取 10% 的佣金，其收费远远低于传统的物流公司。资料来源：“The Appy Trucker,” *Economist*, March 5, 2016, economist.com/news/business/21693946-digitalhelp-hand-fragmented-and-often-inefficient-industry-appy-trucker

血鬼”对整体经济是否有益是一个值得深思的问题。有一种观点认为，它们可以创造成本价值（例如降低产品和服务的价格），因此有助于抑制通货膨胀。过去 20 年的低利率环境孕育了两个巨大的资产泡沫，即股票和房地产升值产生的财富效应，以及企业和消费者支出的增加。这似乎可以作为“价值吸血鬼”能够激发整体经济潜力的证据。虽然对于全数字化技术是否能够提高生产力尚有争议，但不可否认的是，客户从全数字化颠覆中受益颇多，特别是通过成本降低而获得的价值。因此，近几十年来的低通胀至少在一定程度上要归功于全数字化颠覆者带来的成本价值，而其中一些颠覆者显现出了“吸血鬼”的特征。

另一种观点则认为，“价值吸血鬼”有百害而无一利。它们压榨利润的做法不仅会降低通胀率，也会造成令经济衰退的通货紧缩，在深受“价值吸血鬼”困扰的行业尤其如此。这种通货紧缩会降低投资热情，拉低工资水平，减缓经济增长并导致结构性失业。可以试想一下，如果雇有大量员工的现有企业被挤垮，情况将有多么严重。

“价值吸血鬼”可以通过消除实际生产环节、分销环节和间接费用，来压缩产品和服务的成本。但是，这种做法也会压缩行业生态系统的规模，让依靠该行业生存和赢利的企业为之减少。

尽管我们深信“价值吸血鬼”的存在是一个不争的事实（而且忽视其存在的领导者将会陷入困境），但一些观察人士可能会坚称这类企业不过是贪图“赚快钱”，只会“昙花一现”，当融资枯竭、招数用尽后，全数字化颠覆者也将“江郎才尽”，无法再创造新的成本价值、体验价值和平台价值。

前文曾谈到，现有企业拥有诸多规模优势，包括稳定的资产负债结构、庞大的客户数量、品牌优势等。我们也指出，颠覆者可以轻而易举地获得这些规模优势，并以 MyFitnessPal 和 SnapChat 为例进行了说明。不过，“价值吸血鬼”对现有企业构成致命威胁的原因在于，它们不通过规模经济获益，它们通常较小，但做得更好。

“价值吸血鬼”不需要将市场上的利润全部收入囊中，它们只求有足够的利润率（或者股本收益），让所有者和投资者变得富有就可以了。许多初创企业只要自己能从现金收益或 IPO（首次公开募股）中赚取几百万美元，就会毫不犹豫地“血洗”一个价值数十亿美元的行业细分市场。（实际上，IPO 已被许多人视为当今企业家存在的理由。）

明确这一点后，再来思考“价值吸血鬼”的竞争效应是否具有长远影响，就会得到截然不同的答案。如前所述，对颠覆者而言，不是价值链，价值才是王道。而对现有企业而言，重要的是颠覆带来了什么，而不是颠覆者本身。无论某一个颠覆者的最终归宿是什么，都无法消除颠覆所产生的竞争效应。事实上，如今的全数字化颠覆者可能是由互联网时代风评不佳的企业蜕变而来。尽管善于应变的现有企业有能力而且确实能够击败全数字化颠覆者，但“价值吸血鬼”造成的收入下滑、利润缩水和客户流失可能会导致许多大型企业生存艰难。

当核心业务不幸遭到“价值吸血鬼”冲击时，大多数现有企业通常很难再维持健康发展，它们或者会溘然长逝，或者只能苟延残喘、难现昔日活力。雪上加霜的是，顾客也不愿意放弃那些新形式的价值，因此想将“吸血鬼送回坟墓”可谓难上加难。

价值空地

对现有企业而言，全数字化颠覆带来的不全是坏消息。事实上，随着各行各业向全数字化旋涡中心移动，还有可能出现另一种情况：占领“价值空地”的机会。

过去，市场中存在很多“空白地带”。这里往往供不应求，企业可以通过占领“空白地带”或开辟新市场甩开竞争对手。传统市场是按照棋盘式的竞争格局整齐界定的：可谓“楚河汉界”，“大家井水不犯河水”。在这种环境下，成功的秘诀非常简单——企业除了拼命在热门市场抢夺份额外，也可以通过抢占“空白地带”（棋盘格子之间的缝隙[24]）实现增长并提高利润。

但是在全数字化旋涡中，各行各业以前所未有的方式碰撞重组，新的竞争形式应运而生；而且随着各个行业向旋涡中心靠近，变革速度也会呈指数级上升。这就导致竞争格局不再是泾渭分明的棋盘，而更像是一个不停旋转变化的万花筒，将各方力量混合到一起。在市场上抢夺商机的企业不仅数量更多，而且更加多样化。这势必会造成两个后果：一是现有企业在抢占“空白地带”后保持原有地位的难度显著增加，二是“见微知著”（即提前预测未来趋势并紧跟由此而来的市场转型）的难度显著增加。在这样的环境下，做任何事都很难保证十拿九稳。

即使全数字化旋涡的运动无规律可寻，经验丰富的企业仍能看到机会，但是这些机会可能稍纵即逝，因为竞争对手们会闻风纷纷涌入，这样客户的其他选择就会快速增加。因此，我们称这种机会为“价值空地”。“价值空地”是指可以通过全数字化颠覆加以利用并创造利润的市场机遇（参见图 11）。企业可以利用价值空地在一段时间内实现快速增长，获得丰厚利润，并树立市场特权地位。但是，企业独占这些优势的时间越来越短，因为其他现有企业、初创企业和“价值吸血鬼”很快就会蜂拥而至。要保持增长，企业必须不断寻找并有效利用价值空地。

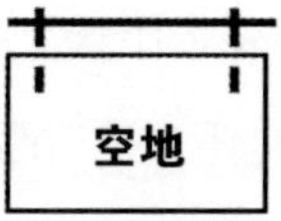

价值空地

可以通过全数字化颠覆加以利用并创造利润的市场机遇

- 现有企业可借助其反守为攻，代表全数字化颠覆对现有企业有利的一面
- 可能存在于相邻市场、全新市场或现有市场能够受益于全数字化技术的领域
- 由于全数字化旋涡中的竞争效应（行业分解和重组、翻天覆地的变化），价值空地往往是暂时的，不能长期占有
- 要占领价值空地，现有企业必须迅速行动并实行组合式颠覆，多管齐下地创造客户价值

图 11 “价值空地”定义

资料来源：全球全数字化业务转型中心，2015 年

如果说“价值吸血鬼”体现了全数字化商业模式带来的威胁，那么价值空地就代表了全数字化商业模式有利的一面。现有企业可以在抵御“价值吸血鬼”的同时，借助价值空地反守为攻。

身处全数字化旋涡中心的现有企业要想获得成功，在很大程度上需要依靠发现和占领价值空地。鉴于全数字化旋涡会让各行各业不断分解和重组，可以想象：不同行业不同类型的企业都能角逐同一市场，谁能抓住机会谁就能赢下一城。这正是“价值吸血鬼”如此可怕的原因之一，它们似乎无处不在，如影随形地跟着你的脚步，但这也说明了价值空地为何对赢得竞争如此重要。

诚如酒店的空房间一样，想要占领价值空地的企业必须清楚认识到，空地对它们来说只是暂时属于自己，总会有其他人也想入住这间“客房”。与传统竞争理论中的空白地带不同，价值空地的本质注定其是稍纵即逝的。正如莉塔·冈瑟·麦格拉思在其著作《竞争优势的终结》（*The End of Competitive Advantage*）中提到的那样，在永无止境的变革之下管理企业是一项艰巨的任务：“把战略建立在一套全新的假设之上可能并非易事，哪怕你知道自己要做的事情正确无误。比这更难的是，将战略的终极目标从建立持续优势改为树立暂时优势：除非你已经做好发掘新竞争优势的准备，否则不应该再尝试将任何现有竞争优势发挥到极致。”[25]

如前所述，全数字化旋涡的竞争格局更像是千变万化的万花筒，而不是泾渭分明的棋盘。这一点有别于众所周知的“蓝海战略”理念，可以说是对该理念的一项修正。因为“蓝海战略”认为，创新者有一定的义务去“拓展新的非竞争性的市场空间”。[26]而且，“蓝海战略”提出的“市场边界”（即商机、企业以及企业竞争地位之间的空白地带）和“模仿壁垒”等概念已经越来越淡化。[27]正如第1章所述，如今价值链的各个环节都在进行数字化和重组，在这样的形势下，现有企业在品牌、资产负债结构和客户群方面的优势已经显得十分脆弱。得益于开源软件和云计算等全数字化技术，全球各地各种规模的企业都能畅享创新成果，自行打造过去只掌握在跨国企业手中的功能和应用。这不仅促使全数字化旋涡中的创新速度大大加快，而且缩短了价值空地的存在周期，因为竞争产品从形成到测试，再到最后完成部署的时间会大幅减少。

价值空地不一定是远离竞争的净土。它们不一定需要形成全新的市场，也可以出现在现有市场的周边领域或者全数字化有所作为的现有市场中。相反，对价值空地最好也是最简单的理解是：通过创造新的成本价值、体验价值或平台价值，利用全数字化方法和商业模式获取竞争优势的机遇。

要想占领价值空地，企业必须像最危险的“价值吸血鬼”一样深谙组合式颠覆之道，善于利用不同的全数字化技术和商业模式来开拓新市场并制造协同效应。一般情况下，如果能提供这样的客户价值，企业就能取得进入价值空地的入场券。我们将在第 4 章深入讨论这个观点。

苹果：价值空地的“伯乐”

在前文中，我们在列举组合式颠覆的范例时重点介绍了特斯拉，它利用软件和电池领域的创新产品颠覆了多个行业。事实上，特斯拉也很好地展示了如何利用全数字化技术和商业模式占领价值空地。[①] 不过在这里，我们不妨来分析另一家以开拓新市场而闻名的公司。这次的例子不是 Napster 这样的“创业型颠覆者”，而是一家财富 500 强公司：苹果。苹果为大型企业如何成为颠覆者而不是“颠覆的受害者”做了很好的示范。

---

① 如果能说服客户为你入主价值空地提供资金，那就更好了。目前，特斯拉决定走出高端电动车市场，向大众市场推出新款 Model 3。在该车型发布后短短 10 天内，特斯拉便收到近 40 万份预购订单。按每笔订单预付 1 000 美元定金计算，特斯拉收到的定金相当于近 4 亿美元的无息投资，这批订单的潜在销售额更是高达 140 亿美元（实际上，许多客户最迟要到 2020 年才能收到汽车）。详情请参阅：Katie Fehrenbacher, “Tesla’s Model 3 Reservations Rise to Almost 400,000,” *Fortune*, April 15, 2016, fortune.com/2016/04/15/tesla-model-3-reservations-400000

2010年，苹果一举成为全球最大的唱片零售商。[28]而在10年前，这对苹果来说简直是天方夜谭。因为当时，苹果公司尚未涉足音乐产业，即便是在科技行业也被部分人士认为只是小众的市场参与者。

如今，苹果还是智能手机业务的领军企业，作为“门外汉”彻底改变了这个市场。在过去的15年里，苹果以一种协同增效的方式对成本价值、体验价值和平台价值进行了睿智的投资，有效地保护了其最珍视的利润板块：设备硬件。

除了为自己的核心产品（Mac台式机和笔记本电脑）增加更多特性和功能，苹果还推出了轰动整个计算机产品领域的平板设备，从而巩固了自身在个人计算机领域的市场领先地位。这里，我们没有必要重温苹果是如何在史蒂夫·乔布斯的领导下迅速崛起的。但是我们可以换个角度，看看苹果是如何利用价值空地来颠覆唱片产业的。

苹果敏锐地认识到，在音乐产业已经具备发起颠覆的条件，因为现有企业收费过高，而且音乐的销售方式不符合消费者理想的购买方式——按曲目和格式随时随地随心所欲地轻松听歌曲。数字化和非物质化（CD、MP3文件格式和P2P文件共享）趋势已经让该市场显现出遭到颠覆的苗头，这表明该市场存在创造成本价值、体验价值和平台价值的机会。

在2001年的Macworld展会①中，苹果推出了iTunes(一款免费数字媒体播放应用程序)，让音乐市场的全数字化颠覆进入了一

① Macworld展会暨苹果大会由美国国际数据集团创办，是专门面向苹果平台的行业展会及会议。——编者注

个新阶段。当时，该产品的定位是数字音乐销售平台（后来又增加了电影、电视节目、书籍和其他类别），但它不是一个单纯的电子商务接口，而是要帮助苹果打造一个数字化生态系统：iTunes 不仅用于销售数字音乐，也为用户随时随地畅听音乐提供了绝佳的集成环境（先是支持 iPod，后来又支持 iPhone 和 iPad[①]）。事实证明，这项生态系统战略对该公司占领未来价值空地的能力影响巨大，该公司后来推出的 App Store 应用商店也是如出一辙。虽然 iTunes 不提供免费音乐，但它以低于 CD 定价（6.99 美元至 9.99 美元）的价格出售专辑，并以每首 99 美分到 1.29 美元的价格单独出售专辑中的歌曲。

iTunes 还提供播放列表功能，可让用户自行整理音乐并创建自己的“专辑”。在随后的几年里，iTunes 又通过 Genius 增加了分析功能，可以根据来自数百万 iTunes 客户的数据智能地将风格相似的歌曲搭配在一起，创建播放列表（即平台价值）。最重要的是，iTunes 将音乐爱好者希望购买的所有内容汇集到一个在线商店中。客户可以输入与信用卡关联的 Apple ID（苹果为其产品引入的认证系统）来付款，而不必再从不同的来源购买音乐，实现了“化繁为简”。苹果将数字音乐、便携式音乐播放设备，以及便于购买和整理音乐的平台有机地结合到一起，借此占领了颠覆实体音乐价值链的价值空地。这种新颖的做法给现有消费电子企业和零售商也造成了沉重的打击。

由于苹果满足了唱片公司和零售商无意满足的市场需求，所以它成功占领了数字音乐发行领域的价值空地。如果用一句话来

① iPod 是苹果公司设计和销售的系列便携式多功能数字媒体播放器。iPhone 是苹果公司研发的智能手机系列。iPad 是苹果公司设计的平板电脑系列。——编者注

概括全数字化颠覆的意义，那就是：终结“人为制造”的收入，让消费者不再被迫购买自己不想要的物品（参见表 5）。

表 5　随时随地提供所需

	商业模式	客户价值
成本价值 $	**价格透明：**与唱片公司进行艰苦谈判，这是销售数字音乐所必需的 **基于消费的定价**：按使用/消费情况付费	客户只需要为自己想要的音乐（单曲和专辑）付费。 数字音乐的价格显著低于实体音乐，即便是完整的专辑也不例外
体验价值	**客户做主：**自助服务 **即时送达：**立即下载，随时随地畅听音乐（iPod 和 iPhone） **定制 / 自动化：**使用分析功能自动创建播放列表，根据个人喜好推荐购买 iTunes 商店中的歌曲和艺术家 **化繁为简：**输入 Apple ID 来付款	iTunes 和 iPod/iPhone 让音乐的获得、整理和消费变得轻而易举
平台价值	**社区：**可无限扩展的一对多分发模式 **全数字化市场：**通过电子商务平台将购买音乐的人与唱片公司/艺术家联系起来	客户可以合法获得各种各样的歌曲和专辑，而且文件品质颇高

资料来源：全球全数字化业务转型中心，2015 年

苹果的音乐销量在过去 3 年里呈现出缓慢而平稳的下降趋势，这是因为它已经占领的价值空地上涌入了一批新的创新者。为了

击退 Pandora（潘多拉）和 Spotify（声田）等后来者，苹果推出了自己的流媒体服务 Apple Music（苹果音乐）和全天候电台服务 Beats 1（苹果音乐的电台），以求创造新的收入来源（例如广告），并为用户创造更多成本价值、体验价值和平台价值。[29] Pandora 和 Spotify 都在以一种继 Napster（和 iTunes）之后前所未见的方式威胁着音乐产业，苹果作为音乐产业的现有企业必须予以回击。全数字化旋涡中的赢家深知，只有不断寻求并占领价值空地，才不会面临收入停滞、利润紧缩或惨遭淘汰的命运。苹果于 2014 年宣布推出 Apple Watch（苹果智能手表）和 Apple Pay（苹果手机支付功能）（甚至有传言称其意欲涉足汽车行业）[30]，这一系列战略举措表现出该公司继续开拓价值空地并巩固未来地位的决心。

空地狩猎者：Dollar Shave Club、微信和通用电气

和出租车公司一样，如果销售剃须刀的企业在几年前没有意识到自己正在快速迈向全数字化旋涡的中心，那也是情有可原的。从历史上看，美国剃须刀市场已趋于稳定，被宝洁（拥有吉列品牌）和舒适（劲量公司旗下子公司）两大巨头牢牢掌控。就这两家公司而言，宝洁公司在使用信息技术创造商业价值方面堪称全球领导者，其颠覆性的创新流程已成为研究企业转型的主要案例。[31]

然而，目前却有一些创新型企业正在角逐价值 33 亿美元的美国男士个护产品市场，很可能会在该市场掀起一场剧变。[32] Dollar Shave Club（一家男性护理品按月订购服务商）就是这样一个颠覆者，它通过巧妙结合成本价值和体验价值向两强垄断的美国剃须刀市场发起挑战。Dollar Shave Club 用户只需支付最低 1 美元

的包月费用，即可享受最基础的服务。[33] 通过定期续费，用户可以坐等剃须刀送货上门，而不必非要傻等着商店上锁的柜台打开，才能买到需要的剃须刀套装。

Dollar Shave Club 迅速取得成功这一事实引起了分析人士和投资者的关注，截至 2015 年年中，该公司的估值已超过 6.15 亿美元。[34] 更重要的是，Dollar Shave Club 倡导的商业模式正迅速赢得市场份额。Dollar Shave Club 当前的剃须刀销量已占到美国总销量的 8%，而且从 2012 年起，其他类似的模式（例如剃须刀品牌 Harry's）也逐渐开始赢得越来越多的市场份额。据报道，按所占的美国市场份额计算，Dollar Shave Club 已取代舒适成为第二大剃须刀片制造商。[35]

据预测，未来 5 年剃须刀的网上销量将以每年 25% 的速度增长，这让宝洁和舒适大为震惊。正如宝洁公司的一位高管所说："增长快得惊人，这也说明消费者的需求和习惯正在改变。"[36]Dollar Shave Club 的成功进一步证明，即使企业经营的是实体产品，也不能保证安全无虞。全数字化颠覆会对所有行业产生影响。

就像在其他价值空地发生的情形一样，狩猎者本身也在变为猎物。作为回应，宝洁公司针对剃须刀销售推出了基于消费的定价模式[37]，同时引入了新的包装，让剃须刀走出上锁的柜台[38]，向以订购方式销售剃须产品的价值空地发起攻势。①

---

① 作为应对战略的一项内容，宝洁公司还对 Dollar Shave Club 提起了诉讼，详情请参阅：Paul Ziobro and Anne Steele, "P&G's Gillette Sues Dollar Shave Club," *Wall Street Journal*, December 17, 2015, wsj.com/articles/p-gs-gillette-sues-dollar-shave-club-1450371180

微信是中国社交媒体巨头腾讯公司开发的一款移动即时通信应用，用户多达7亿人。[39]腾讯在并非自己主营领域的消费者金融服务市场敏锐地发现了价值空地，于是在微信应用中推出了一项新的消费者贷款服务。这项名为微粒贷（“小额信贷”）的服务最高允许用户贷款20万元人民币（约合31 350美元，金额已经不小），并且可在几分钟内完成审批。[40]用户只需提供自己的银行账户信息和其他基本个人信息，微粒贷会根据这些信息、自己的数据和中国人民银行的贷款状况信息对用户进行信用评估。

微粒贷服务通过优惠的贷款条款（例如无须抵押担保）为用户提供成本价值。当然，它也具备出色的体验价值，因为借款人只需取出手机输入一些详细信息，就能立即获得贷款。他们非但不需要前往银行柜台，甚至连电脑也无须使用。对借款人来说，这种体验远胜于在大多数中国金融机构申请贷款时需要填写大量表格的繁冗过程。由于微信还集成了许多其他功能（例如收发信息和电子商务），在这样一个大型的一站式服务平台上，用户可以享受许多便利和价值。

从长远来看，这款新产品还可以帮助微信的所有者腾讯公司赢得金融服务领域的消费者。通过在金融服务领域占有一席之地，腾讯未来将能够打破更多行业壁垒。

通用电气（GE）可谓当今根基最深厚（或者说负担最多）的现有企业。作为一家拥有124年历史的企业集团，它的业务横跨工业设备、发电、金融服务和耐用消费品等诸多领域。受全球金融危机影响，通用电气的股价从2000年巅峰时的60美元猛跌至不足6美元。[41]通用电气被迫请求联邦存款保险公司（FDIC）为通用电气金融服务公司（GE Capital）提供保护，这个曾经的赢利机构兼重量级商业地产债券公司惨遭重创。雪上加霜的是，它的家电业务也面临着激烈的竞争。结果，通用电气剥离了通用电气金融服务公司的资产[42]，将家电业务出售给中国海尔集团[43]（请参阅第 4 章关于通用电气战略的讨论）。总之，该公司撤离了这些业务，而这部分业务在 2015 年为其带来了 196 亿美元的收入，占通用电气总收入的近 17%。[44]

对通用电气来说，如此大规模的业务剥离有可能演变为灾难性的长期收入增长停滞，唯一的解决之道是迅速打入成长中的市场。为此，该公司全心全意投身于极具潜力的价值空地：用于将喷气式发动机、风力涡轮机、工厂机器人等工业设备连接到互联网，并能收集和分析设备数据的软件。通用电气将这个价值空地命名为“数字工业”市场。目前，通用电气的软件销售收入已达 50 亿美元，它计划在 2020 年之前凭借 GE Predix（GE 推出的全球第一个专为工业数据与分析而开发的操作系统）等基于云的物联网平台迈入全球十大软件公司的行列。[45]

通用电气计划将 Predix 打造成最大的工业设备软件平台（就像 iOS 和 Android 这些主要的智能手机软件平台一样），[46]并着手开发各种面向 Predix 的应用，以求提高自身产品价值，创造新的收入来源。例如：它使用 Predix 帮助客户预测故障，安排人员提前对通用电气设备进行维护；它还使用 Predix 来根据环境的变化实时调整风力涡轮机的方向（请参阅第 7 章）。此外，通用电气还利用 Predix 推出了一些铁路应用，以 GE Trip Optimizer 为例，它可以分析来自通用电气机车上数百个传感器的数据，并据此自动控制车速和制动，从而优化机车的运行效率和燃料消耗。[47]

通用电气还力求将 Predix 推广到自制工业设备的客户。为此，它将 Predix 作为一款软件平台进行销售，而非单纯地随通用电气设备“配套出售”。例如，Pitney Bowes（一家从事大容量邮件设备制造和维修的公司）便已开始使用 Predix 来避免意外宕机并提高设备性能。[48] 这一系列战略意味着通用电气将直接与谷歌、亚马逊等科技巨头以及 SAP、IBM 等企业软件公司展开竞争，因为这些公司也将物联网视为增长的源泉。[49] 通用电气能否成功占领这块价值空地仍需拭目以待。但是，通用电气要在这个新兴市场开展竞争，并在撤出传统业务领域后谋求增长，Predix 正是理想的产品。

第 4 章
应对战略的选择

竞争战略

在面临全数字化颠覆的威胁时，许多企业会感到不知所措。虽然它们了解传统的竞争对手，也能游刃有余地应对苛刻的市场环境，但它们不知道如何应对新型竞争或全数字化威胁。我们认为，企业在面对全数字化颠覆时，需要采用由 4 种竞争战略组成的结构化方法，我们称其为“应对战略手册”。这四种战略中有两种是防御性战略（见图 12 左侧），另外两种则是攻击性战略（见图 12 右侧）。这些战略决定了企业如何利用全数字化方法创造新的客户价值，以及如何从受到颠覆之前的运营模式中尽可能多地获得收入和利润（对许多现有企业来说，这些收入和利润可能十分可观）。防御性战略用于抵御“价值吸血鬼”和一般程度的威胁，并帮助受攻击的企业尽量延长有效寿命。攻击性战略是与占领价值空地相关的战略。通过调整战略，企业可以灵活地“反守为攻”，我们将在下文中具体探讨这一点。

撤退
旨在从受到威胁的业务板块战略性撤退的防御性战略

占领
旨在维持由颠覆带来的竞争收益的攻击性战略

收割
旨在针对颠覆性威胁制造壁垒并优化受到威胁的业务板块绩效的防御性战略

颠覆
旨在颠覆自身核心业务或开拓新市场的攻击性战略

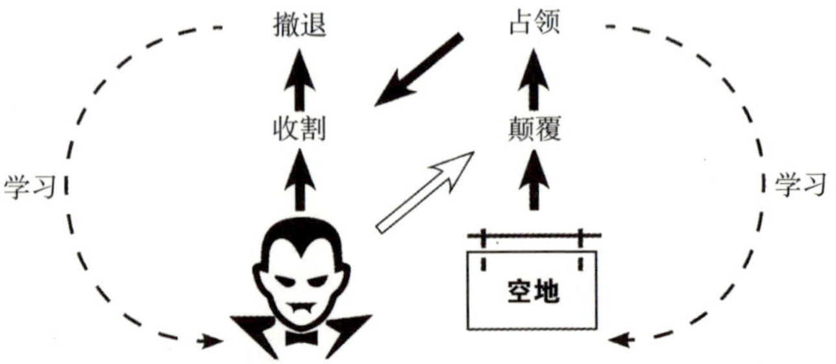

图 12 应对战略手册

资料来源：全球全数字化业务转型中心，2015 年

收割：从受颠覆的业务中最大限度地获取价值

当现有企业面临来自颠覆性竞争对手的威胁时，收割战略可能不失为一个好的选择。这项防御性战略旨在从逐渐下滑的业务中尽可能多地获得收益。通常，收割战略的第一步是“制造壁垒”，这需要依赖现有企业在客户、合作伙伴、监管机构、舆论人士和资本提供者心中的感情优势。这类对策意在减缓颠覆性竞争者的步伐，或为现有企业赢得足够的时间来发起更全面的反击。具体措施可能包括借助法律手段让颠覆者停止经营、通过营销活动质疑颠覆者的主张，或者利用财力以更低价格与颠覆者展开价格战。（需要注意的是，这种开局有时会适得其反，加快利润下滑。）不过，这种制造壁垒的做法很少能完全阻挡颠覆者的进攻。

收割战略力求尽可能地控制不利局面，在业务下滑期间尽可能地使利润最大化。这需要企业通过重大的结构重组来适应新的形势，重组可以表现为：进行业务整合，优化成本、精简流程，逐步减产，锁定忠诚度或依赖度较高的客户群体，通过营销活动彰显质量和品牌价值，以及剥离无法再带来充分价值的业务要素。收割战略的宗旨就是通过一步步的行动睿智地退出竞争。换言之，只要维持某块现有领地的成本没有超过所能得到的财务或战略收益，企业就决不放弃这块领地。从这一点来看，“全数字化”在收割战略中起着重要的作用，因为它不仅能引发颠覆，也能带来强大的防御能力（例如全数字化能有效提高效率，而收割战略正需要这一点）。

遗憾的是，大多数现有企业都不善于实施收割战略，一个最大的原因在于，此战略的前提是企业承认某项业务正在下滑，而企业往往不愿承认这一点，因为这会让人联想到企业倒闭的场景。没有哪位高管愿意在企业“日薄西山”的阶段主持大局。对许多人来说，这意味着他们缺乏领导能力或战略眼光这两样领导者的基本素质。而且在金融市场，现有企业一旦被发现进入“收割期”，就有可能身败名裂，因为投资者通常将这视为企业即将陷入困境的征兆。这也使企业更加不愿承认业务下滑的事实。

实际上，收割不应被视同为失败。收割是发展成熟的企业在面对全数字化颠覆引起的商品化、客户流失、利润缩水和其他困境时自然而然的发展结果。领导者如果具有敏锐的眼光，能够接受现状，就能以最有利的方式引导组织完成转型。

全数字化颠覆是一个痛苦的过程，而且常常是不可逆转的。在全数字化旋涡中受到颠覆的现有企业通常很难像遭遇经济萧条、产品发布失败或身陷负面报道时一样，能在风暴过后迎来“天晴”。如果遇到“价值吸血鬼”这种最极端、最具破坏性的颠覆者，情况会更加严重。“价值吸血鬼”为消费者提供了相当丰厚的价值，以至于购买者对这些价值的期待变得根深蒂固，导致市场无法回到以往竞争水平的价值区间。现有企业并非不能取胜，但仅依靠未雨绸缪和墨守成规是不行的。

大多数观察人士不会将 Netflix 视为现有企业。事实上，该公司常被当作全数字化颠覆者的典型。话虽这么说，Netflix 实际上也有一项成熟的业务正在遭到颠覆并逐渐下滑，那就是 DVD（高密度数字视频光盘）邮购会员业务。

流媒体视频在 Netflix 的努力下得到普及，这项颠覆不断给人们带来惊喜。截至 2016 年 1 月，Netflix 的流媒体用户已达 7 500 万人，遍布 190 多个国家和地区，除中国外几乎无处不在。在同一时期，该公司的 DVD 邮购业务在美国仍有近 500 万会员，在 2015 财年第 4 季度为 Netflix 创造了 8 000 万美元的利润（占美国本土总利润的 23%）。[1]

Netflix 的 DVD 邮购会员数在 2010 年达到顶峰（2 000 万），但在最新财年降幅达到 18%。为了获得尽可能多的利润，Netflix 实施了收割战略：采用简约的自动化库房运营流程和其他多种措施来提高传统业务的管理效率。《纽约时报》曾发表过一篇有关 Netflix 加州菲蒙市配送中心的文章，其中便谈到了这些措施：“光碟租还设备每小时能够处理大约 3 400 张光碟，是人工处理速度的 5 倍。工程师私下将这台机器称为‘神奇的手臂’，它表明即便 Netflix 已开始向全球流媒体服务商转型，也在想方设法保持利润丰厚的实体 DVD 业务。”[2]

但必须明确的是，收割战略并非现有企业在全数字化旋涡中面临威胁时所能采取的唯一对策。现有企业可以反守为攻，以颠覆对颠覆（请参阅下文的“颠覆”战略）。

收割和颠覆双管齐下是一种高超的谋略。我们对制造业的研究表明，正是这种“双线作战”固有的复杂性阻碍了制造商从以产品为中心的成熟业务过渡到收入增长更快的服务导向型业务模式。[3] 当组织试图在不放弃传统收入来源的情况下发起具有颠覆性的新业务时，这种情况特别常见。毕竟，剥离现有业务有时意味着风险。抛开这种复杂性不谈，组织还必须仔细斟酌如何分配收割战略和颠覆战略的投资比例，评估怎样部署资源才能创造最多利润。

收割：领导者需要思考的问题

如何制造壁垒才能有助于减缓颠覆者的步伐？

在受到颠覆的业务中，有哪些要素关系着可持续赢利的板块？

我们能从颠覆者身上学到什么，以帮助我们改善现状？

如何进行组织重组，才能让我们适应新的竞争形势？

我们是否应该把重点从收割转到颠覆（请参阅下文），以求反守为攻？

应在何时考虑撤退？应以多快的速度撤退？（请参阅下文）

撤退：战略性撤退

收割的主旨是在受到威胁的细分市场改善客户体验并提高运

营效率，但是当维持现有业务的成本明显超过收益时，企业就应把重点转移到撤退上。此战略的重点是撤退到小众市场，即仅满足一小部分现有客户的特殊需求。通常，小众市场是现有企业过去一直主宰的市场，而且在大多数情况下，它们十分擅长在该市场中创造利润。要建立小众市场，通常需要创造某种不会引起颠覆者觊觎的体验价值（特别是定制模式）。

与收割战略一样，撤退战略也不一定是失败的象征。事实上，采取撤退战略可使企业有机会利用新的价值空间来代替逐渐枯竭的收入来源，并获得更高的资本回报。撤退战略与收割战略的不同之处在于，此战略多半意味着“结束”核心业务，而不是将企业的精力和资源用于“榨取”剩余价值。经历撤退后，市场机会基本枯竭，只剩下小众利润板块。

柯达为撤退战略提供了一个精彩的例子。作为摄影行业的巨人，柯达的大起大落有目共睹。在鼎盛时期，该公司创造了巨额的收入和利润，并在其涉足的诸多市场都拥有龙头老大的位置。如今，人们普遍认为柯达已在数码技术的冲击下消亡，不过这种说法并不完全正确。柯达目前依然健在，只不过采取了一种规模更小但更加专业的经营方式。今天，柯达主要作为 B2B 服务商，经营高端影像解决方案。例如，许多好莱坞电影使用的都是柯达电影胶片。

在人们认为已经完全被颠覆的行业，存在许多类似的例子：专门经营高端旅游线路和专门服务于企业市场的专业旅行社仍能保持赢利。有不少企业如今仍在生产和销售黑胶唱片。接下来的数字听起来可能会令人感到意外：2015 年，美国的黑胶唱片成为音乐产业增长最快的细分市场，增长速度达到流媒体的两倍，其销售额接近 5 亿美元。[4] 一些出租车公司正在进军优步或其他拼车服务公司难以涉足的专业领域，例如安全运输。可以看出，“退路”依然有很多。但是对现有企业来说，实行小众市场战略往往会导致业务范围比过去明显缩小。

撤退战略的另一项内容是，当业务入不敷出或不值得追加资本投资时退出市场。不过确定退出细分市场的时机事关重大：如果退出太早，就等于放着到手的钱不赚；如果退出太晚，就会陷入无利可图的境地。我们在第 3 章提到，通用电气已经向被其称为“数字工业”的市场做出大幅战略方向调整。为此，它下定决心对组织中不符合新战略重点的环节予以转型或出售。在这个过程中，通用电气承诺剥离超过 2 000 亿美元的资产，其中包括 NBCUniversal 新闻和娱乐产业、通用电气家电业务，以及被许多人视为该公司拳头部门的通用电气金融服务公司。[5] 在许多观察人士看来，出售通用电气金融服务公司是一项极为激进的举措。几十年来，通用电气金融服务公司一直是通用电气重要的增长和利润引擎。但最终结果可能会证明，通用电气在金融服务公司估值尚高时出售该资产不失为富有先见之明的睿智之举。

收割和撤退都是力求使组织适应市场变革和全数字化颠覆的防御性战略。要利用价值空地实现逆转，并寻找新的增长点来弥补颠覆所造成的业务下滑，组织需要反守为攻。

撤退：领导者需要思考的问题

如果继续在收割战略的基础上进行投资，企业需要付出多少（战略和财务上的）机会成本？

有没有既能带来利润，又不容易被颠覆者影响的小众市场可供我们选择？

传统业务是否还有商机可寻？

我们应不应该剥离传统业务？

如何剥离传统业务（整合、出售或停止提供）？

可以吸取哪些经验教训来发展新业务（即寻找价值空间）？

颠覆：利用全数字化方法创造新的客户价值

当发现价值空地时，企业应考虑采用颠覆战略。颠覆战略的重点是利用全数字化技术和商业模式为客户创造成本价值、体验价值和平台价值（最好是三者兼顾）。要实施这种战略，企业需要全面分析不断变化的客户需求，仔细考量竞争对手的能力和动向，并认真审查自身是否已经为开展颠覆做好准备。

颠覆的目的是寻找新的途径来创造 3 种价值，从而改变竞争形势。在第 2 章中，我们列举了 15 种能够创造成本价值、体验价值和平台价值的颠覆性商业模式。这些商业模式很好地说明了颠覆战略所需创造的客户价值。

颠覆战略需要企业依靠敏锐的商业环境意识来寻找以下问题的答案：

- 成本（价格）的走向
- 当前主流客户体验，以及进一步改善客户体验的可选方案（提高个性化程度、便利性或可控性，加快速度等）
- 参与市场活动或与市场相关的利益相关方（客户、合作伙

伴、员工、第三方贡献者）当前如何联系（或为何无法联系），如何利用平台来建立或增强联系从而创造更多价值

正如我们反复强调的那样，全数字化颠覆的重点不是价值链，价值才是王道。要采用颠覆战略，企业必须摆脱提供商的固有角色，从客户的角度审视市场，重点关注结果而非投入。

现有企业并不擅长驾驭收割战略，而它们使用颠覆战略的情况就更糟了。这主要是因为，那些曾帮助现有企业获得成功的战略优势在创造和利用颠覆性创新时已然失灵。因此在没有充分刺激的情况下，许多现有企业在寻求价值空地方面几乎无所作为。我们的研究显示，只有 1/4 的企业有意成为颠覆者。所以在更多情况下，现有企业往往会通过有样学样或出奇制胜的方式来消除颠覆者的威胁，相当于被动实施颠覆战略。现有企业以价值空地为目标，主动发起大规模颠覆的情况似乎不太常见，因为它们这样做在全数字化旋涡中可能会吃力不讨好。

当现有企业试图通过考虑不周的收购计划（大张旗鼓地）把自己塑造为新市场的创新者时，颠覆战略往往会出现纰漏。如果这些收购计划存在战略误判或不能很好地完成整合（甚至这两方面都没做好），就有可能导致企业更快陷入竞争颓势。以“死马当活马医”的心态对经营不善或行将就木的业务实施颠覆战略，往往从一开始就注定了失败。如果现有企业不能事先制定必要的流程、制度和规程来适应不断变化的商业环境，即便是经过谨慎思考的收购也常常会以失败而告终。

颠覆战略没有放之四海而皆准的模式，现有企业取得成功的方式多种多样，有些通过开展收购，有些寻求合资，有些分拆或

孵化“新公司”，有些则是对自己进行风险投资，孵化出对自己有利的创新成果。

利用颠覆战略取得成功的难点在于：如何发起集成本价值、体验价值和平台价值于一体的组合式颠覆。例如，成本价值和体验价值常被认为是相互矛盾的。但是从我们列举的例子可以看出，全数字化颠覆者打破了这种固定思维。大多数现有企业的发展和成长都秉承着非此即彼的原则，试图“鱼和熊掌兼得”往往意味着举棋不定或每况愈下。此外，现有企业对如何创造平台价值知之甚少，因为受内在因素影响，许多现有企业都坚持使用传统的非平台模式进行沟通并开展商业活动。

颠覆：领导者需要思考的问题

如何为客户创造前所未有的成本价值、体验价值和（或）平台价值？

我们能否发起更为引人注目的组合式颠覆，或者说，我们能否颠覆颠覆者？

颠覆的投资回报（包括剥离现有业务的风险）是什么？这些投资回报能否超过采用收割战略的回报？

占领：延长占有价值空地的时间

颠覆战略意味着通过积极的行动加速市场颠覆，而占领战略的重点则是维持由颠覆带来的竞争收益。占领战略的着眼点与“筑巢引凤”的硅谷神话截然相反，该战略认为即使是发起颠覆的企业也不一定能成为最终赢家。占领战略将价值空地视为竞争激烈的市场商机，而增加客户选择是占领价值空地的关键；要最大限度地利用这些商机并获得优势，就必须采取深思熟虑的战略来扩大颠覆范围，并延长企业占有价值空地的时间。因此可以说，占领战略是在全数字化旋涡中参与竞争并实现增长的关键要素。

与收割战略和颠覆战略一样，现有企业通常也很难驾驭占领战略。当人们谈到现有企业要“成为颠覆者”所面临的挑战时，通常就是指这些企业无法成功驾驭占领战略。造成这个问题的原因是，现有企业通常需要转战不熟悉的领域。如前所述，价值空间可能存在于市场周边领域、新市场，或现有市场能够受益于全数字化技术的领域。但无论是哪种情况，现有企业都需要在未知领域开展业务活动。在这一领域中，管理者和普通员工尚未制定组织规则，没有经过验证的方法，没有成熟的心智模式，没有应对机制，也没有其他可供借鉴的成功案例。采用占领战略还需要管理“新”的业务板块，这意味着企业需要同时管理正在下滑的业务（收割、撤退）和正在增长的业务（颠覆、占领），在这种情况下，企业会身陷上述所有挑战之中而不能自已。

而且价值空间寿命有限，迟早会有觊觎市场商机的后来者向占领者发起进攻，带来各种富有竞争力的成本价值、体验价值或平台价值。随着价值空间日趋成熟或本身受到颠覆，企业必须从攻击性的占领战略转变为防御性的收割战略，以便尽可能地提高收入和利润。

在提到全数字化时，可能没有人会首先联想到通力这家芬兰电梯和自动扶梯制造商兼服务商。因为它的产品给人的印象明显是机械化多于数字化。2015 年，通力与许多企业一样受到了越来越多的战略和战术挑战，例如中国企业开始发起成本竞争，许多国家和地区开始减缓新工程建设的步伐等。就性质而言，这些挑战与全数字化并无联系，但是如果稍加分析就能发现全数字化商机和威胁的端倪。

例如，IBM、东芝、霍尼韦尔和三星等科技公司正在设法通过建设智慧城市、智慧社区和智慧楼宇来颠覆建筑行业。作为这场变革的一项内容，它们借助数字技术将包括电梯和自动扶梯在内的基础设施连接到网络。物业公司也开始越来越多地利用数字技术来维护建筑设施，电梯和自动扶梯也因此演变为可以远程监控、评估、保养和维修的互联设备。通力意识到这些转变创造了许多价值空地，因此将数字技术视为新设备、现代化和维护业务部门未来创收和赢利的关键。

通力意识到，仅凭一己之力无法占领这些价值空地，也很难应对威胁，自己需要一个合作伙伴。因此，该公司于 2016 年 2 月宣布与 IBM 建立战略合作伙伴关系，共同开发和部署云服务、互联设备和高级分析技术。[6] 通力首席执行官韩瑞龙（Henrik Ehrnrooth）表示："我们目前处在一个互联时代，通过围绕远程诊断和预测功能与 IBM 合作开发更完善的新型解决方案，我们可以为客户提供更优质的服务，为使用我们产品的客户提供出色的体验。"在通力看来，要打败对手占领新出现的全数字化价值空地，必须采用一种不同以往的方法：与原本可能成为强大竞争对手的组织合作。

占领：领导者需要思考的问题

如何让自己的颠覆性产品与众不同，并提升客户从中获得的成本价值、体验价值和平台价值？

应以何种方式占领新的价值空地（自创、收购或合作）？

如何使用平台来制造规模效应？

我们能否对竞争对手施加阻碍（例如平台地位、知识产权保护）？

价值空地是否已发展成熟，需要转而采用收割战略？

可以吸取哪些经验教训来发展新业务（即寻找更多价值空地）？

占领战略案例研究：3 家现有企业的故事

鉴于占领战略是身处全数字化旋涡中的高管应首先考虑的战略，我们来深入分析一下这种战略。具体而言，我们将深入研究自创、收购和合作这三种占领方法，看看它们如何在金融服务业发挥作用。之所以选择金融服务业，是因为该行业在我们的研究中被评为未来 5 年内最有可能受到巨大颠覆的行业之一。

对现有金融机构来说，投资管理服务是保增长、求利润的重要支柱。从全球来看，委托专业机构管理的资产的累计价值已达 74 万亿美元，而由此带来的利润已突破 1 000 亿美元大关。[7] 因此，银行、保险公司、证券公司和金融咨询公司纷纷盯上了投资客户（特别是高净值客户和所谓的“富裕大众”客户）以及咨询服务的丰厚收入。可是让大多数现有企业懊恼的是，悄然兴起的“智能投资顾问”服务（不依靠人工顾问，而是使用计算机算法自动管理资金的全数字化颠覆者）已成为数十万投资者的可行替代方案，从现有企业手中夺走了一项重要的收入来源。在智能投资顾问引发的颠覆下，围绕这块新价值空间的战斗已经打响。

以 Betterment（一家机器人投资顾问公司）、FutureAdvisor（一家智能投资顾问初创公司）和 Wealthfront（一家基于软件的在线财富管理企业）为代表的颠覆者已开始向现有企业的价值链发起猛攻。智能投资顾问商业模式以组合方式为投资者创造价值。首先，该模式避免了高额的投资咨询费，从而带来了成本价值。智能投资顾问按照一定的百分比从所管理的资产中抽取少量费用，这个百分比通常等同于银行收费最低的投资方案（例如指数基金）的收费标准。其次，该模式可以帮助客户减轻管理投资组合的负担（“设置一次，一劳永逸”），从而为客户提供了体验价值。[8] 此外，它的体验价值还体现在资产自动调整、红利再投资等便利功能上。

目前，尚无法断言智能投资顾问企业是否会成为“价值吸血鬼”，凭借其竞争优势导致整体市场规模严重缩水。从现阶段来看，它们还没有造成市场规模缩小。我们完全可以想象，智能投资顾问企业根本不是“价值吸血鬼”。相反，它们可以用更经济的方式向服务欠完善的市场提供理财咨询服务，甚至做大整个蛋糕。然而在短时间内，它们所代表的颠覆确实存在危及现有企业基础业务的风险：分析人士预计，到 2020 年，智能投资顾问所管理的资产将增长至 4 500 亿美元之多。[9] 尽管这在价值数万亿美元的全球资产管理市场中仅占一小部分，但智能投资顾问商业模式已经引起了现有企业的关注。

虽然对智能投资顾问所造成的颠覆性后果存在着诸多争议，但业内观察人士一致认为，该模式的分析和自动化等要素很可能会得到保留，并以某种方式成为理财咨询服务的主流。智能投资顾问造成的颠覆也为现有企业研究占领战略提供了值得深思的案例。下面，我们来研究 3 家从事投资管理的现有企业（嘉信理财、贝莱德和富达）是如何分别采用自创、收购及合作这 3 种不同形式的占领战略，有效地应对智能投资顾问构成的威胁的。

嘉信理财：自创

20 世纪 70 年代，嘉信理财公司作为第一家大型折扣经纪商崭露头角。20 世纪 90 年代，嘉信理财率先推出电子交易。如今，智能投资顾问带来的威胁让嘉信理财再次做出行动。2014 年 10 月，该公司宣布推出计划已久的智能投资顾问服务 —— 嘉信智能投资组合。与规模较小的颠覆性竞争对手不同，嘉信智能投资组合不收取任何费用。嘉信理财表示："嘉信智能投资组合是一项自动化投资咨询服务。这项尖端技术可以代客户创建、监控和调整投资组合，让客户无须操劳。更重要的是，嘉信智能投资组合不收取任何咨询费、佣金或账户服务费。"[10] 在智能投资组合营销满第一个季度后，嘉信理财报告称，该服务已拥有 3.9 万账户，管理资产接近 30 亿美元。[11]

嘉信理财通过取消收费为客户创造了新的成本价值。不再需要紧盯市场并调整投资，嘉信理财为客户消除了诸多不便，并提高了服务的智能水平，这两点正是颠覆者用来制造轰动效应的新体验价值要素。此外，嘉信理财还使用苹果应用商店和 Google Play（谷歌为安卓设备开发的在线应用程序商店）作为签约渠道，使客户能够轻松享受服务，而不必像在大多数投资管理公司那样，不得不忍受签订纸质合约的烦琐手续。

嘉信理财还向其托管人网络中的 7 000 多家注册投资顾问公司（RIA）推出了该服务的另一个应用版本；在短短 6 个月内，注册该应用的公司便达到 500 多家。[12]《投资新闻》（*Investment News*）发表的一篇文章指出，该应用"可供投资顾问自行定制，投资顾问不仅可以制定自己的投资战略，还能将自己的徽标添加到界面中"。[13] 通过这种方式将颠覆的影响扩大到渠道或客户的"习惯"，不仅可以提升智能投资顾问的成本价值和体验价值，无疑还能为智能投资顾问赋予平台价值，从而进一步扩大组合式颠覆效应。

嘉信智能投资组合的例子很好地展示了占领战略的一种模式：自创。在这个例子中，嘉信理财将自身的企业地位作为竞争的"利剑"而非"坚盾"，为市场领导者面对颠覆时如何反守为攻树立了良好的榜样。

此外，嘉信理财对其现有咨询业务有着清醒的认识。在发布智能投资组合时，其首席执行官沃尔特·贝廷格（Walter Bettinger）曾坚定地表示："我们从来不畏惧剥离业务。"但他也补充道："对客户来说，这款解决方案与我们以人为主的主流咨询解决方案存在很大差异。我们认为，它将在很大程度上吸引那些对以人为主的解决方案不太感兴趣的人。"[14]

虽然嘉信理财需要在颠覆性业务（智能投资组合）市场和传统咨询业务市场进行两线作战，但是很明显，嘉信理财的战略是以更低的价格与颠覆性竞争者展开价格战，通过取消收费和捆绑其他关键利润板块来缓解颠覆的影响，以颠覆性竞争者自己制定的成本价值游戏规则打败它们。通过这种方式划分业务，嘉信理财可以从多元化的业务组合中获得最大价值，同时给了颠覆者出其不意的一击，迫使它们不得不尽力从颠覆战略转变为占领战略。

贝莱德：收购

嘉信理财用自创模式有效地抵御了智能投资顾问带来的颠覆。而另一家现有企业却以另一种方式演绎了占领战略：收购。

作为银行控股公司 PNC 金融服务集团的子公司，贝莱德集团目前是全球最大的投资管理公司，其客户包括企业、政府、养老基金和个人投资者，管理的资产超过 4.6 万亿美元。[15]

2015 年 8 月，该公司宣布收购智能投资顾问公司 FutureAdvisor，这家获得风险投资支持的初创企业管理的资产多达 6 亿美元。[16]FutureAdvisor 被并入了贝莱德解决方案咨询部，该部门是贝莱德公司的投资和风险管理部门，负责向银行、保险公司和其他希望将智能投资顾问纳入产品或服务中的投资顾问推介智能投资顾问服务。

我们暂且不论贝莱德案例有何精彩之处，仅就“收购”模式而言，就十分值得无法凭一己之力在内部孵化和发起颠覆的现有企业借鉴。更重要的是，贝莱德领导层在收购 FutureAdvisor 时还提出了一个对现有企业充满吸引力的观点，那就是收购颠覆者有助于紧跟全数字化技术飞速发展的步伐。[17]

贝莱德以 1.52 亿美元收购了 FutureAdvisor。[18] 在宣布这项收购的新闻稿中，贝莱德称此次收购的财务成本“与贝莱德的每股收益相比不算大”。[19] 这表明，颠覆性创新是能够以让贝莱德这样的巨头欣然接受的价格购得的（虽然价格约为当前收入的 50 倍）。[20] 尽管贝莱德收购 FutureAdvisor“仅仅”吸收了价值 6 亿美元的资产，但是此举的动机更多是为了获得全数字化技术和速度优势，而非扩大客户群。

值得注意的是，FutureAdvisor 并入的贝莱德解决方案咨询部隶属于 B2B 业务分支，被贝莱德称为“公司的分析核心”。[21] 借由把智能投资顾问服务的销售对象转为咨询公司和金融机构，贝莱德缓解了这项颠覆对其个人投资者咨询业务（B2C）构成的威胁，“让智能投资顾问商品化趋势转向外部”。[22]

从根本上说，该公司正在将智能投资顾问平台打造成一个分销渠道，来帮助其发展当前最具战略性的业务——贝莱德安硕[BlackRock iShares，通过智能投资顾问工具销售的交易型开放式指数基金（ETF）系列产品]。

富达投资：合作

最后，我们再通过另一家现有投资管理企业的例子来看看占领战略的第三种模式：合作。

富达投资是多业务投资管理领域的一家领军企业，其业务范围涉及共同基金、养老金、财富管理、折扣经纪、保险、证券交易和结算等，管理的资产超过 2 万亿美元。[23]

2014 年 10 月，富达与 Betterment 结为战略联盟。截至 2016 年 4 月，后者以 39 亿美元的总资产在智能投资顾问专业公司中名列榜首。[24] 通过这项合作，富达机构财富服务（IWS）可以向近 1 万家与富达有合作关系的咨询公司“贴标”销售 Betterment 面向咨询公司的服务——Betterment Institutional。富达和 Betterment 将这项服务打造成一项集人工咨询与技术于一身的产品，借此提高咨询业务的效率和成效。这样，它们不仅能获得并留住客户（特别是资产水平较低的年轻投资者），还能让投资顾问将精力集中于个性化的客户工作（例如信托或遗产继承）。[25]

2014 年 11 月，富达与另一家颠覆性竞争者 LearnVest 达成合作协议。[26]（LearnVest 后于 2015 年 3 月被另一家现有企业西北互助人寿保险公司收购）。[27] 富达与智能投资顾问和其他金融科技企业的协作代表着现有企业所采用的合作型占领战略，其理念正如一位观察人士调侃的那样："如果你打不败智能投资顾问，那就跟它们成为一伙吧。"[28] 在富达看来，合作的魅力在于能够利用颠覆者本身的势头创造成本价值、体验价值和平台价值。

合作战略还可用作颠覆和占领战略的"培养皿"，以便现有企业在时机成熟时将颠覆战略和占领战略移植到自创模式中，利用自己的资源开发颠覆性产品或服务。富达 IWS（全球联保服务）总裁迈克尔·德宾（Michael Durbin）就谈到了从合作模式变为自创模式的可能性："我们可以在第一时间发现市场需求并迅速对其进行观察，看看我们能在专属的基础上采取哪些行动。如果我们在一段时间之后能更独立地满足这些需求，市场不应该为此感到惊讶。"[29] 事实上，该公司于 2015 年 11 月宣布计划推出一项新的自动化咨询试点服务——Fidelity Go。[30]

从长远来看，现有企业可以使用自创、收购或合作方法来削弱新崛起的竞争对手。未来的市场可能会经历进一步整合，就像贝莱德收购 FutureAdvisor 以及西北互助人寿保险公司等现有企业进行的其他收购活动一样。另一方面，现有企业越来越多地加入智能投资顾问业务行列可能会让 Betterment 和 Wealthfront 等颠覆者为市场所接受，并进一步扩大影响力。无论未来如何发展，投资管理领域势必会陷入全数字化颠覆效应的竞争旋涡。

客户价值的形式与应对战略

如何将成本价值、体验价值和平台价值纳入应对战略手册？下面，我们来依次探讨每种战略，弄清哪些价值形式必须得到优先对待（参见图 13）。

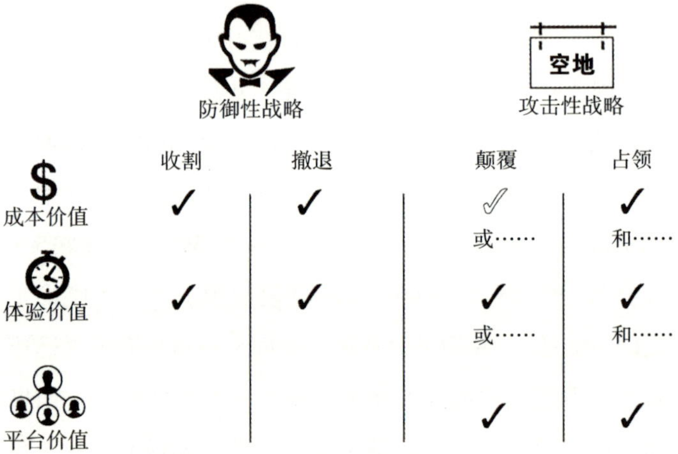

图 13 按战略划分的客户价值形式

资料来源：全球全数字化业务转型中心，2015 年

当企业遇到颠覆性威胁而采用收割战略时，成本价值和体验价值是首要考虑因素。企业必须逐渐降低成本，尽量提高产品和服务的竞争力，同时强调体验质量，激励客户保持忠诚。

当市场下滑超过某个关键点之后，企业应转为使用撤退战略，这意味着企业需要持续削减成本，但更重要的是增强体验价值，以便在剩余客户群中仍能保持差异化优势。这些客户往往有非常专业的需求，当企业撤退到专门服务于这些客户的小众市场时，需要提升满足这些需求的能力。收割和撤退这两种防御性战略通常不涉及创造平台价值。

颠覆战略可以一种价值为主，以其他价值为辅。例如：优步的颠覆战略便是以接近或低于竞争对手的费用提供更加出色的体验（即体验价值为主，成本价值为辅），而语音通话应用 Skype 和文本即时通信应用 WhatsApp 则是以显著降低的费用提供足够出色的体验（即成本价值为主，体验价值为辅）。成本价值的作用在某种程度上取决于现有企业的起点，也就是当初采用颠覆战略究竟是为了应对威胁，还是为了主动发起新的市场颠覆。如果是前者，那么现有企业可以更多地强调成本价值，以便针锋相对地向新出现的竞争做出回应，而且可以凭借资产负债方面的相对优势，比对手生存得更久。如果是后者，成本价值就不太可能成为主要要素，因为现有企业很少会自愿大范围地为客户创造成本价值，并借此实现自我颠覆。

颠覆战略只需要为客户带来一种客户价值，而占领战略通常需要提供全部三种客户价值。采用占领战略的企业会发现自己置身于争夺价值空地的全面战争中，而贯彻涵盖全部三种客户价值的组合式颠覆往往是必要的竞争装备。平台价值是关键的竞争优势，有助于企业长期“占有”价值空地，因为该价值要素能够提高（但无法彻底消除）市场准入壁垒，为市场参与者制造“黏性”，并创造附加收入机会。

“吸血鬼”会扼杀自己的财路

应对战略手册中概述的应对战略是需要重复使用的。企业不可能永久占有某一个价值空地，但是只要成功地重复使用这些战略，就不会沦落到“余生”在撤退造成的边缘化状态中苦苦挣扎的地步。企业必须一再采取这些战略，不断取得发展和进步，从每一项措施中获取收入和利润。在全数字化旋涡中，机会比比皆是。企业领导人的问题在于，他们的公司能够抓住多少机会。

接下来，我们要考虑一下这些战略与我们已经介绍过的一些竞争形势有什么交集。我们仍然以唱片产业的发展变化为例子。在第 3 章，我们曾探讨过音乐产业中的全数字化颠覆，这些颠覆最初是从音乐的数字化和 Napster 的免费下载服务开始的。我们可以看到，Napster 引发了最初的颠覆，但当它因为音乐产业的经典“制造壁垒”而出局后，市场上出现了空间。消费者显然希望下载音乐文件。虽然许多人涌向 Pirate Bay 等非法 BT 网站，但苹果确信会有数百万人愿意支付自认合理的价格来合法拥有音质优良的音乐文件。iTunes 的成功证明它是对的。

因此，尽管 Napster 引发了音乐产业的颠覆，但它无法占领数字音乐发行这块价值空地。苹果凭借其天生的硬件和软件综合优势，以及与大多数主要唱片公司和艺术家达成协议所提供的平台价值，成功占领了这块空地。企业必须明白颠覆市场与占领市场之间的区别。占领价值空地的企业擅长组合式颠覆，特别是它们能够将快速扩大规模的商业模式（平台价值）与可在通过价格战削弱竞争对手的同时产生足够收入和利润率的商业模式（成本价值）搭配起来。苹果做到了这一点，使 iTunes 成为数字音乐销售的主力军。

令苹果惊愕并令乐迷欣喜的是，全数字化旋涡并没有停止旋转。在全数字化旋涡时代之前，苹果拥有几乎无法逾越的优势，包括拥有近9亿客户的虚拟分发平台（iTunes）①，以及累计销量远远超过10亿部的移动设备（先有iPod后有iPhone）的紧密集成。②

但是，Pandora和Spotify等音乐流服务已经用带有“价值吸血鬼”标志（如果你愿意这么称呼它们的话）的服务颠覆了iTunes。仅仅在美国，2015年的音乐流就翻了一番，歌曲数超过3 170亿首。[31] 上述两种服务都为愿意收听广告的客户免费提供无限制的音乐访问权，每月支付约10美元就能获得音质更好的高级访问权，这只是在iTunes上购买10首歌曲的成本。绝大多数人都选择了支持广告的免费服务。③

虽然消费者喜欢流媒体音乐，但他们不想支付订用费：78%的美国消费者称自己“不太可能”付费，因为相比可以获得的免费服务，每月10美元就显得比较昂贵了。[32] 这就提出了一个问题：即使苹果的采用率能够赶上市场领军者Spotify，它又能真正挽回

---

① 2014年9月，iTunes拥有8.85亿个账户。资料来源：Yoni Heisler, “Bono Talks 885 Million iTunes Accounts, New Music Format, and ‘Haters’,” *Engadget*, September 22, 2014, engadget.com/2014/09/22/bono-talks-885-million-itunes-accounts-new-music-format-and-sa/

② 截至2015年10月，苹果销售的iPod已超过4亿部。资料来源：Sam Costello, “This Is the Number of iPods Sold All-Time,” *About.com*, October 13, 2015, ipod.about.com/od/glossary/qt/number-of-ipods-sold.htm The company has sold nearly 822 million iPhones as of the second quarter of 2015. Source: Evan Niu, “How Many iPhones Has Apple Sold?” *Motley Fool*, November 14, 2015, fool.com/investing/general/2015/11/14/iphones-sold.aspx?source=isesitlnk0000001

③ 以Pandora为例，只有5%的听众是付费用户。资料来源：Trevis Team, “Why the Subscription Business Is Important for Pandora and Where Is It Going?” *Forbes*, September 4, 2015, forbes.com/sites/greatspeculations/2015/09/04/why-thesubscription-business-is-important-for-pandora-and-where-is-it-going/#4e3a4a0265ce

多少收入？音乐产业的整个颠覆弧线表明，企业始终承受着无情的压力，需要不断创新、寻求并占领价值空地。即使现有企业能成功抵御“价值吸血鬼”（苹果只赢了第一回合），其收入也不会回升。企业必须为下一个大热门做好准备。颠覆弧线还显示了容易实现全数字化的产品和服务朝着“零边际成本”[33]的最终状态运动的轨迹。

现在，让我们从应对战略手册的角度来分析一下苹果是如何应对音乐流颠覆的。苹果选择了多管齐下的方法：

收割：苹果将日渐下滑的 iTunes 业务与自己新的流媒体服务 Apple Music（请参阅下文）集成，最大限度地提高 iTunes 的收入。即便是在需求下降的时候，合适的收割战略也可以帮助企业维持有盈利的业务。事实上，2014 年是数字音乐销售额真正超过实体 CD 销售额的第一年。① 根据普华永道会计师事务所的数据，2015 年到 2019 年，数字下载量预计将每年减少 10%[34]，尽管这种下降势头无疑非常显著，但仍然足以让苹果从该业务中再榨出数百万下载量后再转为撤退。

颠覆：即使面临“价值吸血鬼”的威胁，对苹果来说，音乐也是非常重要的业务。苹果仍然从音乐下载中获得了数十亿美元的收入，并有意保留这一收入。尽管流媒体服务使音乐前所未有地与设备无关，只需要连接应用和宽带，但苹果不会不战而降地放弃音乐与移动设备之间的联系。iTunes 对苹果硬件业务在设备

① 正如我们曾提到的，这主要是因为消费者已经采用免费的流媒体服务，基本上不会再为音乐付费。详情请参阅：Ethan Smith, “Music Services Overtake CDs for First Time,” *Wall Street Journal*, April 14, 2015, wsj.com/articles/digital-music-sales-overtake-cds-for-first-time-1429034467

销量和利润率两方面的成功都有重要的意义。

苹果将 iTunes 销售收入的 65% 转给内容所有者[35]，同时按 65 美分或 99 美分的价格销售歌曲。当几年前被问及为什么苹果没有试着每首歌多收点费用时，史蒂夫·乔布斯回答道："因为我们在销售 iPod。"[36] 在竞争激烈的消费类设备市场，苹果能以远远高于竞争对手的 399 美元的价格销售 iPod，并实现 30% 的利润率。[37] 事实上，iTunes 中的全数字化内容已被称为"苹果金融帝国中的迫击炮"，因为它定义了用户体验并吸引着客户不断回头，购买一款又一款设备。[38] 简而言之，iTunes 能够提升苹果硬件的价值，已经成为苹果的企业战略中不可或缺的一部分。[39] 各种平台为企业增加副业收入（在苹果的例子中是核心收入）提供了宝贵的基础。在某些情况下，平台业务本身可能会用来"赔本赚吆喝"。

虽然整个音乐产业的大蛋糕正在变小①，但苹果并不满足于采取收割战略，而是选择接受音乐流"价值吸血鬼"带来的高风险挑战，为客户创造更多成本价值、体验价值和平台价值。这相当于颠覆自身，而且（想必）是有意加速 iTunes 的消亡，这一举措在 5 年前看来简直不可思议。

2015 年 6 月，苹果推出自己的流媒体服务 Apple Music。[40] 截至 2016 年 1 月，该服务有 1 100 万付费用户，虽然付费用户数量不到 Spotify（3 000 万用户）的一半[41]，但这只是短短 7 个月的成绩。[42]

---

① 全球音乐收入仍在下降，在 1999 年达到 286 亿美元的最高峰之后，到 2015 年已经不足 150 亿美元，而全球数字音乐销售额（下载和流媒体）共计 68.5 亿美元。*Recording Industry in Numbers 2015*, International Federation of the Phonographic Industry (IFPI) ifpi.org/news/IFPI-publishes-Recording-Industry-in-Numbers-2015

占领：自从决定与“价值吸血鬼”作战以来，苹果一直在积极战斗，争取占领市场。苹果尝试通过独家发行①和1万多个由音乐家、DJ（唱片骑师）和其他时尚带头人策划的播放列表吸引付费用户使用 Apple Music。[43] 苹果特别将目标瞄准“千禧一代”，② 他们中有许多人在最初试用后就没有再坚持使用该服务。[44] 例如，该公司与 Dubset Media Holdings（一家知名唱片公司）签署了一项协议，播送流媒体的 DJ 混音和混搭曲目。这些曲目合成了多首歌曲，一直因版权问题而受到困扰。[45] 虽然这些曲目颇受年轻乐迷的喜爱，但以前并未通过商业音乐服务被提供。

也许苹果用于建立音乐流服务独特优势的最大举措与音乐无关，而与视频相关。苹果正与“千禧一代”喜爱的另一家媒体 Vice Media（一家领先的全球青年文化内容制造公司）合作，制作名为“The Score”的独家系列视频。[46]Netflix 和亚马逊通过推出自己的电视连续剧获得用户的举措已经获得了巨大的成功，苹果也渴望获得同样的成功。而且，比起电视机，年轻人更喜欢在智能手机或电脑上观看点播节目[47]，这样，Apple Music 就顺理成章地成为 Apple TV（该公司的家用数字媒体播放器）推出视频内容的必然选择。

Apple Music 正在快速获得付费用户，这给 Pandora 这位前任创新者同时也是市场领头羊的企业带来了不小的压力，这再次证

---

① 一些独家曲目十分畅销，促使用户使用 Apple Music 和 iTunes 下载。详情请参阅：“Apple Music, iTunes Exclusive Album Tops Music Charts,” *MacNN*, February 16, 2016, macnn.com/articles/16/02/16/rapper.future.hits.top.spot.with.apple.exclusive.release.for.second.time.in.six.months.132571/

② “千禧一代”是指在 20 世纪时未成年，在跨入 21 世纪（即 2000 年）以后成年的一代人。——编者注

明颠覆市场并不能保证占领市场。[48] 然而，这场战斗还远未到尘埃落定之时，因为许多竞争者认识到，音乐流的真正价值并非直接创造收入，而是揭开其他价值空地序幕的前奏曲。

例如，亚马逊试图通过一种将人工智能与始终在线的亚马逊媒体和电子商务业务连接的设备——Amazon Echo 占领新的音乐流价值空地。亚马逊高级会员可以使用 Echo 播放来自亚马逊或 Spotify 和 Pandora 账户的免费音乐。亚马逊采取的战略与苹果没什么不同，其目标实际上并非通过音乐赢利（已经放弃），而是从客户听音乐时的购物中赢利。通过 Amazon Echo，客户可以要求人工智能"助理"——Alexa 播放来自客户的亚马逊高级账户的音乐，或者收听其他流媒体服务。但是当在厨房里边听音乐边做饭时，客户可以告诉 Alexa 再送一瓶橄榄油和一罐意大利蕃茄酱。

赌场老板从来不希望客户离开赌场，因此会提供各种各样的诱惑，让客人留下来继续赌博。音乐流及用于访问和播放音乐的设备还远远达不到给音乐产业的复兴提速的程度，但是它们却给亚马逊的免费自助餐加了料。

颠覆者与颠覆的受害者

市场现有企业似乎总是摆脱不了在最高价买入的诅咒。在全数字化旋涡中，现有企业的固有劣势在于摩尔定律。在这里，我们将摩尔定律不太严谨地改写一下，就是：假定作为生产要素的技术成本呈指数级下降。现有企业位于这条曲线上错误的一端，而颠覆性创新者则位于正确的一端，拥有更具竞争力的成本基础。

简而言之，成本竞争力是一个滞后指标。这是我们创造"束手束脚的现有企业”这种说法的部分原因，因为它们被成本结构和价值链牢牢套住，而这些成本结构和价值链是按照更早的某个时代的竞争态势进行调整的。然而，在全数字化旋涡中，要说年轻企业比老企业更有竞争力也不尽然。随着创新者成熟并承受现有企业的负累，它们就会遵循无情的摩尔定律成为下一代颠覆性竞争者的牺牲品。因此，企业面临的挑战是面对这条成本曲线“重新设定”自己的位置。

随着创新成本骤跌，包括现有企业在内的各种颠覆者都会在打造颠覆性产品和服务以及商业模式方面获得更多“收获”。因此，现有企业可以通过寻求令人振奋的新途径来创造客户价值。不过，还有更多竞争对手也在争夺这条制胜之道。这对单个企业来说是好还是坏，还要看企业为客户创造新价值的效率和效果。

第二部分

第5章
全数字化业务敏捷性

敏捷性是新的规划

当企业被拉到全数字化旋涡中后，技术变革、商业模式创新和产业融合的步伐随之加快。新的竞争对手将赢得具有竞争优势的阵地，削弱市场领导者的影响或推翻它们的“统治”。那么，现有企业该如何应对呢？

企业必须利用第 2 章介绍的商业模式为客户创造成本价值、体验价值和平台价值。它们还必须如第 4 章所述执行相应战略，以对抗“价值吸血鬼”并占领价值空地。要做到这些，它们需要给市场带来成功的创新，同时最大限度地提高现有业务的赢利能力，而这些业务多多少少正在遭遇颠覆或很快即将受到颠覆。但是，能够做好其中一项的企业已经是凤毛麟角，更不用说同时做好两项了。[①] 在某种程度上，这是因为企业将需要速度和灵活性的

---

① 有关如何平衡“探索与利用”需求的深入讨论，请参阅：Charles O'Reilly III and Michael Tushman, “Organizational Ambidexterity: Past, Present and Future,” *Academy of Management Perspectives* 27, no. 4 (November 2013): 324-338, doi:10.5465/amp.2013.0025

战略与固化且通常不擅变通的规划混为一谈。正如一位著名拳击手曾经说过的那样："每个人都有自己的所谓计划，直到脸上挨了一记重拳为止。"

高管必须为企业设定战略远景，但绝不能屈服于年度计划和多年计划虚构的美景。人们总是不自觉地将此类计划看作防止全数字化颠覆的保护伞，但这是一种虚幻的安全感。正如多伦多大学的罗杰·马丁教授所说："几乎每次用到'战略'这个词，都会搭配'计划'这个词的某种说法，比如'战略规划'过程或由其产生的'战略计划'。因为规划是一种彻底可行而且让人感到安心的做法，所以人们不知不觉就将战略的概念微妙地偷换成规划。计划则通常辅以详细的电子表格来预测遥远未来的成本和收入。当规划制订出来之后，每个人都感觉恐惧仿佛减轻了许多。"[1]

于是，规划其实就是管理层在尝试预测未来，而预测未来从来都不是一件容易的事①，鉴于我们在第一部分介绍的竞争效应和变革速度，今时今日再想预测未来更是近乎痴人说梦了。因为在闷头专心制订计划的同时，高管会被更深地拉向全数字化旋涡的中心，那里的技术变革、商业模式创新和产业融合有增无减。越

---

① 亨利·明茨伯格的著作《战略规划的兴衰》(*The Rise and Fall of Strategic Planning*)对尝试预测未来并制订计划的"审慎"战略与基于应对意外事件的能力的"应急"战略进行了区分。大多数高管采用的都是审慎战略，既高度重视对未来事件的预测，又要有应对这些事件的正确方法。审慎战略鼓励企业在竞争环境发生重大变化期间坚持原有计划。但是在瞬息万变的全数字化旋涡中，这样的变化会不断发生，让这种规划方法根本没有成功的希望。本章介绍的业务敏捷性则是一整套能让企业在发生意外事件和出现机会时实施应急战略的能力。详情请参阅：Henry Mintzberg, *The Rise and Fall of Strategic Planning*: Reconceiving Roles for Planning, *Plans, Planners* (New York: The Free Press, 1994).

来越多的全数字化颠覆者甚至能在企业向员工或股东公布发展计划之前就将这些计划变成一纸空文，而作为其基础的利润板块也会化为乌有。

在面对翻天覆地的市场变革时，有许多现有企业相信具有显著循序渐进特征的战略方法（即规划）能够拯救它们。可是在不断变化的世界里，长期计划可能不太像舵，反而更像是锚，将企业束缚在一个已经失去意义的位置。伍迪·艾伦曾经说过："如果你想让上帝发笑，就告诉他你的计划。"身处全数字化旋涡中，规划就是一个问题，而且是一个重要的问题。

新方法

我们认为，现有企业必须培养一套能力，让自己能够以媲美颠覆者的速度、灵活应变能力和成效采取行动。

在实行防御性和攻击性战略的同时发起组合式颠覆需要一种新的方法。我们称这套能力①为全数字化业务敏捷性。最好将全数字化业务敏捷性视为一种元能力，它依赖于 3 种基本能力：超强感知能力、明智决策能力和快速执行能力（参见图 14）。具有全数字化业务敏捷性的企业可以通过以下几方面提供出众的成本价值、体验价值和平台价值：

- 通过收集与自身相关的数据和见解，察觉企业所处环境中最

---

① 与以往一旦形成后就能提供竞争优势（例如强大的供应链或"卓越中心"）不同，这些能力并不是固定不变的"核心能力"。虽然核心能力也对企业有利，但全数字化业务敏捷性的主要宗旨是帮助企业预测市场变革并提供客户价值。

重要的变化

- 不断地分析数据，吸收知识，并由合适的人员进行明智的决策
- 快速执行并迅速扩大规模，同时摒弃不成功或过时的方法

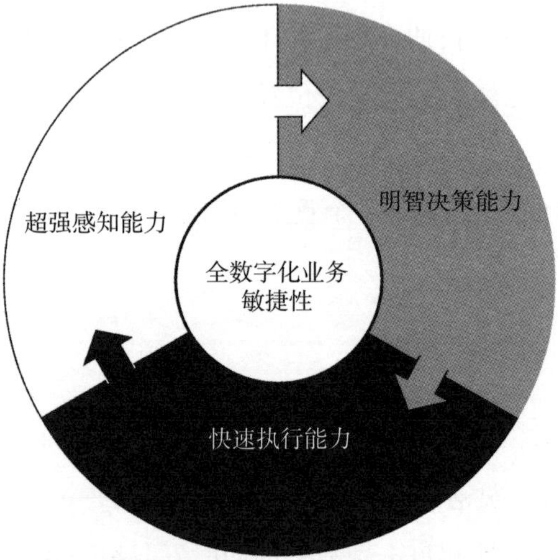

图 14　全数字化业务敏捷性

资料来源：全球全数字化业务转型中心，2015 年

具有全数字化业务敏捷性的企业可以预测不断变化的客户需求，而不是坐等颠覆者提出更有吸引力的价值主张。它们可以决定是否要占领某个价值空间，以及如何根据有可能获得的最佳信息和已经获得的证据，赢下这块价值空地。它们还可以迅速进入市场，更长久地占领市场，并最大限度地提高自己的利润。我们在本章将对全数字化业务敏捷性进行深入探讨，而在第 6 章、第 7 章和第 8 章则会进一步深入研究组织如何培养超强感知能力、

明智决策能力和快速执行能力的具体细节。从下文中我们可以看出，这三种能力相辅相成，相互促进。

全数字化业务敏捷性强的企业能够迅速有效地应对新出现的威胁，在竞争对手还没察觉之前抓住市场机遇（超强感知能力）。它们利用信息优势剖析价值源泉，并制定制胜战略和价值主张（明智决策能力）。它们还会快速改变航向、抵御威胁并利用机会，借助平台创造天翻地覆的变化（快速执行能力）。这些能力使它们能够：

- 为核心业务创造独特优势并提供防御，使全数字化颠覆者更难复制或取代它们提供的价值
- 当“价值吸血鬼”在旁窥伺时，能从下滑的业务中获取最大价值
- 占领价值空间，在受到颠覆冲击后仍然保持增长

我们在讨论全数字化颠覆时不断提及亚马逊、苹果、谷歌、Netflix、特斯拉等同一批企业绝非巧合。这些企业都认识到，在全数字化旋涡中，争夺市场霸主地位的战争永远不会停歇。于是，它们依靠系统化的战略一次又一次地进攻和占领价值空间。正因如此，我们才会看到亚马逊启动太空探险，苹果涉足支付业务，谷歌转向自动驾驶汽车业务，Netflix 从事电视制作，特斯拉插手蓄能业务。这些行动的动机是贪欲（价值空地的增长潜力）和恐惧（知道自己容易受到攻击）。至于这些具体的投资会产生收益还是以后会因狂妄自大而遭到摒弃其实并不重要。它们全都依赖于极高程度的全数字化业务敏捷性。

我们用一个体育项目来打比方，假设一家企业是世界上最好的 1 500 米赛跑运动员。然后，1 500 米赛跑这个“行业”受到颠

覆，铅球比赛却出现了新的机会。相对于新的比赛环境而言，该公司装备不良，因为它只是在 1 500 米赛跑（有氧和无氧运动）上非常专业，至于铅球所要求的力量和爆发力，它的专业能力还远远不够。如果公司并非只在 1 500 米上投资，而是训练十项全能（需要柔韧性、心血管状况、肌肉质量、手眼协调等全面的体能和技巧），则不管新的机会是铅球、撑杆跳还是 100 米短跑都不会有问题，这就需要它迅速适应。从这个角度来说，全数字化业务敏捷性就相当于企业的“适应能力”。

超强感知能力

超强感知能力是企业发现并监控环境变化的能力。其中，“环境”指的是影响企业面临的机遇和风险的内部和外部因素。超强感知能力要求企业能察觉与自身相关的全数字化趋势和不断变化的竞争态势，并收集有关客户、合作伙伴、员工和公司实物资产（例如建筑物、机器、车辆和 IT 系统）的重要见解。

得益于无处不在的网络连接、移动设备、体积小价格低的传感器和数量激增的数据收集工具，企业可以比以往更加充分地了解自己所处的环境。它们可以将传感器嵌入生产设备、车队、设施和产品中来掌握运营情况。它们可以通过监听平台了解客户在社交网络上对它们发表的评论，并借助有关移动设备使用情况的数据了解客户的位置。用于“挖掘”网络中的数据并“清理”数据以供分析的工具可以收集大量信息，无论是关于竞争对手、宏观经济趋势的信息还是关于天气模式的信息，几乎任何信息都能收集。企业还可以获得关于其供应链合作伙伴的详细细节，这些细节不仅包括货物是否准时到达，还包括货物的生产是否符合道德规范和可持续发展标准，或者是否采用防止变质的“冷链”进行运输。在感知超强的企业中，这些数据源全都在不断流动并受到实时监控。

超强感知能力提供的数据和见解是全数字化业务敏捷性另外两大支柱的命脉。明智决策能力用于分析和分发数据以支持战略决策和自动化业务章程，这种能力取决于在超强感知能力阶段收集的数据的数量和质量，可以避免企业陷入因无用数据而无法做出明智决策的“无用输入/无用输出”窘境。在快速执行能力方面，这些战略决策指引着整个企业的工作和方向。此外，得出的结论和吸取的经验教训重新汇集到组织中，形成一个完整的循环。

企业首先需要了解自己想要产生的见解，然后确定需要监控的内容，以及实施监控所需的 IT 基础设施和人力资源。举个例子，企业想要在“价值吸血鬼”显露明显特征、变得更加危险之前就及时发现它们，就必须了解客户的痛点，挖掘新的市场需求，解析可以更有效提供客户价值的新技术和新的商业模式（包括企业当前所在行业之外的技术和商业模式）。要辨别价值空地，首先需要确定可以满足的客户需求及用于满足客户需求的方法（例如，对价值链中的某个环节实现全数字化），并寻找其他行业中可供借鉴的成功商业模式。强大的感知机能可以帮助企业培养发达的超强感知能力，以技术作为推动因素，支持更广泛的企业目标。

感知超强的企业不太可能被出其不意地攻陷。它们也更难被颠覆，因为它们可以察觉自身的漏洞，并相应调整自己的商业模式和流程。例如，感知超强的企业了解客户何时会有不满情绪及其背后的原因。它们还可以专注于发展客户真正看重的产品特性。

同样，当企业对竞争格局感知超强时，它们能够了解传统竞争对手的优势和劣势，以及新业务范围或收购的潜在影响。此外，感知超强的企业还可以预测哪些非传统竞争对手（初创企业和来自其他行业的现有企业）可能威胁到它们的市场地位，以及它们可以使用哪些由技术推动实现的商业模式来发起颠覆。（我们将在第6章探讨企业如何培养超强感知能力。）

超强感知能力应用实例：雀巢公司

全数字化媒体已迅速成为消费品公司营销与传播战略的重要组成部分。大多数企业采用一种非常有组织的方法来管理全数字化资产，例如社交媒体网站，但有时候也不尽然。

回到2010年，雀巢这家全球收入最高的食品企业，才刚刚踏上通向社交媒体巨头的旅程。当时，它在多个品牌、多个市场同时维护着多个脸书和推特的交流互动。每个网站都是独立维护的，总部只进行一些基本监督。雀巢并不知道，环保激进组织——绿色和平组织制作了一个视频，用来批评雀巢采购棕榈油的政策。绿色和平组织称，雀巢对棕榈油这种巧克力主要成分的需求，导致印度尼西亚等热带国家和地区的主要雨林被砍伐，从而使猩猩和其他野生动物失去栖息地。绿色和平组织制作了一个讽刺奇巧巧克力广告的视频：一个人打开奇巧包装，拿出的不是巧克力棒而是一根猩猩的手指，然后吃得鲜血淋漓。

绿色和平组织将视频上传到各视频共享网站，包括YouTube和Vimeo。雀巢是在视频疯传开来之后才得知这段视频的，但当时想将其删除为时已晚（虽然它曾经试过）。更糟糕的是，在视频发布后的第一个晚上，观众就开始在雀巢公司的脸书账号上发表负面评论。当时是两名实习生在负责监控该网站，他们自作主张地用敌对态度回复了这些评论，结果可想而知。雀巢因为对这次事件的不当反应及其错误的社交媒体管理方法而饱受指责。[2] 该公司最终道歉并承诺配合绿色和平组织解决棕榈油问题。[3]

雀巢从这次经历中吸取惨痛的教训，对公司的社交媒体和数字化交互政策实行全面变革，以防将来发生类似情况。5 年过去了，雀巢已塑造了深得民心的社交媒体形象。雀巢品牌在脸书的粉丝超过 2 亿，每天发布的社交媒体内容超过 1 500 篇。[4] 为了取得今天这样的成绩，它采取了审慎且极具创新精神的方法来实现超强感知能力。

2011 年，雀巢通过一项名为“数字促进小组”（DAT）的新计划培养先进的社交媒体监控能力。DAT 将来自世界各地的数十位员工集合起来，并将其分配到各个数字化监听中心工作 8 个月。第一个 DAT 中心建于瑞士韦威的雀巢公司总部。随后，又在全球各地设立了 12 个地区中心。[5] 韦威的 DAT 中心位于高管办公室上面的一层楼，似乎暗示着它对公司的重要性。

位于雀巢总部的 DAT 中心与美国国家航空航天局的控制室类似，配备了一排排平板显示屏，播放与雀巢品牌相关的社交媒体活动的实时信息。数据来源于各大社交媒体平台，其中包括脸书、领英、Google+（一个可以通过谷歌账户登录的社交网站）、推特、Pinterest（一家图片社交平台）、Instagram 和 YouTube。[6]

数据可视化应用将传入数据与情景相关，让团队能够有效识别显著的发展和趋势。员工可以访问数百万份帖子，以及会话量、情感水平、表现最佳内容等指标。小组成员可以跟踪雀巢知名品牌的网上人气，以及网上对其品牌与竞争对手相比的评论。瑞士的 DAT 中心还部署了一款名为“Pulse”的工具，用于集成有关客户服务查询的数据，有效收集社交媒体范围以外的观点。

通过整合上述为数众多的监听来源，在 DAT 中心工作的小组就能对雀巢品牌的全数字化互动和社会参与保持全面的了解。不过，DAT 中心的功能并不限于监听。如果员工收到有关异常活动的警报，也可以直接与消费者或社区在线互动。例如，他们可以通过社交网络回答消费者的问题，也可以通过算法确定新内容发布的理想时间，以便最大限度地扩大读者群。此外，自动警报机制还能识别异常模式，例如特定主题的发帖量突然出现高峰的情况。[7]这样，一旦品牌发生危机，小组就能在第一时间采取行动，这一点在网民情绪几分钟内就能被激化（或逆转）的环境中十分关键。

该计划还有助于在雀巢的全球经营网点中传播超强感知能力文化。该计划的许多毕业生负责当地市场的全数字化营销工作。事实上，虽然 DAT 中心的超强感知能力给公司增加了巨大的价值，但雀巢还是主要将这项投资视为发展领导力的一种形式。公司高管明白，必须让超强感知能力成为公司运营的基础才能确保公司未来在全数字化旋涡中取得成功。

明智决策能力

明智决策能力是企业在特定情况下做出最佳决策的能力。要想获得出色的明智决策能力，企业必须充分发展周密的数据分析能力来增强人为判断力。预测性分析可以根据过去发生的事件显示未来的发展趋势。数据可视化可帮助决策者直观地理解复杂信息。视频和文本分析正在改变知识管理，能够帮助决策者更快、更容易地找到正确的信息。[8] 此外，随着 Apple Siri（苹果智能语音助手）和 AmazonEcho 的“拟人化”，人工智能的迅速发展也预示了未来的企业数据访问趋势。

将数据转换为见解的技术是明智决策能力的先决条件。遗憾的是，许多企业即使拥有做出正确决策所需的全部信息却还是失败了。企业经常会默默顺从某位高管的无知意见做出生死攸关的战略决策，有时候，这些决策会带来灾难性的后果。[9] 前英国首相本杰明·迪斯雷利的格言（他称谎言有三种，即“谎言、糟糕透顶的谎言和统计数据”）或许颇有一些见地，领导者决不能盲目受制于数据，在全数字化旋涡中，竞争格局的改变如此之快，昨天的真理可能今天就已不复存在。我们对 100 多家成功的初创企业进行研究后得出的一个最显而易见的教训就是：它们通过管理科学和反复学习相结合的方式制造颠覆，在制定决策时并不是很看重“过往的经验”或“直觉”。

明智决策的一个重要环节是进行有效的数据分析，并确保内部和外部专家能够获得必要的见解。不管这些专家在哪里、职位或级别如何，都应该在适当的阶段参与到决策过程中。所有相关方都应该有机会参与决策过程，哪怕他们会反驳高级管理层的意见，也应获得提供相反证据和中肯建议的机会。观点和视角的多元化有助于做出明智的决策，但是对企业包容性这个更大的任务而言，它也只是其中一个要素而已。

除了最大限度地丰富组织内的知识之外，企业还可以与客户、合作伙伴和第三方专家合作，获得新鲜的观点并质疑公认观点。在内部能力不足或决策需要佐证时，企业可以逐渐转向众包来寻找难题的答案并提出替代方案。

企业要始终做出明智决策必须对自身当前的优势和劣势进行评估。企业可以审视自己是否容易受到颠覆，如何才能提高自己为客户提供的成本价值、体验价值和平台价值，从而提高自身地位。一旦受到颠覆，企业可以明智地决定自己是通过与颠覆者开战还是占领不同的价值空地才能取得成功。它们还可以确定自己是否具备成功所需的合适技能和业务流程，或者是否需要进行变革。

明智决策能力并非只适用于企业的重大战略决策。大型企业若在整个组织中广泛传播业务见解，在业务流程中引入决策支持工具，并通过业务章程实现自动化决策，则每天可以做出数以千计的更明智的决策。业务流程的全数字化对“明智的”企业至关重要。（我们将在第 7 章探讨企业如何培养明智决策能力。）

明智决策能力应用实例：DHL

DHL（敦豪航空货运公司）的例子说明了如何在组织的普通员工中广泛实现明智决策能力。DHL 认识到，无论员工是在办公室、工厂车间还是在工作现场，将明智决策能力直接纳入业务流程和所有员工的工作流程可以实现巨大的价值。

DHL 是全球最大的快递公司，有近 50 万名员工在 220 多个国家和地区工作。该公司以 DHL 品牌提供各种服务，包括供应链服务、货运服务和快递服务等。[10]

该公司的大部分员工在仓库中、车上或其他物流相关设施中工作。DHL 的三大全球中心之一，每年要处理 4 600 万单国际货运。[11] 由于运营规模非常大，在整个公司分布广泛的营业范围内，

DHL 员工每天要单独做出数量惊人的决定。

为了帮助员工直接受益于明智决策带来的好处，DHL 已试行创新的全数字化功能。2015 年，该公司宣布与理光和可穿戴计算技术公司 Ubimax 合作，在位于荷兰的仓库中试验名为“视觉分拣”的技术。[12]（“分拣”是员工领取仓库库存物品供应客户订单的流程。）

DHL 为仓库员工提供了三周头戴显示设备，例如谷歌眼镜。有关仓库分拣流程的任务信息以图形化的“增强现实”格式投影到显示设备上。对于要分拣的物品的位置和数量，员工可以直接在视野中获得经过优化的准确信息。在试验期间，10 名员工共分拣 2 万多件物品，处理 9 000 张客户订单。

借助该解决方案，这些员工无须手动查找信息并做出数以千计关于分拣物品的小型个人决定即可完成任务。数据和分析被用于做出明智的分拣决策，员工们因此得到清楚的指导。

这可以使员工将重点放到更重要的决定和其他方面的工作上，分拣过程的工作效率也提高了 25%。[13]

DHL 的试验有力地证明，在员工工作流程中直接纳入分析可以带来翻天覆地的变化。而要实现这一点，并不需要仓库中的每个员工成为数据科学家。相反，分析技术能够让当前员工从事自己擅长的工作，并且会完成得更好、更快。在试点成功的基础上，DHL 正在考虑更全面地推广此功能。

快速执行能力

快速执行能力是企业快速高效地实施已制订计划的能力。遗憾的是，这种能力很罕见，尤其是在大型企业中，文化惰性、事后质疑、争权夺利、害怕失败和不愿意投入完成任务所需的资源等，都会拖慢行动速度。因此，行动的速度和质量始终是首席执行官应该优先关注的问题。[14]

正如我们在第 1 章中所看到的，初创企业在上市时间、试验和冒险等方面的表现优于现有企业。在颠覆者会猝不及防地出现而价值空地几乎一出现就会受到攻击的全数字化旋涡中，这几个方面对现有企业能否取得成功具有至关重要的意义。为了减少复杂性并加快行动速度，现有企业可以效仿初创企业的战略。虽然大多数大型企业都在努力加速推出新的创新型产品和服务，但通用电气的“快速项目”（FastWorks）计划却缩短了从概念到客户可试用的“最简化可行产品”的时间。然后，通用电气可以根据客户的反馈完善创意、改变方向或放弃创意。[15]

颠覆者擅长的另一个方面是利用“按需”资源瓦解从决策到行动的循环。快速执行能力有一个特征，那就是能够利用随需而变的第三方资源获得“爆炸性”专业知识。而所谓随需而变，就是指在有需求的时候快速扩充，而在需求消退后快速缩减。现有企业可以利用一系列应用和云服务，造就更加灵活的资源分配能力。当内部很缺乏或者在项目的特定阶段非常需要某种特定的技能组合时，这一点非常实用。“爆炸性”专业知识模式还能帮助企业避免招聘流程和传统外包中常见却耗时的知识提升过程。例如，Eden McCallum（一家英国管理咨询公司）提供的按需咨询服务不像大型专业服务公司那样收取高额费用并需要客户承担合同义务。现有企业无须聘请写手、富于创意的设计人员和程序员，而是可以通过 Upwork（一个综合类在线工作平台）和 Guru 根据需要与数以千计的自由职业者接触，或者借助 GitHub（一个面向开源及私有软件项目的托管平台）开发人员平台加快软件设计速度。正如我们将在星巴克的案例中看到的那样，拥有能够提供所需能力的生态系统并且准备好承受运营变革非常重要。

虽然人的因素在企业的行动速度方面发挥着巨大作用，但快速执行能力还包括工作流程的自动化。在许多情况下，机器的速度和精确度都要高于人类，这也是制造工厂的车间几十年来一直在提高自动化程度的原因。在亚马逊配送中心，员工和机器的活动紧密结合，以至于这一模式被称为“人机共生”。[16]（我们将在第 8 章探讨企业如何培养快速执行能力。）

快速执行能力应用实例：星巴克

全球最大的咖啡零售商星巴克[17]为快速执行能力提供了例证。2014 年，该公司意识到“排队焦虑”是阻碍销售的一个主要因素。如果必须排队等候购买商品，忙碌的消费者往往会放弃购物。因此，星巴克通过“手机订购和支付”（Mobile Order & Pay, MOP）计划积极追求新的体验价值（“即时送达”和“化繁为简”商业模式）。有了 MOP，消费者可以直接从星巴克手机应用中，根据自己喜好的温度和泡沫程度，以及自己期待能从星巴克得到的其他选项，选择喜欢的食品或饮料下单。星巴克从顾客的付款账户自动扣款，然后顾客可到门店中取走订购的商品，无须排队。星巴克还将该应用与店内分析和谷歌地图集成，让消费者能够远程查看邻近门店的预计等候时间。[18]此外，MOP 还能帮助听说有障碍的消费者下定制订单。

星巴克通过 MOP 提高了早前全数字化投资的回报，在手机支付方面收效尤其明显。据该公司报告，有 1/3 以上的顾客使用该应用进行手机购物，而通过该应用完成的交易占购买总额的 21%。[19] 在通过该应用完成的购买中，星巴克每笔交易的赢利也更多，因为这种购买能够促成交叉销售和冲动购买。该公司报告，MOP 使得“递增率和交易量显著增加”[20]，利润也因该系统免除了信用卡公司手续费而提高。

继 2014 年 12 月在俄勒冈州波特兰市推出 MOP 试点后，到 2015 年 9 月，星巴克已将此应用部署到 7 400 家门店。[21] 其可用性也从仅适用于 Apple iOS 移动设备扩大到包括安卓设备。星巴克首席数字官亚当·布罗特曼（Adam Brotman）在宣布全美范围内都可以使用 MOP 时说：“我们为顾客提供手机订购和支付是为了满足他们对方便性和定制的需求……这款应用的推出也是我们有史以来最快的一次技术应用部署。这一事实表明了我们全数字化生态系统的强大、我们的客户和门店合作伙伴对这款应用的接受程度，以及我们认为它对零售业的未来可能造成的影响。”[22] 接下来的一个月，该公司开始将该应用部署到英国的 150 家门店和加拿大的 300 家门店。[23]

有多少现有企业能达到这样的经营速度？有多少大型企业能够以这样的速度扩大同等创新的规模并带来如此广泛的回报？这不仅仅是一个 IT 问题。它在培训、人员配备、市场营销和工作区的实际布局方面都有巨大的运营影响。布罗特曼表示：“这相当于在门店中推出虚拟渠道。这是我们有史以来跨职能程度最高的一项举措。”[24]

汇总归纳

当在第 6 章到第 8 章探讨超强感知能力、明智决策能力和快速执行能力时，我们将看到，全数字化业务敏捷性的这三个阶段是一个连续的过程。我们可以分别研究这三个阶段，了解其基本逻辑和形成相应能力所需的步骤，但是如果认为这三个阶段完全互不关联则过于简单化了。这些能力相互间非常依赖彼此。让我们以曾经合作过的一家保险业公司为例，来说明如何将超强感知能力、明智决策能力和快速执行能力融会贯通，实现一项直接影响竞争力的具体业务成果：减少客户流失。

客户流失是保险公司面临的一个大问题，而且此问题随着全数字化颠覆的到来而显著加剧，因为只从事在线业务的保险公司和比较工具使价格更加透明（成本价值），并且更换保险服务提供商也越来越容易（体验价值）。在美国，GEICO 和 Progressive 这两家只从事在线业务的保险公司现在已跻身市场份额排名前五的汽车保险公司之列。[25] 埃森哲公司的研究发现，近 40% 的投保人可能会在年内更换车险或房屋保险的承保公司。[26] 或许更令人不安的是，多达 2/3 的消费者愿意向那些本身并非传统保险公司的企业（包括谷歌和亚马逊）购买保险。[27] 车险的客户流失率最高，但财险、医疗险、寿险和其他保险产品的客户流失率也并未落后多少；私人资本将大笔资金注入到各大以保险业为目标的颠覆性企业。[28]

保险公司身处这场颠覆之中且面临着情况进一步恶化的威胁，降低客户流失率会成为保险公司在收入和利润方面的巨大胜利。如果客户对保险公司的服务更加满意，他们不仅会留下来，还会向朋友推荐这家保险公司。根据贝恩咨询公司的研究，身为保险品牌“宣传者”的客户，其终身价值比“诋毁者”要高出近 7 倍，而在多出的这些价值中，保留率较高的客户占到 3/4。[29]

全数字化业务敏捷性如何帮助现有保险公司在向着全数字化旋涡中心靠近的行业中保持竞争力？为了说明这一点，我们要以一家美国首屈一指的保险公司为例，暂且称其为“AgileCo”吧，这是一家每年保费超过 150 亿美元的公司。在与其高管团队会面时，他们告诉我们，该公司汽车保险业务的客户流失率翻了一番，从 2008 年的 14% 提高到 2014 年的 28%，超过 1/4 的客户没有续保，这导致客户获取成本激增且利润下降。为了解决客户流失的紧迫问题，AgileCo 采取了一些具体措施，并设立了专门的联系中心来处理客户流失问题。每当投保人致电投诉或商讨取消保单时，该客户的电话就会被转接到联系中心，由经过专门培训的客服尝试劝说对方继续选用该公司产品。

AgileCo 专门的联系中心实现了 16% 的保留率。也就是说，在打电话来意欲离开的投保人中，仍有 84% 确实离开了。AgileCo 明白了提高客户保留率的重要性，并启动了一项计划来实现这一目标。

与所有保险公司一样，AgileCo 拥有大量的数据。它掌握着许多客户信息，包括人口统计特征概况（来自保单本身）、档案历史（索赔和赔付等）和通话记录（例如澄清和投诉）。这些数据非常宝贵，但 AgileCo 认为它们与收集自外部来源的数据相结合会更有价值。因此，该公司尽可能从公开来源收集更多数据，包括从车辆登记数据库及脸书和领英等社交媒体应用收集的数据。然后，AgileCo 将所有内容合并到一个数据存储库中。

除了有关投保人的具体数据外，AgileCo 还有数百万条来自联系中心的电话和电子邮件记录。它能够访问相关调停记录，这些调停的结果有成功（保留）也有失败（流失）。AgileCo 运用先进的分析技术分析这些数据，分析对象最初仅限于汽车保险投保人，希望从中得到有助于降低流失率的见解。

在很长一段时间内，AgileCo 的分析一无所获。虽然它对客户流失的可能性提出了一系列假设，但分析结果否定了其中的许多假设。它预计，诸如婚姻状况的近期变化或买车买房之类的生活状况变化，会对客户流失产生很大影响，可分析结果显示，虽然二者之间存在显著的关联，但实际因此流失的客户人数却不多。它还假设，成为客户的时间长短对流失率起着重要作用，但实际上并非如此。根据电话和投诉的数量，客户的满意程度的确与流失率有很大关系，但是同样，实际因此流失的客户人数远远少于预计。

尽管如此，AgileCo 并没有放弃。相反，它扩大了搜索范围，将更多数据源包括进来，而其中一个额外增加的数据源最终为它提供了其正在寻找的答案。答案不是来自投保人的数据，而是完全来自另一个来源——联系中心数据库本身，AgileCo 一直可以访问该来源中包含的数据，但从未收集过这些数据。AgileCo 注意到，当来电者与客服形成某些特定搭配时，保留率显著提高。特定来电者与特定客服之间的联系存在某种特质，能够带来更成功的结果。有些客服天生比别人更擅长保留投保人，但分析表明，还有更多因素在起作用。投保人的某些特征与客服的某些特征相搭配，就会产生更有利的结果，而不管其他因素如何。

这个答案属于非常人性化的相容性情况。某些客户与某些客服联系的效果更好，当发生这种情况时，结果更有可能成功。这种联系可以通过统计进行预测。例如，分析表明，当 30 多岁有年幼孩子的女性来电者与 30 多岁有年幼孩子的女性客服联系时，该客户保留的可能性显著提高。

这个新发现成为 AgileCo 的转折点。与世界上大多数联系中心一样，AgileCo 也遵循“第一个有空的话务员”规则，也就是说来电会转接给队列中下一个有空的话务员。这条规则背后的理由显而易见：致电联系中心的客户不希望一直等待。很直观的一点是，来电者等待的时间越长，其心情就会越沮丧，也就越有可能放弃通话。因此，第一个有空的话务员规则是以一个未声明的重要假设为前提的 —— 客服是可互换的（即所有客服大同小异）。

AgileCo 的分析对这一假设提出了质疑。它发现，客服的特征在以正确的方式与来电者的特征搭配时非常重要。因此，AgileCo 面临着一个选择：是保持当前根据“第一个有空的话务员”规则转接来电者的策略，还是改为新的制度，将来电者与相容的客服搭配。正确的决定似乎显而易见，是更改流程，但 AgileCo 却没有立即这样做，而且这种做法在现实中也很少见。“第一个有空的话务员”是联系中心操作规程中根深蒂固的一条规则。多年来，它经过千锤百炼的尝试和检验。在 AgileCo，这条规则已经制定了数十年。该操作规则不仅能正常发挥作用，也是呼叫中心员工、管理人员、高管、供应商和其他利益相关方都知悉、理解并信任的规则。不仅如此，由于该规则已经包含在大多数联系中心使用的软件系统中，改用新规则非同小可。

于是，AgileCo 决定开展一系列现场试验来检验来电者与客服相容性假说，这些试验最终证实了这一结论。时至今日，当 AgileCo 在其所有联系中心实施来电者与客服相容性规则后，其客户保留率已翻倍，从 16% 提高到了 32%。尽管许多来电者现在等待话务员的时间更长，但根据该公司的计算，改善的结果足以抵消这种不便。这些客户对出色的体验价值做出了某种程度的反应。他们之所以留下来，是因为他们获得了个性化的客户服务。在倾诉忧虑和挫折时，如果对方是与自己有着共同特征的客服，客户在交谈时会更自在，而对方也更能感同身受，因此客户会感觉更舒服。在本例中，全数字化业务敏捷性发现了一个将额外的体验价值注入客户价值主张中的潜在机会。这就是全数字化业务敏捷性所起的作用。

首先，AgileCo 认识到自己需要更全面地了解客户流失问题。由于现有数据不足，因此它开始寻求其他相关信息来源。这是获得超强感知能力的实例。它跳出传统的信息来源寻求见解，首先求助于公共数据库，然后在内部环境中扩大寻找范围。

超强感知能力不仅包括察觉外部环境变化的能力，例如客户或竞争对手的变化，我们将在第 6 章中看到，它还包括更细致入微地了解组织内的环境的能力，例如员工的特质、观点和想法等。

这些信息对 AgileCo 在这次转型期间的见解至关重要。然而，仅凭超强感知能力并不能解决该公司的客户保留问题：AgileCo 需要有效地分析新数据并根据得出的分析结果做出决策。它需要找到正确的关联并将其转化为有用的见解。但是对 AgileCo 来说，只找到有关来电者与客服相容性的关键见解还不够，还需要说服非常有经验的管理人员改变联系中心的运营方式，即将决策化为行动的方式。

盟友和对手

我们认为，全数字化业务敏捷性是一种立足于适应能力的新型竞争力的基础。全数字化颠覆是身处全数字化旋涡中的许多行业的新常态，在不久的将来还会成为许多其他行业的新常态。然而，只是了解这一点还不够，企业还必须积极发展和有效利用超强感知能力、明智决策能力和快速执行能力。在接下来的 3 章中，我们将逐一探讨每项能力，并介绍一些可供组织用于培养这些能力的全数字化技术和流程。

企业必须发展全数字化业务敏捷性的各项能力，才能与在市场上有所作为的全数字化颠覆者较量，才能占领很快就将会有颠覆者和传统竞争对手加入角逐的价值空地。如果缺乏全数字化业务敏捷性，现有企业就无法效仿颠覆者的商业模式，也不能成功施行战略以对抗“价值吸血鬼”、占领价值空地。这些战略的施行需要一定程度的敏捷性和连贯一致的执行力，到目前为止，除了少数著名的创新者之外，其他企业都力有不逮。

现有企业可以利用没有竞争关系的全数字化颠覆者的创新产品和服务来提高自己的超强感知能力、明智决策能力和快速执行能力。

全数字化颠覆者正积极进军人力资源、销售、营销和 IT 等业务职能领域。提供分析、人工智能和互联设备的新企业激增，使现有企业比以往更容易收集、分析数据并将其运用到自己的企业中。对业务流程外包商、IT 外包商、咨询公司和类似企业等已经在这些市场里服务的企业来说，这些颠覆者的出现无疑是坏消息，但是对所有其他企业却是个好事情，因为它们可以加快获得全数字化业务敏捷性的脚步。简而言之，在全数字化旋涡中，攻击你的企业并抢走你的客户的颠覆者是不共戴天的敌人，而帮助你培养击败这些敌人所需的全数字化业务敏捷性的颠覆者则可以成为你坚定的盟友。

第 6 章
超强感知能力

第一步

超强感知能力是察觉整个企业运营环境中（这里指员工与员工之间，员工与客户之间，以及更广泛的环境中）发生的情况，知晓哪些发展和格局将对组织造成影响的能力。发展超强感知能力是培养全数字化业务敏捷性的第一步。通过超强感知能力获得的信息对于推动能够产生预期业务成果的明智决策至关重要。组织如果不能在此阶段收集大量高质量的信息，就无法做出准确的决策，其后续行动的价值也会降低。失败的风险不只包括有可能错过的机会：在快速运动的全数字化旋涡中，因为情报不足而朝着错误的方向浪费时间，会将夺取价值空地和进军重要利润板块的机会拱手让给颠覆者。

我们的方法：追求利润并咨询专家

为了确定促进全数字化业务敏捷性的最重要因素，DBT 中心研究了 100 多家颠覆性初创企业的商业模式。我们与一些最具创新精神的企业的创始人和（或）首席执行官进行了深度访谈，了解了他们企业的价值主张，以及他们认为全数字化对超强感知能力、明智决策能力和快速执行能力有何促进作用。我们还与大型全球企业的高管和运营负责人进行了访谈。这些企业是许多不同行业（包括零售业、制造业和金融服务业）和地区（北美洲、欧洲、南美洲、亚洲）的企业的代表。访谈的目的是了解全数字化的促进因素和挑战、这些企业希望得到的好处，以及在培养全数字化业务敏捷性的过程中吸取的经验教训，特别是对大型组织而言。

本章将探讨企业如何通过部署最理想的技术、劳动力和流程创新组合来培养超强感知能力。具体而言，我们将研究企业如何培养两种对成功至关重要的超强感知能力：行为感知和情景感知（参见图15）。

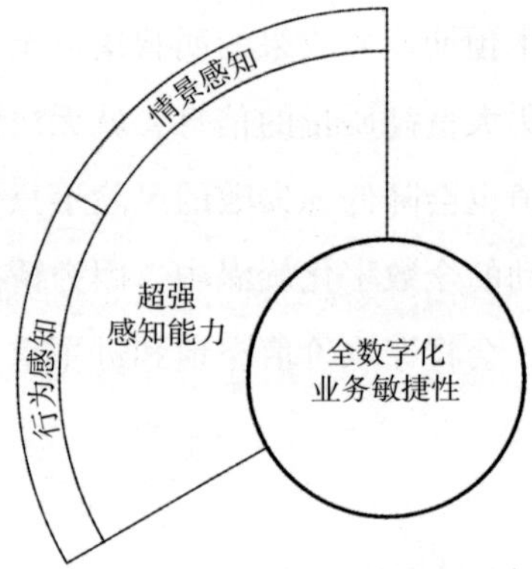

图 15　超强感知能力

资料来源：全球全数字化业务转型中心，2015年

行为感知

鉴于数据收集和分析技术的进步，我们从企业的员工开始讨论超强感知能力可能显得有些奇怪。但是，在技术看似至高无上的时代，人仍然是企业最重要的资产，也是企业了解客户和经营情况的关键情报来源。如果加以恰当引导，工作人员的集体知识和技能可以帮助企业找到下一个价值数十亿美元的市场。毕竟，颠覆性商业模式的动力源泉是能够创新、协作和敢于冒险的人。[①]

不过，人的价值并不仅限于组织的工作人员。归根结底，是客户决定了新的企业能否获得成功。而对现有企业来说，则是客户决定了哪些企业将占据市场主导地位而哪些企业将不复存在。无论是对于以消费者为中心的企业还是为其他企业服务的企业，这都是真理。企业必须对客户及其不断变化的需求和喜好保持超强感知。

组织要实现全数字化业务敏捷性，深入了解员工和客户的行为方式（例如，他们如何完成工作，如何购买和消费）、想法以及他们重视之物是关键的第一步。我们将此称为行为感知。

---

① 这个结论得到了思科一项针对私营企业的全数字化潜在价值的研究的支持，据该项研究预计，以人为中心的连接将推动 64% 的未来价值（2015 年到 2024 年），而由机器间的连接创造的只占 36%。Joel Barbier et al., “Where to Begin Your Journey to Digital Value in the Private Sector,” Cisco, January 2016, connectedfuturesmag.com/Research_Analysis/docs/Private-Sector-Digital-Value-at Stake.pdf

行为感知：员工

收集有关重要事物的信息是超强感知能力的基础。企业必须通过员工获得超强感知能力，因为他们是最接近客户和合作伙伴的人，也是高管决策的执行人。他们还知道顾客的喜好和不满，知道什么时候战略不起作用。在完成真正重要的任务时，他们会热情地投入其中。出于这些原因，企业也必须对员工保持超强的感知。这意味着企业要回答一些问题，例如“他们在做什么？为什么？”“他们是否付出时间、精力和智慧从事促进实现企业目标的活动并获得个人充实感？”

当企业通过员工获得超强感知能力并对员工保持超强感知时，它们就可以挖掘出丰富而全面的见解来源。事实上，管理层与员工之间的关系正在改变。为了留住人才并优化工作效率和创新，管理人员需要比以往更加了解员工，并尽可能为其量身打造工作体验，让他们充分发挥才干。借助对员工队伍的超强感知能力，高管们可以掌握员工了解的情况及其得知情况的时间，因为他们能够获得员工的见解、最佳创意，同时还有最重要的批评。此外，他们还能了解员工正在做什么、何时做，以及这样做的原因。如果企业没有注意到或成心忽视数以千计的工作人员的“人体传感器”，则很难做出明智的决策或者实施快速有效的行动。对工作人员来说，超强感知能力有两个关键要素。

- 从员工中收集有关内部和外部环境的信息，我们称之为“获得见解”。这包括向一线销售人员或客户经理了解客户重视什么，从工程师那里获得新产品的创意，从能够每天见证企业战略和高管决策好坏效果的人那里获得对这些战略和决策的坦率评价。为了从数以千计（甚至数以万计）的员工和承包商那里有效收集信息，企业必须融合相关技术，通过业务流程将员工的意见纳入决策和行动过程，从而为员工提供话语权。

- 在帮助员工安全有效地应对挑战的同时，进一步了解员工的目标和活动。通过我们称为“工作方式感知”的方法，企业可以收集并分析来自传感器、业务应用、协作工具和其他全数字化数据源的数据，了解员工完成工作的方式。通过这种了解，企业可以发现能产生积极成效并应在整个组织中推广的业务流程。

“获得见解”和“工作方式感知”这两种全数字化方法创造了新的获取员工智慧的途径，可以帮助企业做出更明智的决策。

获得见解：实时了解真实情况

在企业的普通员工中形成超强感知能力，存在着许多困难。在许多企业中，从高层领导到普通员工的单向沟通是一种常态。即使企业善于听取员工的意见，一线员工甚至中层管理人员也往往无法获得有效的实时沟通渠道，尤其是融入其日常工作流程中的沟通渠道。因此，企业并没有充分利用这种最好的早期发现机制来发现增长机会并解决问题。这些由企业自己造成的盲点也让感知超强的竞争者有机会发动新的颠覆。

对员工来说，提供坦诚的评价或坏消息甚至更加困难。在进行自下而上的沟通时，员工会想当然地认为，管理人员只欢迎能够证实管理层英明决策的信息。许多员工因为害怕报复而不愿向同事、管理人员和高层领导提供坦率的反馈。最终的结果是，大多数企业从员工那里收集的信息极少，远远谈不上感知超强（实时了解真实情况）。而且，员工一般会认为尽管某些高层管理人员的初衷非常好，但坦率提供反馈仍会扼杀自己的职业前途，因此企业真正获得的信息也会有所偏差。正如员工反馈初创企业 Memo 的首席执行官瑞安 · 詹森（Ryan Janssen）告诉我们的："这并不是因为你的员工怀有敌意，也不是因为你这个管理人员的表现很糟糕。自我保护是一种非常强的本能。你只会听到你想听的。如果往上三到四级管理层也是这样，那么最终的结果就是管理层闭目塞听。"

另一方面，有些企业却非常善于给员工提供话语权，并利用各种技术来获得宝贵的见解。其中许多技术来自全数字化颠覆者。例如，Dropthought（一家即时反馈平台授权公司）和 Glint（一家美国创业公司，通过人工智能和数据分析，为团队提供其健康状况的整体视图）率先使用文本分析和自然语言处理（NLP）来帮助企业分析来自数以千计员工的书面反馈和意见。这样，企业就能了解员工的情绪，并迅速确定最重要的话题。语音分析是用于获得员工见解的另一项创新技术。企业可以利用此技术收集员工的对话和口头意见，找到其中的共同议题并报告，无须耗费人力的收集和报告过程即可将其上报。Speetra 是一家语音分析公司，由它提供的一款手机应用可以让员工提供口头反馈而非书面反馈。这样，员工只需要花 5 到 10 秒的时间，就可以表达自己对公司政策、运营、客户需求和战略的想法。[1] Memo 的瑞安 · 詹森强调了在塑造企业文化时给予员工话语权的重要性："员工想要爱自己的公司。一些企业领导人实际上对此很难理解，他们不相信。人类性本善，一旦当人们没有话语权时，他们就会感到失望。"

也许最重要的是，企业可以使用这些工具实现数据收集和分析的自动化，从而向一线员工收集情报（这些员工与客户之间的关系最密切，互动也最频繁，但其拥有的分享自己见解的机会却最少）。数据可视化技术可以将员工的个人见解转换为易于解读的趋势。

最后，一些分析服务可以利用数据和分析撰写可媲美记者报道的简洁报告。借助自动化和分析技术，“员工意见”可以成为实时传感引擎，而不是从来没人查看的意见箱。

在全数字化旋涡中，企业必须迅速且频繁地发现价值空地，这些来自员工的意见将变得越来越重要。DBT 中心的研究表明，与初创企业相比，许多拥有庞大组织架构的现有企业很难发挥员工的创业潜能。因为一线员工通常掌握着客户重视什么和哪些流程更高效等最有价值的见解，所以忽视这些见解的企业会付出代价。全数字化员工反馈初创企业 Waggl 的联合创始人兼首席执行官迈克尔 · 帕佩（Michael Papay）告诉我们：“人们有一个很普遍的误解，认为领导层需要知道所有答案。但是事实上，他们不可能掌握所有正确答案。考虑到变革的速度和所需专业知识的精度，这显然不切实际。不过，沟通是成功的关键：清晰、频繁、真诚、透明地与能够提供其他视角和知识的员工和同事沟通。”

积极倾听

Inditex（一家西班牙时装零售集团）旗下的时装零售商 Zara 是一家擅长获得员工见解的公司。Zara 销售人员和管理人员的见解对其“快速时尚”的商业模式至关重要，因为这种商业模式的基础是察觉不断变化的时尚潮流，并抢在其过时前制成紧跟这些最新时装潮流的产品。Zara 培训门店经理和销售人员向客户征求有关其好恶和购买意向的反馈。他们还能表达自己对产品能否畅销的看法。在世界各地的 Zara 门店获得这些见解后，公司总部的产品设计师将对其进行评估。得益于 Zara 的纵向一体化结构，其位于欧洲的生产和供应链能够实现最快的生产线行动速度，在短短 10 天内就能让产品出现在门店。[2]

对 Zara 来说，最重要的一点在于，这种商业模式能够促使客户光顾门店购买自己想要的款式，因为服装是限量生产的，而且库存周转很快。对 Zara 而言，员工见解的质量和及时性有助于该公司确定哪些商品能够卖得动，而且这些判断很少失误。事实上，尽管 Zara 每年生产的产品种类几乎是竞争对手的 10 倍，但相比竞争对手高达 10% 的产品滞销率，Zara 的滞销产品还不到 1%。[3] Zara 的门店经理和员工并不仅仅是简单地汇报客户所说的内容，还要运用自己对时尚潮流的了解以及自身掌握的专业知识和能力提出正确的问题。在大多数零售商对一线工作岗位“去技能化”并降低对员工的要求时，Zara 却把员工看作公司的“耳目”，并为这些技能支付更高的薪酬。

要在鼓励跨职能团队建设（创新型企业的显著特征）的同时赋予员工有意义的话语权并为其创造力提供出路，创新竞赛和“编程大赛”是另一种有效方法。

思科采用众包方式定期举办创新竞赛，吸引遍布全球的 7 万多名员工参与。2014 年，思科推出一项全公司范围的创新挑战赛，希望能发现与物联网相关并有发展前途的价值空地。这次挑战赛对全公司的所有员工开放。结果，思科在一周内收到个人和团队提交的数百份提案。这些提案中有很大一部分涉及跨地域界线和业务部门的团队合作。最后，思科选出了 6 名半决赛选手，并将他们的创意提交给思科高管和主题专家小组。最终，3 种创意脱颖而出，被纳入思科的服务开发渠道中。许多提案阐述了思科如何才能利用物联网循序渐进地改进流程，从而提高运营效率并打破不同职能间各自为政的局面。其他提案则描述了如何大规模改变提供设计和商业模式的方法。初次举办创新挑战赛获得成功后，思科越来越频繁地推出此类竞赛。一些团队竞相制定商业模式，争取“种子基金”。获胜者可获得内部资源和高管支持，以开发新的思科产品或服务为目标，通过快速建立原型孵化他们的创意。

采用这些方法的企业务必要制定适当的内部流程来管理竞争，并得到管理人员和高级管理层的支持，以确保员工能够投入足够的时间参加创新挑战赛。有了这些措施，企业的好创意就不至于受困于等级制度或者被不愿承担风险的部门或不合作的人“搁置”，可以被充分地发掘出来。

打破障碍

多元化的工作人员队伍也能提高企业的超强感知能力。来自不同背景（与地理位置、教育、宗教、性别、民族、种族和年龄相关）的员工能够从独特的视角以互补的方式解读趋势并解决问题。他们还可以帮助企业从客户群的角度来看待问题，因为在许多情况下，客户群也日趋多元化。我们将在讨论明智决策能力时更详尽地探讨多元化问题。

并不是所有想法和意见都会受到企业的欢迎。通常，员工会持有一些与最高管理层相悖的强烈意见，大到战略方向，小到政策和规程的细枝末节。然而，当新思想对过时的思想或虚假幻想发起建设性的挑战时，员工与高管之间的意见分歧乃至严厉的批评都是健康的。正如老话说的那样：“阳光是最好的消毒剂。”组织必须对高管与企业其余员工之间以及中层管理人员和直接下属之间脱节的现象保持超强感知。他们需要趁着现在尚有时间做出改变，从员工那里获得坦诚的评价。如果让全数字化颠覆者、投资者或监管机构先发现他们的弱点，后果可能会更糟。

匿名反馈机制

打造鼓励坦率直言的文化对于以下组织尤其困难：员工基数庞大且分散在不同地理位置的组织、有着“保守”文化传统的组织，以及被裁员或争权夺利侵蚀了员工信任的组织。在这些情况下，匿名反馈机制[①]可以发挥重要的作用，帮助员工减轻对遭受报复的恐惧并确保企业内的坦诚沟通。通过这些在线反馈工具，员工就能安心地向高管、自己的经理、同事或整个公司提出创意和建设性的批评。想到要为员工提供表达批评的渠道，许多企业可能会感到不安。但是，它们可以通过许多方法征求坦诚的反馈，在尽量减轻敌意的同时，最大限度地发挥积极的影响。

一旦新的匿名反馈机制建立起来且非常易于使用，在某些情况下还会通过游戏化来增加反馈的趣味性。Officevibe 就是一个例子。企业借助这个自动化程度极高的匿名反馈平台，可以每周对员工进行一次民意调查，获知他们的想法并评估他们的满意度。

---

① 在讨论匿名反馈机制时，区分保密反馈与真正的匿名反馈很重要。许多企业提供的是保密反馈机制。这些企业使用保密声明向员工承诺，他们的回答不会与本人身份联系起来，通常采用的方法是制定一个最低数据汇总阈值（例如，至少汇总 5 名员工的回答）。但是可想而知，雇主可以采用属性数据和网络数据等多种手段确定员工的身份。因此，简单的保密声明往往并不能说服员工提供坦率的反馈。而如果采用真正匿名的反馈机制，因为有相应的技术或流程措施（例如自动删除所有可识别个人身份的信息）或使用第三方平台来管理反馈、数据存储和分析，雇主就无法将回答与员工个体联系起来。现在，越来越多的雇主需要向员工证明他们的反馈是真正匿名的，例如，通过解释用于保证匿名的技术或安全机制来证明。

Officevibe 的 "FaceGame" 可以帮助办公室里的每个人记住同事的面孔和名字，而 "PraiseGame" 则让向同事提供反馈的过程成为一种积极愉快的体验。此类功能可以鼓励坦诚的反馈，同时缓和往往会引起对方反击的尖锐批评。据 Officevibe 报告，它的调查回复率是行业平均水平的 3 倍以上。[4]

一些匿名反馈机制不仅允许员工个人提交反馈，还允许其对同事提供的反馈匿名表示"赞同"或"反对"。这样，企业就能透明高效地发现工作人员的集体情绪，然后确定某个想法或批评是否受到广泛支持。在谷歌的发展历史中，它很早就认识到打造开放式交流文化的重要性。作为"20% 时间"创造性思维的项目之一[5]，谷歌员工塔利韦 · 希恩（Taliver Heath）设计了一个名为 Dory①（多莉）的在线平台，供员工个人在会议上匿名提交问题。其他员工可以对这些问题投赞成票，得到最多回答的问题会实时上升到列表首位。Dory 很快被采用，在谷歌的每周"全体人员"会议上使用，让主持人可以发现并解决员工心目中最紧迫的问题。Dory 是典型的匿名反馈工具，解决了一个有关坦率直言的重要难题：害怕在大庭广众之下谈论敏感话题。我们对 800 多家企业进行的研究证实了这一难题的广泛性。研究显示，只有 33% 的员工能够在此类公司会议上自在地说出自己的想法。[6]

匿名反馈机制还可以提供一个渠道，让相反的观点或对某些行为的不满浮出水面。虽然这些信息可以使企业及其利益相关方受益，但许多员工担心尴尬或害怕被当成告密者，或担心这种标签会导致其职业发展停滞（或更糟的情况）。不过，当员工知道自

---

① 得名于电影《海底总动员》中那条好管闲事的鱼。

己的身份受到保护时，他们就会更倾向于帮助雇主避免失败的产品发布、代价高昂的诉讼乃至失去生命的情况。正如麻省理工学院埃德加·沙因教授的著作中所说："在飞机失事和化工事故中，在罕见但严重的核电站事故中，在美国国家航空航天局挑战者号和哥伦比亚号灾难中，以及在英国石油公司墨西哥湾漏油事件中，有一个共同的发现，那就是级别较低的员工掌握着本可阻止或减轻事故后果的信息。但这些信息要么没有向上级报告，要么被忽视或无视了。"[7] 匿名反馈机制有可能防止这种惨重的损失。

工作方式感知：估量员工的工作方式

超强感知能力除了能发现员工知道什么，还能发现员工做了什么。只有了解员工如何工作和与谁合作，了解他们使用的工具和他们生产的产品，企业才能做出必要的改变，确保每个员工都能帮助企业实现重要的集体目标。知识型员工[①]的增加令我们想要了解员工如何完成工作变得更加复杂。知识工作往往是无形的，

---

① "知识型员工"一词是彼得·德鲁克在 1957 年提出的，当时他通过观察发现："在 21 世纪，无论是商业机构还是非商业机构，最宝贵的资产将是知识型员工及其生产力。"这一部分劳动力随时间推移而增长，据当时的估计，2015 年知识型员工占美国劳动力的 44%。解决非常规问题、运用隐性知识、搜寻信息、协作和执行其他认知任务是知识工作的特征。但这并不意味着所有知识型员工都整天坐在办公桌后面。事实上，许多曾经定义为体力劳动的工作已经变得更符合知识工作的特征。例如，在一些制造行业，工厂车间的生产工人通常必须非常训练有素，而且必须运用自己的经验和技能来解决非常规问题。详情请参阅：Peter Drucker, *Management Challenges for the 21st Century*, (Oxford: ButterworthHeinemann, 1999), p. 116, and William G. Castellano, *Practices for Engaging the 21stCentury Workforce: Challenges of Talent Management in a Changing Workforce* (Upper Saddle River, New Jersey: Financial Times/Prentice Hall, 2014), p. 22.

不像体力劳动及其产物那样可以直接观察和衡量。因此，企业对员工如何完成工作通常了解不多或根本不了解。对许多组织而言，“工作”就像不透明的黑箱子，看不到里面的活动。因此，雇主很难发现可以提高员工工作效率并帮助组织提升业绩的方法。事实上，管理大师、教育家和作家彼得·德鲁克称知识工作“奇异地无效率”。[8]

包括物联网、分析和协作平台在内，一些全数字化技术的融合通过工作方式感知让知识工作变得更加清楚。这种方法对来自传感器、业务应用、协作工具和其他全数字化数据源的数据进行分析。其结果可以让企业更清晰地了解员工如何相互沟通和协作，了解员工的实际举动以及他们完成具体工作任务的方式。察觉并了解这些方式后，组织就可以采取措施改善员工完成工作的方式。

思科预计，到 2020 年，连接到互联网的设备数量将达到 500 亿部。[9] 这数百亿互联设备能够以超乎想象的方式实现数据捕获。而通过分析这些数据，例如通过分析员工的“智能”胸卡，企业就可以了解员工进行协作和完成工作的方式。

Humanyze（一家由麻省理工毕业生成立的初创公司）提供员工用智能胸卡，每张胸卡约扑克牌大小，嵌有 4 种传感器：一个蓝牙传感器、一个加速计、一个红外扫描仪和两个麦克风。该胸卡可捕获 40 种信息，相当于每天约 4GB（十亿字节）的数据，因此企业能够详尽地确定员工的工作和沟通方式。例如，胸卡可以察觉两个人在交谈，并检测到谈话的详细动态，比如谈话时间、插话模式和语气等。此外，胸卡还可以跟踪员工的动作模式，比如可以探测员工在谈话过程中探身前倾时的动作——这是他们参与讨论的信号。

企业可以将来自胸卡的数据与协作系统数据或绩效数据等其他信息源汇总，然后加以分析，并通过数据报告控制面板提供给管理层和员工。这种创新的工作方式感知方法产生了一些令人深思且颇有助益的结果。美国银行使用这种胸卡来了解呼叫中心员工的工作效率与社交互动之间的关系。通过改变团队排班方式（甚至通过重新安排午休时间来鼓励员工加强互动），该银行的工作效率提高了 10%，员工离职率下降了 70%。[10]

随着传感器的种类和能力增加，而成本持续下降，我们预计工作方式感知方法的使用也会有所增加。Steelcase（一家办公家具企业）等制造商在办公家具和建筑物中嵌入传感器来了解员工如何互动。[11] 家具生产商 Herman Miller 和物业管理公司 Jones Lang LaSalle 都在试验通过空间使用传感器来了解员工如何使用会议室。这可以帮助企业优化未来的工作场所设计。[12]

电子邮件、思科网真和社交平台等协作系统提供了大量可用于推动工作方式感知的数据。应用供应商 VoloMetrix 能够帮助企业分析来自企业通信系统的数据，推动实现组织简化和员工工作效率等成果。例如，企业领导者可以通过数据可视化查明哪些团队之间会相互沟通以及沟通频率如何。员工可以收到保密的每周控制面板报告，了解自己相比同事在电子邮件和会议上所花的时间。企业可以使用这些信息建立最佳实践的基准，并确定需要提高协作技能和总体效率的员工（和团队）。最重要的是，此数据可以显示具体的最佳行为和工作方式，而不是只提供一般性反馈。

使用工作方式感知软件的企业已经在员工浪费时间的活动方面发现了一些令人惊讶的模式。例如，全球最大的计算机存储制造商之一 Seagate Technology 发现，它们的一些团队每周开会的时间超过20个小时，还会在不必要的电子邮件上浪费数千小时。因此，该公司改进了协作方法。[13]

为了更有效地在全数字化旋涡中开展竞争，企业必须确保员工从事的工作最终有助于创造客户价值。事实上，企业只需要减少浪费时间的活动并引导员工朝着更富有成效并且与组织目标一致的方向努力，就能提高自身的成本价值。考虑到前文所述的衡量知识型员工工作效率的难度，有助于量化员工活动价值的工作方式感知可为现有企业带来竞争优势，因为它能确保有才能（通常报酬也很高）的人从事有价值且回报高的工作。

工作方式感知有可能改善员工的绩效和敬业度。然而，领导者也必须考虑一些重要的问题；根据我们进行访谈的企业家和高管的看法，隐私问题是采用这种方法时遇到的最大困难。考虑到员工的合法权益，这一领域的创新者正在尝试用不同的方法解决隐私问题。Humanyze靠的是选择性参与，并提供合同保证不会与包括雇主在内的其他方共享个人的数据。VoloMetrix则是从分析中删除可识别个体身份的信息，只向雇主显示团队或企业级别的汇总数据。在部署工作方式感知功能时，企业必须非常清楚地向员工和政府监管机构说明隐私保护措施。

行为感知：客户

以往，有关向客户进行营销和销售的许多决策都基于人口统计学和消费心理学研究，例如客户调查、关注群体和人种学研究。这些信息来源越来越不适合全数字化时代。开展客户调查需要3~6个月的时间，届时它为组织提供的客户见解可能已经过时，从而导致产品或服务开发决策不符合客户当前的期望和需求。

此外，有关消费者的传统知识来源，例如人口统计信息，其价值也在下降。由于消费者的行为模式千变万化，无法再归入典型的客户群体之中，因此人口统计数据越来越不能完整地代表现代消费者的全貌。这种“超越人口统计学的消费主义”所揭示的结果，可能会让紧紧抓住以往客户角色不放的企业感到困惑。以英国为例，女性占电子游戏玩家的大多数，而2012年到2013年，推特上增长最快的人口群体是55~64岁这个年龄段的人。[①]

发现隐藏的模式

全数字化技术（特别是手机和传感器）正在扩大组织感知客户的沟通和消费方式的视野。组织究竟可以切实了解客户行为的哪些方面？这种新的超强感知能力正在重新定义其本质。企业现在始终有个开放的窗口可以了解客户的行为方式，而不是只能在“即时快照”（例如焦点小组讨论）期间观察客户行为。这种超强感知能力为企业创造了前所未有的机遇，让它们能够了解客户需要的成本价值、体验价值和平台价值，然后通过全新或改良的产品或服务提供这种综合价值。

如今的智能手机中包含数量激增的各种传感器，其中包括用于测量运动和方向的加速计与陀螺仪、用于定位服务的磁力仪和GPS（全球定位系统）芯片、用于感应温度和光照强度的环境传感

① 根据研究和咨询公司Trend Watching的报告：“所有市场中各个年龄段的人在塑造自己的身份时，都比以往任何时候更加自由。因此，消费模式不再按年龄、性别、地点、收入、家庭状况等‘传统的’人口群体定义。” “Post-Demographic Consumerism,” Trend Watching, accessed April 6, 2016, trendwatching.com/trends/post-demographic-consumerism/

器，以及日益增多的健身传感器，例如心率监测仪和计步器。[14] 企业甚至不再满足于传感器的数据，开始探索根据手机使用情况得出见解的方法。三星的研究人员发现，通过监控某些手机使用模式，例如打字速度以及使用“退格”和“特殊符号”键的频率，可以运用机器学习算法预测一个人的情绪状态，其准确率达到 68%。[15]

包括 Branch.co 和 inVenture 在内的一些颠覆性初创企业通过提供根据消费者的手机使用模式评估其信用的手机应用，彻底改变了发展中国家和地区的金融贷款。在许多国家，有几亿的消费者很少使用银行服务，缺乏可靠的数据意味着许多人没有信用记录，这种类型的超强感知能力正是这些国家所迫切需要的。这些初创企业提供的应用最多可跟踪每个消费者的 1 万个数据点来对其进行信用评估。这些应用的用户同意共享自己的手机数据，用于换取获得贷款的能力。如果他们被鉴定为风险不高，则可以立即获得批准，并直接通过手机获得资金。许多借款人是小企业的业主，他们利用贷款来购买燃料和库存等。从这个意义上来说，这些应用不仅扩大了个人的机会，也提高了本地商业市场的增长潜力。

用于获取和分析手机使用情况的新方法产生了令人深思，有时甚至与直觉截然相反的结果。例如：这些应用已经发现，消费者越快用完手机上的电，其信用就越低；还有一个发现是，肯花精力在手机上输入联系人姓氏的人信用更高。这些应用的例子很好地说明了感知超强的颠覆者是如何利用全数字化技术和流程瞄准价值空地的。如果不能通过非传统来源（手机）收集到数据，这些企业也没法在这个规模可观但服务欠缺的市场占据一席之地。

根据慈善投资公司 Omidyar Network 的数据，这些应用可以使新兴经济体中的 3.25 亿到 5.8 亿人获得消费贷款。[16] 这些应用还可以加速美国等发达国家的贷款发放过程，那里办妥一笔抵押贷款平均需要 46 天的时间（我们在第 3 章微信的例子中提到过使用移动设备进行信用评分和办理贷款的创意）。[17] 此外，有些借款人会利用“简易型”抵押贷款获得自己无法偿还的贷款，这也是引发 2008 年金融危机的因素之一，而这些应用可以准确评估此类借款人的信用，因此也有助于防止不良贷款行为。①

全数字化与实物数据来源相结合

一些企业正在探索将通过移动设备实现的超强感知能力与实物资产、产品或服务结合起来提供各种新价值的方案。2016 年 2 月，在美国部署和管理着数万块广告牌的 Clear Channel Outdoor Americas（美国清晰频道户外广告公司）宣布将与 AT&T（美国电话电报公司）和几家其他技术提供商合作，向包括洛杉矶和纽约在内的 11 个市场推出名为 Radar 的服务。[18] Radar 跟踪并汇总手机使用情况数据，以辨识广告牌附近经过的人群及其行为模式。这些数据可以与门店的顾客光顾数据相关联，为广告客户提供有关广告牌观众的详细信息，例如他们的平均年龄和性别，以及他们看过广告后是否光顾了打广告的门店。据 Clear Channel 及其合作伙伴称，所有数据都是汇总的匿名数据，因此不会识别消费者

---

① 随着银行寻求增加贷款业务量，这些抵押贷款行为正在卷土重来。虽然本书的分析重点是私营部门，但我们可以看出超强感知能力帮助监管机构等公共部门组织发现和防止欺诈的潜力。Kirsten Grind, “Remember ‘Liar Loans’? Wall Street Pushes a Twist on the Crisis-Era Mortgage,” *Wall Street Journal*, February 1, 2016,wsj.com/articles/crisis-era-mortgage-attempts-a-comeback-1454372551

的个人身份。

Radar 将包括移动、云和分析在内的技术与物理环境（例如路边的广告牌）融合，使营销人员对消费者的超强感知能够达到以前不可能达到的水平。Radar 针对鞋业公司 Toms 进行的初步测试表明，该服务可以推动提高品牌知名度和购买量的广告决策。[19]

物联网的发展在构建客户行为超强感知能力领域打开了很多机遇之窗，例如通过联网的腕带等可穿戴式设备。根据研究公司——国际数据公司（IDC）的数据，制造商 2015 年的可穿戴式设备出货量达到 7 800 万件，比上一年增加 172%。[20]

2013 年，迪士尼在位于佛罗里达州奥兰多的迪士尼世界主题公园推出斥资 10 亿美元研发的 MagicBand 系统。MagicBand 是内嵌射频识别（RFID）芯片、无线电收发装置及其他技术的电子腕带，能够让游客以自动无缝连接的方式完成几乎所有与观光游览相关的活动。游客甚至可以在到达公园前就计划好想光顾的游乐设施和景点，该系统会为他们提供最佳路线方案，使其最大限度地减少往返周折，尽量留出更多游玩的时间。游客可以使用 MagicBand 进入公园（无须出示门票）并为食物和商品付款，一切都不用操心。游客只需用 MagicBand 触碰遍布公园各处的自助服务机，即可办理游乐设施的登记手续并获得服务。该系统的总体目标是在各个方面化繁为简，让游客专心享受游玩体验，而不是排队或在收银机前付款。

迪士尼的 MagicBand 系统帮助该公司获得了对许多游客行为的超强感知能力，而以前迪士尼对这些行为知之甚少。例如，MagicBand 可以跟踪游客在园内的行走路线、购买的物品、光顾的游乐设施，甚至还包括游客在餐厅所坐的餐桌。具备这种超强感知能力是实现明智决策能力和快速执行能力的第一步。反过来，它也改变了迪士尼的游客体验。[21] 迪士尼将继续使用全数字化技术提高对消费者行为的感知能力，而且这种使用还会不断发展完善。该公司早前宣布，耗资 55 亿美元的上海迪士尼乐园在 2016 年春季开园时不会部署 MagicBand 平台，而是会让游客使用自己的手机实现入园、购物消费和游览游乐设施等许多相同的功能。[22]

超越以往，更清晰地了解客户

除了了解行程和手机使用模式等消费者行为之外，企业现在还在培养能够让它们弄清客户情绪的超强感知能力。想象一下，当你早上上班坐进汽车时，你的汽车已经知道你的情绪是高兴、忧虑还是生气。然后，它可以调整车内环境（例如音乐、车内温度或上下班路线），从而优化你的交通体验（典型的“定制”体验价值）。有远见的企业现在正在培养超强感知能力，让自己能够像朋友、配偶、伴侣或家人一样分辨客户的情绪。然后，企业可以借助这种认知，根据客户在特定环境中的独特需求和期望为客户打造量身定制的体验，并通过出售这些见解（例如，卖给品牌营销商）来赢利。

企业如果能够利用超强感知能力与客户建立基于情景的情感联系，就可以在关键时刻改变客户的行为。出自麻省理工学院的 Affectiva（一家致力于“情感识别”技术的初创企业）通过分析 390 万张以上的面部图像，已经建立了世界上最大的“情绪数据库”，数据点超过 400 亿个。[23] 该公司的客户能够通过基于云的“情绪即服务”模式部署情绪感知功能，该模式包括相关的编程工具，可供开发人员用于将功能嵌入手机应用和其他全数字化解决方案中。Affectiva 的服务使用摄像头（例如网络摄像头和手机摄像头）来识别能揭示个人情绪状态的面部表情模式。这为零售商、医疗服务提供商、政府部门、娱乐公司和其他企业等提供了数不胜数的机会，让它们得以深入了解客户，从而为客户量身打造自己提供的体验。

好时公司是北美最大的巧克力制造商，它已将 Affectiva 的情绪感知功能嵌入被称为“微笑采样器”的自助服务终端内。微笑采样器能诱使顾客走进百货商店中行人不多的过道内（通常是放置糖果的地方），并请他们用微笑换取免费的巧克力样品。自助服务终端上的 iPad 使用面部识别软件来检测微笑，然后发放样品。由于该软件能识别面貌，因此它只会给每个人发放一份样品，而面貌比对数据则会在 24 小时内从机器中删除，以保护消费者的隐私权。[24]

当好时公司经过研究发现样品是消费者在购买巧克力时最想要的东西时，它安排了店内设备试点。好时公司希望利用这种系统引导购物者走过摆有巧克力售货机的过道，并在顾客到达售货机时通过这种方式与顾客建立情感联系。该公司还希望将此方法扩大到其他类型的产品，有 4 家大型零售商已经表示对部署该系统感兴趣。[25]

培养更加深入的洞察力

全数字化技术和流程可以帮助企业形成超强感知能力，使客户和员工的互动能够建立更加稳固的关系。Cogito（一家声音分析软件公司）是发源于麻省理工学院的另一家公司，开发了适用于呼叫中心的语音分析软件。该软件在客户和呼叫中心客服交谈时实时分析双方的语音模式。它可以根据语速、停顿、插话模式、嗓音的音调等独有的语音特征确定来电人的情绪状态，包括他们是否感到恼火或困惑。与此同时，该软件还能分析呼叫中心客服的语音模式，用于提醒他们沟通是否有效或者是否表现出了同理心和信心。该软件在屏幕上为呼叫中心客服提供显示实时建议的可视化指南。这可以帮助他们不断根据情况调整自己的说话风格，从而提高客户满意度或达成销售。

一家大型医疗保险服务提供商试用 Cogito 的软件来分析使用该公司呼叫中心的 30 万名会员之间的互动。该软件能辨认出会降低会员签约新服务概率的谈话模式，让客服得以实时调整自己的说话风格。结果，客户参保率提高了 4%，利润提高了数百万美元。[26] 我们在第 5 章介绍过 AgileCo 的呼叫中心方法，它发现保留客户的关键因素是客服与投保人之间的“个人联系”，考虑一下用此类分析增强 AgileCo 方法的效果吧。

前文介绍的用于培养行为感知的全数字化技术和流程需要依赖一些收集员工和客户信息的新方法，其中包括手机跟踪、面部识别技术和语音分析。这些方法哪怕在 10 年前都还没有得到广泛使用，但现在已经普及开来。技术演进的步伐不太可能放缓，个人数据收集的速度也不太可能降低。（仅脸书每天就要收集超过 600 兆字节由其用户提供的个人数据。）[27] 当然，跟踪个人的动作、情绪状态和社交关系的能力也引发了真正的隐私问题，但对这一重要话题的深入探讨并不属于本书的范畴。不过，企业、技术提供商和政府肯定会在不久的将来解决此问题。

情景感知

到目前为止，我们一直在重点介绍超强感知能力，因为它关系到帮助组织提升价值的人 —— 组织的员工和客户。然而，正如人的因素对企业取得成功的重要性一样，对许多企业来说，管理实物资源和基础设施甚至是更大的难题。不仅如此，所有企业还必须应对宏观经济力量、监管制度、竞争变革和技术趋势所带来的挑战。简而言之，企业必须发展情景感知能力[①]，我们将其定义为发现组织的商业环境和运营环境中的变化并了解哪些变化至关重要的能力。

情景感知：商业环境

对商业环境的情景感知是指察觉市场上（包括企业的客户群、竞争对手和合作伙伴生态系统）与组织使命相关的变化。这项能力包括能够获得有关客户情绪、宏观经济和行业趋势、竞争对手举措、合作伙伴活动以及尤为重要的全新数字化技术和商业模式的见解的能力。[②]

作为产品定价的大师，亚马逊凭借的是强大的情景感知能力。该企业使用软件代理不断扫描竞争对手的网站，收集数百万种产品的竞争价格数据。然后，它利用此情报动态降低价格以从竞争的零售商那里吸引客户，或动态提高价格以实现利润最大化。根据电子商务定价软件供应商 Boomerang Commerce 当时的估计，

---

① 情景感知一词源于军事用语“态势感知”，原本是指在空中“缠斗”时观察和了解敌机以便预测其下一个举动并先发制人的能力。

② 在某些情况下，对客户的行为感知和对“商业环境”的情景感知可能会相互渗透。前者主要侧重于了解客户个体的行为，而后者则是从范围更大的客户群体中得出的更加宏观的趋势和学问。拥有对所有个体客户的行为感知可以积累微观数据并产生宏观见解，在企业情景感知所处商业环境的过程中发挥作用。

2014 年节日季的价格变动达 100 亿美元。[28]

如果亚马逊对竞争对手的定价没有巨大的超强感知能力，就不可能采取这种动态的定价战略（我们将在第 8 章更详细地讨论动态定价）。亚马逊甚至发布 Price Check 应用（现在的 Amazon Shopping 应用），将这种超强感知能力扩大到自动在线价格检查以外的现实世界。该应用于 2011 年发布，消费者可以通过该应用使用手机上的摄像头在商店购物时扫描产品条形码。然后，他们会收到相同产品在亚马逊上的定价信息。此功能可以让客户迅速查出商店里的价格是否确实最优惠，并为他们提供了立即以更低价格从亚马逊购物的选择。它还将使用价格扫描功能的用户变成了促进亚马逊实现超强感知能力的助力。因为每当消费者在商店中用该应用扫描商品价格时，亚马逊都会获得该数据，并将其用于自己的定价决策。[29]

Recorded Future 是一家获得近 3 000 万美元融资的全数字化颠覆者，其投资者包括 Google Ventures（谷歌风险投资基金）和美国中央情报局的风险投资部门 In-Q-Tel。Recorded Future 建立了一个平台，不断挖掘在线公开数据，以便识别网络安全攻击的隐患。其数据来源包括新闻、博客、公司档案、社交媒体，甚至还有“地下”论坛上的黑客对话。Recorded Future 对这些数据进行精密的分析，包括自然语言处理（NLP）和机器学习，分离出可能表明潜在安全威胁的信号。Recorded Future 的客户包括一些世界上最大的企业，它们可以将这些信号与从它们自己的系统（例如防火墙）收集的安全数据结合起来，从而采取主动措施来防范未来的攻击。[30] 在 Recorded Future 的例子中，超强感知能力不仅在察觉和了解竞争变革方面发挥着重要作用，而且还能帮助企业发现实际或经济上的危险。

在第 5 章中，我们介绍了雀巢如何组建数字促进小组，从各种社交媒体服务中收集有关其品牌的实用情报。事实上，对全球各地希望获得有关自己所处商业环境不同方面见解的企业来说，社交媒体监听已经成为一种关键的竞争手段。2013 年，通用汽车创立全球社交媒体专家中心（CoE），由分布于 5 个地区的大约 600 名员工组成。这个新组织的目标是在社交媒体领域形成超强感知能力，为公司“根据市场情况进行决策”提供支持。

CoE 位于密歇根州底特律的通用汽车公司总部，大厦占地 6 200 平方英尺（约 576 平方米），由各种全数字化技术（包括协作和分析）提供支持。该中心的员工积极监控数百个由通用汽车和第三方所有的社交网站和车主论坛，平均每月累计监控超过 6 000 次客户互动。[31] 通用汽车的社交媒体监听工作的行动意图说明了获得信息并非其目的，而仅仅只是开始。该公司借助 CoE 带来的超强感知能力，通过多种方法与客户建立关系，包括推广公司品牌、吸引客户参与在线讨论，或者解决客户通过社交平台提交的具体问题。[32]

超强感知能力对全数字化旋涡中另一个日趋重要的领域——合作伙伴生态系统也是至关重要的，对那些依赖复杂供应链的组织来说尤其如此。全数字化颠覆者正在开创新的方法，借助新技术使合作伙伴的经营状况具有更好的可视性。

Segura Systems 是总部位于伦敦的供应链可视性应用供应商，该应用可帮助零售商和制造商跟踪其供应链的每个环节，包括贸易伙伴的供应链环节。通过提高供应链的可视性，Segura Systems 的应用可以减少童工和奴役等侵犯人权的行为。一些大型零售商

（例如英国百货公司 Debenhams）要求供应商在该软件平台中记录自己供应链的每个环节。[33] 由于该系统是基于云的，所以公司的供应商无论规模大小或所在位置，都可以轻松地访问系统。这样，组织就可以对其供应链合作伙伴的互动进行完全透明的实时审计追踪。该系统还可以帮助零售商确保其出售的商品只通过事先批准的符合公司根据相关劳工法规制定的政策的制造商和分包商采购。[34] 价格低廉但不遵守经营规范的分包商将无法访问该软件平台，因此也就没有资格参与商业贸易。除了督促 Debenhams 及其他零售商履行企业社会责任（CSR），该系统还能给企业施加提高职工劳动条件和保障职工安全的压力。

情景感知：运营环境

组织在商业环境中固然面临着压力，但其所面临的最大管理难题却往往来自其运营环境。运营环境包括各种实物资产，例如石油钻井、制造工厂、车队、建筑物和其他企业用于交付其销售的产品或服务的设施。运营环境的复杂性已经在迅速增加，因为供应链是全球性的，而且许多行业的供应商数量正在激增。在许多全球性企业中，其实物资产的组合已达到前所未有的规模。例如，全球物流公司 FedEx（美国联邦快递）的车队有 4.3 万辆送货车，它的快递员每天驾驶这些车辆累计行驶 250 万英里（约 402 万千米）。[35] 能源公司 BP（英国石油公司）的业务遍布 70 多个国家和地区，每天生产 330 万桶石油，经营着 17 200 个零售点。[36] 如此大规模的运营范围给那些希望跟踪资产情况或状态并提高运营效率的组织带来了严峻的挑战。

正如我们看到的那样，在全数字化旋涡中，物联网是推进超强感知能力发展的关键全数字化要素。企业若能够对包括庞大的实物资产在内的自身运营情况保持超强感知，就能从制造业等资本密集型行业中脱颖而出，对跨国企业来说尤其如此。思科和日本工业机器人制造商 FANUC 已合作开发名为“零停机时间”的解决方案，以帮助制造商实时感知工厂车间中每个机器人的状态。该解决方案能使企业从机器人那里获取一系列操作和维护数据，并在工厂车间进行分析，然后将数据传输到基于云的分析平台，以便在出现任何问题之前主动进行维护。例如，企业可以提前确定对某种更换部件的需求，从而提前将其运到工厂中，为下一个计划维护时段做好准备。FANUC 和思科在通用汽车一项涉及约 1 800 个机器人的试点项目中测试了该解决方案。该测试为通用汽车节省了大约 3 800 万美元，在此成功的基础上，通用汽车制订了更广泛地部署该解决方案的计划。[37] FANUC 的“零停机时间”是第 2 章所介绍的“数据协调者”商业模式的范例。

现在，我们来看看在另一个行业的环境下情景感知会如何，这个行业在我们谈到全数字化变革时一般不会被想起，它就是采矿业。正如我们在第 1 章中指出的，在全数字化旋涡中，随着各个行业向旋涡中心移动，可以数字化的一切都会被数字化。在采矿业中，有些要素是实物，并且以后也仍会是实物。但是，利用全数字化技术提高实际“挖掘和搬运”的效率和安全性，从而提高竞争力，这一前景却拥有巨大的潜力。例如，虽然在某一特定时间，可能许多作业地点有数百名工作人员在地下，但来自矿井的信息却不多。真正出现的信息往往是每隔 8 小时矿工和监督员下班后偶尔发出的纸质记录。这造成了矿井运作方式的严重低效。

更糟糕的是："盲"操作会危及工人的安全。

加拿大 DPM（邓迪贵金属公司）等市场参与者借助全数字化颠覆，通过超强感知能力将自己与效率低下的竞争对手区分开来。DPM 是一家加拿大采矿公司，拥有欧洲最大的金矿（位于保加利亚切洛佩奇附近）。该公司在整个矿区实现了连接，包括输送系统、运输车、照明灯具、排风扇、爆破系统等资产，甚至包括矿工本身。矿区的无线网络连同协作工具、分析和移动设备，使 DPM 站点成为可供进行运营环境超强感知能力研究的典型案例。矿工、司机和监督员可以在地上或地下的任意位置，包括语音通信因缺乏无线电或蜂窝信号而历来受到限制的矿区，通过声音进行交流，并在移动设备上交换即时消息。

DPM 公司的 IT 总监马克·杰尔索米尼（Mark Gelsomini）解释道，DPM 的目标是"揭开矿井的'盖子'。我们想在生产过程中就即时了解具体的动态，而不是等到换班时才知道"。[38] 这就是超强感知能力在起作用 —— 对深埋地下并且极其复杂和恶劣的环境实现完全的情景感知。

DPM 监督员可以实时告诉司机作业路线，监控生产和设备状态，并对作业进行调整以提高效率。如果设备出现问题，员工可以通过 iOS 和安卓移动设备与现场其他地方的工程师和机修工实时共享视频，也可以进行预防性维护，而无须关闭宝贵的生产机器或将其送出现场外维修。

这种超强感知能力对产量产生了影响。自连接实物资产并增加协作和分析功能后，该矿区的产量已经翻了两番，从每年 50 万吨涨到 200 万吨。[39] 视频协作功能还将切洛佩奇矿区的员工与加拿大的 DPM 高管、地质专家和冶金专家相连。最后，矿区的爆破系统与位置跟踪应用集成，可以确保爆破区内没有人员或设备，从而确保矿工在现场的安全。

评估超强感知能力

正如我们所看到的，组织在提高自身对工作人员、客户、商业环境和运营环境的超强感知能力方面仍有空间。那么，企业应如何评估自身的超强感知能力水平呢？回答以下四个问题能对此有所帮助。

我们是否能够倾听员工的心声？创新型企业正在部署用于捕获见解的工具，旨在从员工中收集坦诚的反馈和好的创意。为了发掘隐藏的价值，它们还实施工作方式感知，以求更好地了解员工如何完成工作。

我们是否能够在特定环境中捕获客户的见解？inVenture、迪士尼和好时公司等企业正在利用嵌入传感器的移动设备、可穿戴式设备和情绪感知分析等全数字化助力，收集可以帮助它们以前所未有的方式了解客户的信息。

我们是否能够获得有关我们的商业环境（竞争对手、宏观经济形势和合作伙伴）的见解？亚马逊、Recorded Future 和其他颠覆者正在利用自动化、分析和云技术大范围地促进超强感知能力，这使它们能够察觉所在市场中许多复杂的变化。

我们是否能够获得有关我们的运营环境的见解？正如我们所看到的，FANUC 已经获得对其所有工业机器人的情景感知，并利用这些感知帮助客户防止工厂车间发生意外停工。

超强感知能力可以为企业提供大量有关员工、客户、商业环境和运营环境的信息。直到现在，这些信息中的很大一部分仍然因无法获得而“隐形”。但是，随着新的全数字化功能的出现（其中许多由颠覆者提供），现在人们已经可以享受这些信息带来的好处了。在第 7 章，我们将探讨企业是如何通过发展明智决策能力在培养全数字化业务敏捷性的道路上迈出下一步，并利用这些信息在全数字化旋涡中开展竞争的。

第 7 章
明智决策能力

数百万更明智的决策

明智决策能力，顾名思义，就是指运用通过超强感知能力获得的信息做出明智的决策的能力。在全数字化旋涡中，需要进行决策的情况比以往任何时候都更多，而且每一个决策都伴随着更高的风险。正如我们看到的那样，高管必须应对竞争激烈的环境，而竞争对手似乎会从天而降，以出乎意料的新方式为客户创造价值。正如谷歌的执行总裁埃里克·施密特（Eric Schmidt）所说："在某个车库里，已经有人对我们剑拔弩张了。我知道这一点，因为不久之前我们自己就在那样的车库里……下一个谷歌并不会做谷歌现在做的事，就像谷歌不会做美国在线（AOL）所做的事一样。"[1]

明智决策能力是全数字化业务敏捷性的关键。如果企业无法始终如一地做出明智的战略和日常决策，即便拥有超强感知能力（和快速执行能力）也无济于事。缺乏明智决策能力会使企业收集的所有数据和见解都付诸东流，而其所拥有的快速执行能力也将从关键优势变成十足的劣势，因为各项活动会朝着错误的方向狂奔。

我们说的决策既包括主管企业的高管所做出的战略决策，也包括从事本职工作的员工所做出的“日常”决策。[①] 在全数字化旋涡中，企业在这两种类型的决策上都不能出错。如今，做出明智的战略决策已经变得更加困难了，因为全数字化颠覆者的行动速度比传统的竞争对手更快，它们可能从一个不起眼的车库里突然冒出来，也可能来自周边行业。这使发现威胁和制订相应计划变得更加复杂棘手。而且，因为竞争对手占领价值空地几乎与它们的横空出世一样快，所以速度的重要性不言而喻。因此，企业必须确保在进行战略决策时以正确的信息为基础，由正确的决策者做出决策，判断标准是由数据驱动的，并且决策是明确和可实行的。

企业及其咨询顾问往往不会过多考虑经理和员工们每天做出的数百万决策，其原因也许是这些决策并非由高管做出。然而，这些决策对每个企业的成功都有巨大的影响。从算出何时向濒临流失的忠诚客户提供折扣到确定运货车的最快装车方式，再到决定是否遵守与公司政策相悖的法令，一线经理和员工所做的日常决策的影响会很快累积起来。其令人不容小觑的数量意味着巨大的经济和竞争价值。企业必须设法提高这些日常决策的质量，并确定员工提高决策能力所需的资源。

最重要的是，企业需要制定出色的战略决策和日常决策才能提供客户需要的成本价值、体验价值和平台价值。如果没有及时的战略决策，机会会稍纵即逝，企业会白白错过在“价值吸血鬼”有能力抢取豪夺之前给予其打击的时机。如果没有明智的战略决

① 本章将使用术语“工作人员”和“员工”来囊括传统的全职和兼职员工、合约员工，以及通过人才中介机构、咨询公司和相关企业引进的人才。“合作伙伴”一词包括供应链合作伙伴、渠道合作伙伴，以及与企业存在合同或从属关系的其他企业。

策，颠覆竞争对手、打入全新市场也将变得更加困难。前车之鉴不远：近年颇有一些企业因为忽视了自身受到新势力攻击的危险信号而走向末路。大多数企业只能旁观敏捷型企业攻占一个又一个价值空地而望洋兴叹。

遗憾的是，如何拥有出色的决策能力却令人难以捉摸。在 DBT 中心的研究中，现有企业承认它们的创新能力和敏捷性不如初创企业。我们发现，只有 8% 的企业在全数字化业务敏捷性的超强感知能力、明智决策能力和快速执行能力三个方面都表现出色。我们的分析显示，如何拥有明智决策能力是最令企业感到棘手的难题。为了解决这一难题，企业必须将重点放在两个方面：包容性决策和增强型决策（参见图 16）。

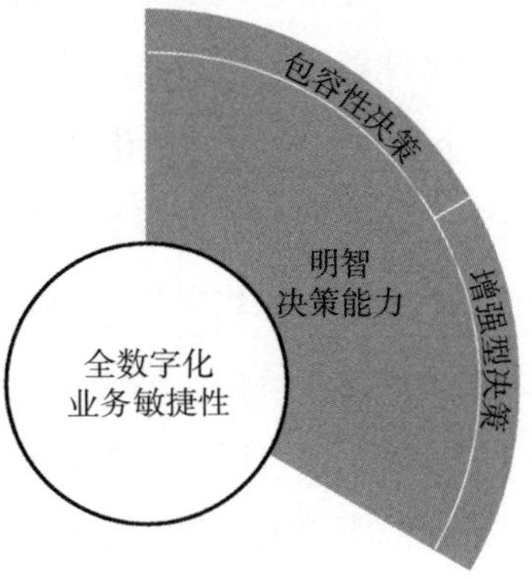

图 16　明智决策能力

资料来源：全球全数字化业务转型中心，2015 年

包容性决策：很多时候，企业因为员工在企业中的职位（初级管理人员和普通员工）、组织结构（各自为政的决策）、地理位

置或其他特性（基于宗教、性别、种族、性取向、年龄、残疾或其他因素的有意识或无意识的歧视）将具有关键技能和重要观点的个人排除在决策体系之外。此外，企业通常也不会让合作伙伴和供应商参与决策过程，即使它们的参与对决策的实施至关重要。

本章将探讨一些在决策中如何加强协调的方法。这些方法可以确保拥有正确的专业知识及不同的观点和组织利益的人在决策中占有一席之地。包容性决策并非旨在为自身利益而协作，也不是仅仅为了提高“多元化”。包容性决策的宗旨是挑选最有能力评估替代方案、提供专家意见并代表重要利益相关方和观点的人群，并利用集体的智慧。

增强型决策：企业必须将数据和分析纳入决策过程中来“增强”决策能力。预测分析、人工智能和数据可视化方面令人难以置信的进步使决策者能够在做出战略决策之前真正预见未来（或未来的多种可能）。企业也可以通过量化替代方案来减少人为错误和按命令做出的决策。增强型决策重视数据和分析的提供方式和提供对象。这种增强必须包括确保数据和分析适合决策者的职位和工作流程，无论决策者是执行委员会成员还是一线员工都不例外。基于对业务规则的应用分析，还可以实现决策的完全自动化。这种情况是通过分析而非个体的决定来增强企业的整体决策。有时，系统使用机器学习技术和各种算法自主制定的决定才是最明智的决策。

当决策兼具包容性和增强型时，意味着正确的人群参与其中（前提是有人参与），决策基于最佳可用数据和分析，并且决策者根据职位和职能遍布组织各处，如此一来企业就有足够的能力做出快速且一贯明智的决策。当更详细地讨论包容性决策和增强型决策时，我们应该看到，在某些情况下，分析有助于使各项举措变得更有包容性，而包容性正是增强型决策成功的关键。当然，如何配合使用包容性决策和增强型决策，如何平衡自动化决策与涉及人为判断的决策，企业要视具体情况而定。但想要取得成功，企业必须尽可能确保决策过程包含这两个要素。虽然没有哪一家企业能够保证每个决策都不出错，但是身处全数字化旋涡中，做出错误的决策会迅速造成可悲的后果。这正是许多企业延揽全数字化颠覆者来加快和提升自身明智决策能力的原因。正如第 5 章所说，颠覆者可以是盟友，也可以是竞争对手。

包容性决策

正如我们在讨论超强感知能力时所看到的，充分挖掘员工的专业知识和最佳创意可以促成创新。因为每个员工都是独一无二的教育、经验和技能组合的综合体，所以多元化对于发现趋势和提出问题解决建议有着至关重要的作用。多元化（无论是因性别、种族、宗教、文化、年龄还是其他因素而形成的多元化）对明智决策能力同样重要。多元化的工作人员队伍拥有巨大的潜在价值。但是，除非是在一个能让他们有效分享创意和观点的环境中将这些个体的力量团结起来，否则他们的价值仍将无法实现。

包容性决策（源于不同个体和团队之间协作的共同智慧）[①] 可

① 虽然“包容性决策”的概念与“集体智慧”的概念有相似之处，但其重点放在拥有不同观点或背景的个体的参与上，而不是强调达成共识。有关集体智慧的详细信息，请参阅维基百科：维基百科词条“Collective intelligence”，维基百科，自由的百科全书，2016 年 4 月 11 日 (en.wikipedia.org/w/index.php?title=Collective_intelligence&oldid=714619437)。

以确保企业在做出决策时考虑不同的观点和相关的专业知识。包容性决策不需要一致同意，也不需要高管屈服于“群众”而放弃决策控制权。但是，如果企业经常考虑不同的观点，就不太可能因为有权势的高管目光短浅而犯错。借助新兴的全数字化技术和商业模式，员工可以合力推动包容性的决策。

3 个目标

企业“筒仓”是包容性决策的天敌。① 有一项研究对拥有 10 万名员工的某公司在 3 个月内的超过 1 亿封电子邮件和 6 000 万条日程表条目进行了分析。[2] 如果两个人属于同一个业务部门，职能相同且位于同一间办公室中，其互动的频率会比其他角色相似但业务部门、职能和办公室不同的两个人的互动频率高 1 000 倍。分析人员还发现，沟通“筒仓”是由等级制度引起的，而工资等级不同的员工之间几乎不存在互动。[3] 包容性决策能够让企业实现明智决策能力的三个目标：

1. 让人员构成合理的员工参与决策和问题解决过程；
2. 为这些员工提供能够有效且高效地分享想法和观点的环境；
3. 根据整个决策小组的不同观点和“心理工具箱”，提供用于做出明智决策的方法。

① 这个词的创造者是固特异轮胎和橡胶公司的组织发展实践者菲尔·恩索尔（Phil Ensor），他在 1988 年提出了“职能筒仓综合征”的说法。许多组织中彼此孤立的沟通渠道让来自伊利诺伊州农村的恩索尔联想到分散在农村各处的粮仓。

找到合理的人员构成

包容性决策取决于企业高管能否找到做出明智决策所需的合适个人或群体。当拥有宝贵的知识或经验的人员属于公司其他部门时，当今的大多数高管都不会为了制定决策而在部门外部（或一小部分直接下属以外）寻求帮助。这对企业有两个方面的坏处：首先，这种决定带来成功的可能性不大；其次，它没有充分利用企业精心积累并为其付出报酬的专业知识。我们希望将来能出现相关软件，让高管可以找出那些应当参与特定决策的员工。这些软件采用的算法会根据优化多元化、经验、技能组合、地点及许多其他因素的各种相关特征匹配个体并组建团队，以最大限度地提高计划成功的概率。

Ranktab 等初创企业正在开发此类技术，它们的可视化协作决策平台可以帮助高管们找到那些有助于他们做出明智决策的员工或团队。正如 Ranktab 的联合创始人兼首席执行官弗朗西斯科·鲁伊斯（Francisco Ruiz）在我们的访谈中所说："我们正在努力研发人工智能，以便在任何组织或人群中预知哪些人能成为最佳搭档。我们能够直观地看到哪些人在决策的过程中没有起作用，因为他们总是什么都赞同；我们也能清楚哪些人基本上什么事情都反对，但是那也并不是件坏事。"

无缝协作

一旦确定了小组成员，优秀的企业就会部署新的协作平台，使所有参与者都能无缝地进行思想交流。当今主要用于协作的电子邮件等技术通常与传统的组织结构、沟通动力和决策过程相一致，因此它们并不适合构建全数字化业务敏捷性。

Slack（聊天组群）和思科 Spark（思科视频会议系统）等新型协作平台用基于会议室的在线聊天取代邮件通信，并集成了文档共享、视频通话和其他功能。个人可以创建会议室或协作空间，并在其中通过文本、语音或视频进行沟通，发布可搜索内容，维护历史沟通记录。这种新方法将企业的知识从一个个电子邮件收件箱和硬盘中解放出来，让所有团队成员都可以沟通并获得可交付成果。它还避开了传统的沟通和报告体系，提供更高的透明度并促进论功行赏的评价体系。团队参与者可以直接查阅其他成员的贡献：也就是说，无须“筛选”即可呈给高级管理层。最后，通过集成同步和异步通信，这些工具还扩大了在协作团队中工作的人数。新成员可以加入团队并迅速赶上进度。

正确群体的智慧

包容性决策中最后一个关键步骤是获得集体智慧并利用它推动明智的决策。新工具肯定能为决策过程带来秩序和包容性。除了帮助企业建立强大的决策团队之外，Ranktab 还使用一些算法，通过多标准投票提高包容性决策的质量。该工具可帮助用户了解小组中其他人对不同选择的评价，讨论决策，并以图形格式查看一致同意的决定。[4] 组织可以利用此平台做出招聘决定，加快租赁申请的审批，或为风投资金确定最有发展潜力的初创企业。

我们的专家指出，随着数据的数量和多样性的攀升，企业正面临着信息超载的问题。此外，由于诸如协作数据、健康监测和办公家具中的传感器等新数据源的出现，企业还面临着劳动力相关数据激增的问题。特别是对非结构化数据而言，容易使用的分析技术非常缺乏。因此，企业在部署全数字化技术来提高明智决策能力时，必须牢记最终结果。领导者应该考虑他们希望在特定职能部门中或特定方面实现的业务成果，深入了解涉及的整个过程，然后回过头来确定产生这些结果所需的数据源和分析技术。

为了确保决策者代表不同观点，企业必须聘用与大多数高管和管理人员不同的人，在一些现有企业中，这个群体的特征相对一致。随着国家和地区的人口统计特征的改变，新的人群成为重要的客户群体，也是人才的潜在来源。[①]

消除无意识的偏见

为了发挥优势，企业必须放下对理想候选人外貌、声音和行为的偏见。这可能非常困难。在网罗人才（例如招聘）方面，企业很难消除无意识的偏见。尽管人们没有意识到这种偏见，但人们的决策却仍然受其影响。调查研究发现，人们往往偏爱那些外貌与自己相似、与自己来自相似背景（例如学校或文化）并且有相似兴趣的人。[5]

无意识的偏见是建设多元化工作人员队伍的障碍，而研究表明，员工的多元化是提升企业整体竞争力的重要因素。在决策中

① 例如：1970 年美国有 960 万拉美裔人；到 2014 年，该数字增加到 5 540 万，占美国总人口的 17%。这是一个巨大的变化，但改变的过程却是逐渐完成的。相比之下，德国在 2015 年到 2016 年预计将接收来自中东的 150 万移民。这些人口都是潜在的客户和潜在的员工。

排除无意识的偏见后，结果会显著改善。斯坦福大学的一项研究发现，管弦乐队中女性音乐家的比例自20世纪70年代以来提高了4倍（从5%提高到25%），而幕后试奏是女性音乐家数量增加的原因。[6]

全数字化颠覆者提供的技术正在成为消除人才管理中无意识偏见的一种解决办法。软件公司Unitive创造了一个全数字化平台，将基于心理学研究的分析直接融入企业的招聘工作流程，让明智决策成为业务流程的有机组成部分。例如，该软件的简历审查功能首先评估招聘公司在潜在应聘者中寻找哪些特征。只有在此之后，它才会向招聘人员提供有关应聘者的客观信息，并将其与应聘者的姓名、受教育背景和业余爱好等非相关信息区分开，因为这些全都是可能影响无意识偏见的因素。[7]这种由分析推动的方法与一起浏览应聘者的简历和特性后做出有关人选是否适合的主观决定的常规过程形成鲜明对比。通过将分析和明智决策过程直接融入招聘工作流程，该软件杜绝了无意识偏见出现的可能。

如果高管能够利用工作人员的专业知识和建议，就可以做出结合相关知识、经验、定量数据和相反观点的明智决策。但遗憾的是，企业往往忽略了它们积累并已付出代价的大量专业知识，因为这些知识分散在多个部门或者被认为太“初浅”。包容性决策可以帮助企业最大限度地利用工作人员以及扩大的企业生态系统中合作伙伴和承包商的专业知识和不同观点，做出更明智的决策。企业可以借助协作获悉更多员工的想法，并在合适的时间和恰当的方面将它们包括到决策过程中，让它们发挥最大的影响。

实时协作

正如我们在第 4 章中指出的，组织面临的一项最大挑战是能否以媲美颠覆者的速度进行创新并扩大经营规模，特别是当核心业务涉及实物产品时。总部位于美国的高端家电制造商 Sub-Zero 使用协作技术将来自不同地点和供应链的决策者联系起来，在扩大生产规模的同时，加快创新计划的进展。Sub-Zero 不仅宣布了公司历史上最大的一次产品发布，而且开设了新的生产工厂。该公司需要同时完成 3 个项目：设计威斯康星州总部的产品线，在亚利桑那州建设制造厂，与供应链和安装合作伙伴合作。[8]

这就要求这几个地点的高管和设计人员在进行有关最终设计、生产线问题、安装人员和维修技术人员培训的决策时保持协作，并尽量减少工程师和专家等人的差旅时间。为了做到这一点，Sub-Zero 使用了沉浸式协作工具，这些工具包括高清视频会议、手机电话会议和可在工厂车间环境中工作的加固摄像头。借助这些工具，团队可与位于威斯康星州的设计团队和高管共享拍摄自工厂车间的视频和图像。此外，Sub-Zero 还可以通过安全的实时视频会话共享并标记设计，与散布在全球各地的供应链合作伙伴进行更有效的沟通。这些工具改善了公司的整体沟通，并有助于公司更快地做出协作决策。据 Sub-Zero 估计，通过连接团队和加速决策，其设计周期缩短了 10%~20%。[9]

增强型决策

在理想情况下，企业应将包容性决策与增强型决策相结合，让合适的人选能够做出战略决策和日常决策。下面，我们举例说明全数字化技术如何实现包容性的增强型决策。

借鉴过去的经验克服困难

收购合适的合作伙伴，迅速达成并购交易，以及最最重要的一步，在交易结束后创造价值，这整个过程充满着各种困难和不确定性。事实上，只有 30% 的并购案最终取得成功，在失败的那 70% 的并购交易中，企业不仅付出了巨大的金钱代价，还赔上了时间、精力和人才。[10]

IBM 对合并交易获得成功的需求特别迫切。从 2010 年到 2015 年，为了追求增长，IBM 投入的收购金额超过 200 亿美元。近年来，在包括全数字化颠覆在内的多种原因的影响下，它的销售额有所下降。[11] IBM 的硬件、存储和企业软件业务随着企业加快向成本更低的云服务迁移而受到冲击。[12] 而在云服务这片战场上，谷歌、亚马逊和微软正在进行残酷的价格战，以争夺低成本“公共云”价值空地的主导地位。因此，IBM 准备利用收购进军大数据分析和医疗技术等其他价值空地。仅 2015 年一年，IBM 用于收购 Truven Health 等医疗技术公司的支出就达到 40 亿美元。[13]

为了确保其收购战略取得成功，IBM 使用了自行开发的分析系统 M&A Pro。该系统使用的尽职调查算法利用机器学习来确定 IBM 潜在收购目标存在的风险。M&A Pro 还能通过更快地完成尽职调查帮助 IBM 加快决策速度，让其抢在竞争对手下手之前达成符合要求的交易。该系统使用 100 多起收购案的数据，以易于高管使用的呈现方式（包括数据可视化和突出风险与综合问题的记分卡），将数百个变量概括成 28 个成功因素。它还可以根据以前收购案的表现预测交易的财务影响。[14]

然后，IBM 高管就可以做出由数据驱动的明智决策，决定是否继续交易。这有助于企业避免风险评估时的人为错误，以及高管出于观点、关系或其他因素而促成交易的影响。许多全数字化颠覆者都开发了由技术推动的功能供内部使用，并将其转化为能够赢利的服务。其中的 Amazon Web Services（亚马逊公司的云计算服务平台）就是 IBM 业务的最大颠覆者。IBM 正在复制这种方法，利用自己的内部系统赢利并将 M&A Pro 作为一项服务向其客户提供。[15] 这个例子很好地说明了现有企业如何利用（为内部使用而创建的）现有资产在新市场中寻求价值空地。

泛在分析

企业想要变得敏捷，必须在问题出现和事件发展时就运营管理做出战略决策。对大型全球性企业来说，其业务足迹的复杂性和规模可能会让这一点变得困难。作为一家全球快消品企业，宝洁的产品远销 180 多个国家和地区。[16] 从尿布到洗涤剂，该公司旗下有 70 多个品牌。如此广泛的经营范围就需要宝洁公司能够掌握各个商业环境的精确数据，保证这些数据的分析和呈现能够有助于加快决策过程。

宝洁公司已经建立了 50 多个互联会议空间，并称其为“业务领域”。[17] 公司还在这些沉浸式会议室的墙上配备了大屏幕，用于显示可视化的一系列业务数据，例如公司业绩、预测和竞争情报。[18] 高管和管理人员定期在这些会议室碰面，监督可用于进行战略决策的实时业务指标。该系统可提供对数百 TB 数据的访问，免除了手动收集和聚合数据的过程。[19]

然后，宝洁公司使用了分析模型，让高管能够深入了解业务的不同部分。例如，宝洁公司有一个分析模型，该模型可以帮助公司衡量其最大的 40 个产品类别的性能[20]，并使用“热图”数据可视化技术按地理位置查看市场份额。[21] 这些会议室可用作整个公司的“单一真实信息来源”：无论高管人在何处，都可以根据实际业务情况做出决策。最重要的是，高管可以使用这些数据创建“如果……怎么办”场景，预测潜在业务战略的结果。[22] 该公司还看到了向基层管理人员和员工提供分析功能的价值。决策支持控制系统为超过 5 万名员工提供定制的分析功能，让他们了解适用于其业务部门的关键性能指标。[23] 在整个组织中，实现数据和分析大众化是一个日益发展的趋势，宝洁公司的这种做法走在了这一趋势的最前面。

尽管企业必须做出正确的重大战略决策，但员工每天做出的决策对企业的成功也很重要。每位员工都是决策者。如果他们能够获得根据他们的职位和要求定制的高质量信息，就能更好地完成工作。通过为每位员工提供实时信息和分析，企业可以提高工作效率并为商业模式转型奠定基础。

泛在分析可以帮助员工更好、更快地进行决策，提高个人绩效和公司业绩。近年来，精密的分析和决策工具激增，但这些决策往往集中在两个主要群体手中：高管和业务分析人员。如前所述，在大型企业中，一线员工（在现场工作的员工、担任面客职位的员工和普通岗位上的员工）每天做出的单独决定总计达数百万个。人数不多的专业分析师分析庞大的企业数据库中的数据，只能提供有限的洞察力，对这些决策的影响也是有限的。只有当所有员工无论级别或所处地点如何都具备进行决策和执行任务的最佳信息时，才能实现分析的真正价值。

这种分析不仅对提高决策质量十分重要，对培养和保持高效和敬业的工作人员队伍也很重要。美国心理学协会在 2015 年的一项研究发现，在美国企业中，表示有足够机会参与决策的高层领导比例要比一线员工多（前者为 78%，后者为 48%）。不出所料，高级管理人员对工作场所的看法也比一线员工更积极：70% 的管理人员表示，他们觉得自己受到雇主的重视，相比之下，同样表达这种观点的一线员工只有 51%。[24] 没什么自主权或认为自己的意见无关痛痒的员工往往敬业度不够[25]，而仅在美国，这种缺乏敬业度的情况估计每年就会使企业因工作效率降低而损失 4 500 亿到 5 500 亿美元。[26]

让员工参与决策有助于保持其敬业度，并且可以将他们的精力导向对公司更为积极有利的一面，而不会让他们感觉被忽视和低估。帮助企业获得员工隐性知识的初创企业 Memo① 的首席执行官瑞安 · 詹森（Ryan Janssen）告诉我们："员工只有投入正在进行的工作中才能获得工作的意义。这就是这一切改变的主旨所在。关键是要赋予员工进行重要决策的权力。我们相信，能够打造更敬业的员工队伍的组织才能做出更明智的决策并更好地执行这些决策。"

大多数组织认为，普通员工并非使用分析工具的合适人选。企业对员工技能组合的看法和态度通常会暴露这种想法。

---

① Memo 也用于收集来自员工的匿名反馈。有关匿名反馈机制的介绍，请参阅第 6 章。

分析的定义决定了它的技术性极强。因此，人们认为分析不适合大部分员工，或者与福利经理、餐饮服务人员、销售人员或物业管理人员等员工的工作不相干。然而我们从所列举的真实事例可以看出，有关如何在企业内部使用分析能力的固定思维已经发生了转变。普通员工开始使用根据其职位定制的分析并将其融入工作流程中。将决策规则和情景分析融入一线应用中，就能消除复杂性。

"工作点"分析

综上所述，分析已不再是分析人员的专利。多种技术的日渐融合，使得"工作点"中可以加入分析以提高绩效。对工作方式感知技术收集的数据进行分析，可以帮助企业优化工作中的各种决策：小至诸如从仓库中提取哪个货箱这样的战术决策，大至最高级别的战略决策，都将变得更加妥善。而且得益于云平台和无线连接，这些数据、算法和相关分析结果可供员工随时随地使用。最后，员工还可以利用增强现实功能（例如增强的视觉显示技术）在不中断工作进度的情况下了解更多详细信息，从而更高效地完成工作。无论是在办公室还是在客户现场，这种直观的数据可视化技术可以为那些最需要此类信息的人提供重要的见解。

第5章中介绍的DHL试点项目便是"泛在分析"的一个实例。该项目将分析技术直接嵌入工作流程以促进明智决策，同时将员工从更适合运用自动化技术和算法的决策中解放出来。这样一来，员工就可以将更多时间用在回报更丰厚的工作以及其他事情上。

泛在分析广泛适用于各行各业和各种商业流程。这既包括办公环境中的灵活流程，也包括工厂、医院、研究实验室乃至汽车中的固有流程。因此，组织纷纷开始在工作点为平板电脑、移动设备、自助服务终端、远程信息处理单元和其他全数字化渠道提供支持，力求让分析无处不在。

作为 DHL 的一大竞争对手，联合包裹速递服务公司（UPS）正在部署一个名为 Orion 的计算机平台。为了建设这个内部平台，该公司已经投入了数亿美元和长达 10 年的时间。Orion 可以将泛在分析延伸至现场，使员工能够在工作点使用分析功能，帮助员工、客户和公司做出明智决策。[27]

UPS 在美国有 5.5 万条运输路线，每位司机平均每天要停车 120 次。随着网购热潮促使快递业务量不断上升，运输路线也变得越来越复杂。司机和路线规划人员必须尽力根据道路施工信息、交通路况、特殊快递要求和包裹量等诸多因素来优化路线。而 UPS My Choice 自助服务平台的大热，让情况变得更加复杂。该服务允许客户更改递送时间或收货地点，目前其用户已达 1 300 万人。[28]

现在，UPS 司机上班后，只需使用平板电脑即可访问 Orion 推荐的路线。为了确定推荐路线，Orion 会计算成百上千条备选路线，而且当出现影响递送的新因素时（例如递送时间的特殊要求），它还能酌情调整路线。不仅如此，Orion 还会考虑司机和客户的行为偏好，包括可预测的驾驶路线和送货时段。到目前为止，Orion 已覆盖了 UPS 40% 以上的运输路线，平均每趟行程可减少 7~8 英里（约 11.3~12.9 千米）的路程。UPS 首席执行官戴维 · 阿布尼（David Abney）表示，到 2017 年，Orion 每年可为公司节省 3 亿 ~4 亿美元。[29]

当然，运用泛在分析优化路线仅仅是诸多尝试中的一种。位于洛杉矶的初创企业 DAQRI 就将泛在分析引入制造厂车间和石油钻井等工业环境中。该公司开发了一款具有配套软件的“智能头盔”。该头盔不仅具备增强现实显示功能，而且集成了热成像、头部跟踪、运动传感和模式识别等多种技术。工人只需戴上头盔，就能利用眼前展示的分析信息来完成工作。在一个试点项目中，DAQRI 与哈萨克斯坦无缝钢管制造公司（KSP 钢铁公司）合作，通过为钢管生产线工人装备智能头盔来测试“免中心控制室”运营模式。[30] 该生产线每小时生产 110 吨钢管，并产生超过 2.3 万个数据点（包括生产数据和安全参数等）。以前，工厂工人只能在控制室内访问这些数据，因此不得不经常往返于车间和控制室之间。使用智能头盔后，工人可以在车间内访问这些重要数据，而不再需要经常中断工作往返奔波。DAQRI 的报告显示，该试点项目使工人的工作效率提高了 40%。

贯穿销售周期的分析

许多年来，企业一直试图通过更加便捷的方法跟踪和锁定最佳销售机会，从而提高销售团队的效率。据统计，企业仅在客户关系管理（CRM）解决方案领域的投资，就达到 2 340 亿美元。[31] 随着企业开始从事自主研究，通过网络和移动平台开展采购，企业的采购活动也悄然发生了与消费者行为一样的变化，它们直接绕过了销售力量，而销售周期也相应缩短。因此，B2B 销售团队与客户购买行为的步调越来越不一致。

为了在这种变化的环境中开展竞争，企业开始为销售团队配备分析和人工智能工具，以期帮助销售人员决定在何时通过何种方式针对哪些客户进行销售的问题。在这种销售周期全数字化趋势中，初创企业借助强大的工具一马当先。这些工具能够分析内部数据（例如员工电子邮件、日历和客户数据库）和外部数据（例如商业文章和社交媒体信息），并以此预测潜在买家。[32] 通过这种集预测、自动化和智能脚本于一身的方法，销售人员可以在客户最容易被说动时与他们联系，提高销售转化率。

例如，ClearSlide（一家销售活动管理平台）会在潜在客户打开电子邮件时自动通知客户经理，甚至会告诉他们客户阅读邮件花费的时间。然后，客户经理可以在了解自己公司的产品是客户当前的最佳选择而且客户较容易被说动的情况下，致电联系客户。6Sense 等其他初创企业可提供有关访问公司网站的潜在客户的详细信息（包括他们的职位），并通过预测性分析告知销售人员最佳的致电时间（精确到小时）。[33] 这些分析工具不仅可以被整合到销售团队的工作流程，而且能提醒团队成员在适当的时间采取行动。

帮助客户做出更好的决策

尽管明智决策能力与推动企业做出正确决策的内部流程关系更密切，但企业也认识到，帮助客户做出更好的决策可以成为一个重要的竞争优势。（这正是第 2 章中介绍的数据协调者商业模式的基础。）为了实现这一目标，许多企业将物联网与自主分析系统相结合，使明智决策能力成为产品和服务的一项内容。

例如，法国化妆品公司欧莱雅开发了名为“ My UV Patch”的小块透明贴片，用于监测人体受到的紫外线照射强度和照射量。

用户只需将贴片贴到皮肤上，然后用智能手机为贴片拍照或利用近场通信（NFC）技术扫描贴片，应用即会分析用户全天和一定时间内受到紫外线照射的程度。不仅如此，应用还会为用户提供有用的提示，帮助他们安全应对紫外线照射（包括使用紫外线防护产品）。欧莱雅计划通过其护肤品牌“理肤泉”免费提供贴片，让消费者（特别是出于健康或预防衰老的原因而担心紫外线照射的人士）能够在皮肤受损前采取预防措施。[34]

健康保险初创企业 Oscar Health 也采用了类似的策略，不过它使用的是可穿戴式设备。它会向参保客户提供一根腕带，该腕带通过连接移动应用，可测量客户的活动程度。达到每日锻炼目标（步行或跑步达到一定步数）的客户会获得现金奖励：如果能够达到每日目标，可获得 1 美元；只要达到目标 20 次，即可以亚马逊礼品卡形式兑换奖励。每年的最高奖励额度为 240 美元。Oscar Health 以现金奖励的形式为客户提供成本价值，同时使用化繁为简的个性化方法衡量客户的锻炼目标，让客户获得体验价值。不仅如此，客户还能通过更积极的生活方式增强身体健康，并从中受益。归根结底，Oscar Health 通过为客户提供信息，让他们利用有关个人健康目标达标状态的实时数据（以及实现目标的金钱激励），对自己的健康做出更明智的决策。[35]

得益于物联网和基于分析的解决方案的平台价值，Oscar Health 的服务规模实现了指数级增长。最重要的是，积极使用此服务的客户通常都能改善身体和精神健康状况，从而远离昂贵的医疗和急救服务。此外，Oscar Health 可以利用从客户那里收集的数据和分析结构来改善精算分析，从而有可能根据每位客户的健康水平和整体健康状况为其制定个性化保单。随着可穿戴式设备日臻完善且价格逐渐下降，Oscar 和其他健康保险公司将能够为客户提供心血管健康、血压维稳、营养和减压等方面的实时辅导。[36]

明智决策能力的评估

企业如何了解自己是否有能力做出明智决策？如果企业能自信十足地回答下面 7 个问题，并且拥有适当的全数字化技术作为依据，则必然具有很强的明智决策能力。

我们能否快速做出决策？ IBM 利用预测性分析来判断收购目标能否带来财务回报，从而以更快的速度做出收购决策。

我们的决策是否足够明智？ Unitive 可以帮助企业做出明智的招聘决定，从具有不同背景的人才中择善而用。

我们是否实现了分散决策（在适当级别授权）？ 借助支持增强现实技术的可穿戴式设备，DHL 和 KSP 钢铁公司的一线员工能够直接查看车间数据，从而做出更好的决策。

我们是否实现了包容性决策（注重功绩大小，而非级别高低或亲疏关系）？ Slack 和思科 Spark 等协作工具能够移除“障碍”，让个人也能够参与到决策中，并让高管团队成员能够看到他们做出的贡献。Ranktab 可以帮助企业高层做到广言纳谏，而不是单纯地注重决策者个人的资历。

我们是否实现了协同决策（杜绝孤立决策或专断决策）？ Sub-Zero 运用协作技术让相距甚远的高管、设计团队和工厂车间能够协同做出决策，不仅加快了产品上市时间，而且推动了创新。

我们是否实现了预测性决策？ 宝洁公司管理人员使用公司的“业务领域”数据分析会议室来预测潜在业务战略的影响，并以可视化方式展示关键绩效指标可能因此而产生的变化。

我们做出的决策切实可行吗？ UPS 帮助它的内部货运司机做出可实行的决策，为他们明确指明运输线路。与此同时，分析技术可以帮助销售团队确定最理想的潜在客户，并提醒销售人员在最恰当的时间致电客户。

显然，对任何企业来说，提高决策能力不仅仅需要依靠技术。如果决策被一小部分高管左右，或者商业本能凌驾于商业智能之上，那么即使技术也无法对决策的质量产生什么影响。我们认为，随着越来越多的企业参照利用技术搜集的信息，寻找机会或预防危机，决策文化保守的企业在全数字化旋涡中的处境将会变得日益艰难。

今后，DBT 中心会开展相关工作来寻找帮助企业改善决策文化的途径，如果企业希望做出改变，前文所述的以技术为支持的业务流程将发挥至关重要的作用。例如，Ranktab 的分析可以帮助企业组成跨职能团队，从而使企业利用每名员工的特质做出更好的决策。通过提高绩效，团队可以共创成功，从而获得整个组织的认可，并进一步推动绩效提升，使变革形成一个良性的循环。

如果企业能凭借超强感知能力获得有关商业环境和运营环境的必要信息，并据此做出明智的战略决策和日常决策，就能更有效地与全数字化颠覆者和其他行动迅速的企业展开竞争。但是，仅仅做出明智的决策是不够的（这就和仅仅掌握有用的信息一样），企业还需要将决策付诸行动，才能实现全数字化业务敏捷性优势。

第 8 章
快速执行能力

重塑工作方式

全数字化技术不仅会在市场上或组织之间制造成颠覆，而且会在组织内部催生新的颠覆。在全数字化旋涡的竞争格局中，我们所看到的由技术引领的动荡，也存在于企业内部。

与全数字化舞台上的大多数事物一样，“未来的工作”也是人们争论不休的话题之一。不过，这些话题往往探讨的是有关不同工作职能的前景、“千禧一代”的期望，或者远程办公和其他灵活的工作安排等主题。[①] 极少有人探讨企业如何使用颠覆性的职场思维去工作，以及企业如何利用这种颠覆来提高竞争力。因此，本章以快速执行能力为主题，重点探讨 DBT 中心在研究中发现的“下一步行动”，以便企业能够重塑工作方式（和竞争方式），将

---

① 请参阅：“The Future of Jobs: Employment, Skills, and Workforce Strategy for the Fourth Industrial Revolution,” *World Economic Forum*, January 2016,reports.weforum.org/future-of-jobs-2016/ or “The Future of Work: A Journey to 2022,” *PwC*, 2014, pwc.com/gx/en/managing-tomorrows-people/future-of-work/assets/pdf/future-of-rork-report-v16-web.pdf

分析、协作和自动化技术与平台优势相结合，建立颠覆性的行动模式。

其实，全数字化业务敏捷性可以概括为一点：关于变革的生产能力。时任美国最大健康保险公司联合健康集团首席创新官的瑞安·安布鲁斯特（Ryan Armbruster）在一次访谈中指出："实际上，创新文化的宗旨并不是思考和提出最佳想法，而是时刻做好变革的准备。"

在全数字化业务敏捷性较强的企业中，无论是执行工作的方式，还是执行工作的人员（或工具），都发生了极大的变化。这些企业能够不断感知内部环境的变化，做出分析，并采取相应的行动。在第 5 章，我们将快速执行能力定义为企业快速高效地实施既定计划的能力。这是一种将明智决策转化为行动的反应能力。那么，快速执行能力从何而来？

双管齐下

要获得快速执行能力，企业必须从"资源"和"流程"两条战线双管齐下，重塑工作方式（参见图 17）。其中，"资源"是指组织可以支配的人力、财力和技术资本，"流程"是用于实现组织目标的一系列结构化活动。在大多数企业中，资源和流程基本上不太容易发生变化。资源（公司的员工和系统）通常汇聚在一个固定的资源池中，供组织按需调取，用于完成工作或开展竞争。资源池中的资源只能一点一点地增加或改变，而且通常需要预先与人力资源部门和财务部门进行旷日持久的协商。

众所周知，大型组织的流程僵硬刻板，这是官僚主义、制度

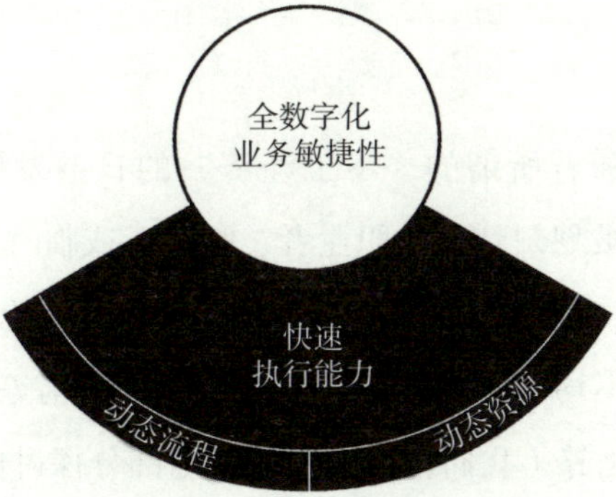

图 17　快速执行能力

资料来源：全球全数字化业务转型中心，2015 年

惰性和避险心理等组织机能障碍共同作用的结果。画地为牢的资源和根深蒂固的流程让变革举步维艰，甚至无法实现，从而制约企业的行动能力。

在加州大学欧文分校举行的一次全数字化业务研讨会上，通用电气公司的首席数字官比尔·鲁（Bill Ruh）精辟地总结道："唯有速度是最难改变的。"下面，我们来探讨组织如何在资源和流程两方面采取颠覆性的方法来培养快速执行能力。

动态的资源

要想获得快速执行能力，企业需要将资源视为动态资源。企业能够根据自身的业务状况快速取用、部署、管理和转移这种动态资源。动态资源分为两类组织资本：机动人才和机动技术。我们将按顺序加以说明。

机动人才

在美国，随着所谓的“零工经济”的日益发展，2015 年有 34% 的工作者被划归到自由职业者、临时工或临时员工的行列①，预计到 2020 年，该数字将上升至 40%。[1] 暂且不论这一趋势对医疗费用、收入不均、创新与劳工保护之间的平衡等现实公共政策问题而言是利是弊（我们将在本书的结论部分探讨这些问题），可以确定的是，它势必会对企业的人力资源规划产生影响。就工作方式而言，这预示着什么呢？

人才云

如今，人力资源职能正在发生与云计算和其他按需服务类似的演变。得益于所谓的“人才云”方法，企业可以更加快速而准确地组建团队，并决定哪些人力资源值得长期投资，哪些人力资源无须通过传统雇用方式即可获得。简而言之，企业现在可以决定哪些工作应该留在内部，哪些工作应该动态地寻求外部支持。

就本质来说，人才云代表着由几乎无限多元化的人才组成的生态系统。一方面，它打造了一个崭新的渠道，让企业能够获得自身缺乏（或仅在短期内需要）的专业知识和技能；另一方面，它催生了一系列应用，让企业能够更快速、更轻松地寻觅、吸引、

① 用不同信息来源估算的结果会有所不同，本文参考的数据来源于：“How Far Reaching is the ‘Gig Economy?” Wells Fargo Securities, February 29, 2016,https://www08.wellsfargomedia.com/assets/pdf/commercial/insights/economics/special-reports/gig-economy-20160229.pdf

管理并释放人才。企业要建立机动的人才渠道，就要建立相应的机制，以确保自己能够接触到正确的人才来源并吸引具备所需技能的候选人。

表 6　人才云的价值

成本价值 	**免费 / 超低成本**：聘用成本更低，工资往往更低，无须提供福利 **基于消费的定价**：劳力按需付费，实现成本可变 **逆向竞拍**：雇主提供工作“说明书”，员工竞争上岗提供服务 **价格透明**：雇主可以查看竞争的劳动力来源，通过“比较购物”选择更廉价的提供者 / 工资套利
体验价值 	**客户做主**：雇主可以“直接”在人才资源库中进行挑选，无须求助于昂贵的承包代理机构和外包商 **定制**：雇主可以根据需要为特殊项目找到非常专业的知识和稳妥的资源 **即时送达**：缩短人才招聘时间 **化繁为简**：杜绝昂贵又耗时的招聘和入职人力资源流程 **自动化**：依赖更廉价的人力资源（例如境外资源）
平台价值 	**众包**：可以获得稀缺的知识和技能，招聘的多元化程度更高 **社区**：更有效地将职位空缺的信息公布于众，扩大能够接触到的应聘者人选范围 **全数字化市场**：以全新方式搭建起雇主和求职者的沟通桥梁 **数据协调者**：对应聘者和劳动力趋势进行分析 **生态系统**：工作项目游戏化

资料来源：全球全数字化业务转型中心，2015 年

外包和“虚拟企业”的概念从诞生至今已有几十年历史，围绕这些概念的讨论从未停歇，也不断有企业将这些概念运用到实

践中。但是对大多数大型现有企业来说，向传统人才中介和独立承包商招募员工的流程仍然十分烦琐，包括需要取得首选供应商地位、提交采购订单，以及苦苦等待审批等。更糟的是，这些渠道通常无法提供更强的敏捷性，来帮助企业有效地寻找拥有热门技能或知识的员工。例如，随着科技行业的迅猛发展、科技在各个方面对企业的重要性的日益增加，围绕软件开发人才和数据科学家的争夺日益激烈。波士顿咨询公司的数据显示，到 2022 年，软件开发人员的市场需求量预计将比现在增加 6 倍以上。[2] 招聘人员发现，传统的人才招聘手段在人才如此稀缺的市场上不再有效。当价值空地出现时，企业必须迅速采取行动，否则就会错失良机。因此，迅速得到适当的人才对企业而言至关重要。

目前，市场上陆续涌现出许多全数字化平台，这些平台可以帮助企业快速有效地从稀有人才库中招聘人才。总部位于波士顿的初创企业 Drafted 推出了一项手机应用平台，企业可以利用该平台向“推举”或推荐朋友应聘空缺职位的用户提供奖金（最高 1.5 万美元）。截至 2016 年 4 月，已有 70 家初创企业利用该平台提供 91.9 万美元奖金以求才纳贤。[3]Drafted 在构建人才渠道方面独辟蹊径，活用了应聘者的社交圈和同行推荐方法。不仅如此，Drafted 将手机作为平台，这对企业所要吸引的精通技术的应聘者而言再合适不过了。Jopwell 和 WayUp 等其他初创企业则建立了专门针对特定群体（少数族裔和学生）的人才市场，让雇主能够利用新的全数字化平台接触到多元化的人才渠道。

在茫茫人海中找到所需的人才

在全数字化旋涡中，企业需要的技能越来越具体，然而传统的招聘广告手段却变得更像是负担而不是助益。由于企业在招募人才时往往关注的是人员编制，而非更全面地了解应聘者的能力，因此难免会被堆积如山的简历淹没，而其中大部分应聘者并不符合它们的要求。例如，宝洁公司就曾收到近 100 万封求职信，而其招聘的职位仅有 2 000 个。[4]

为了应对简历过多的问题，一些企业开始改变招聘方法，将数据和分析技术运用到搜索面试对象的过程中，使海量的应聘者数据为自己所用。除了传统的简历数据，雇主还可以通过领英和脸书等网站获取各种现成的社交数据。不过，发生变化的不仅限于数据的数量，寻找最佳人选的算法也在迅速进步，雇主现在可以通过许多方式来“捕捉”潜在员工。例如，Entelo 和 TalentBin 等初创企业提供的平台就将领英、Quora（一家问答网站）和 GitHub 等社交网站上的数据收集到数据库中，让企业能够从数百万候选人中搜索合适的人选。更重要的是，这些服务不仅能帮助企业寻找候选人，还能帮助企业通过预测性分析按性别、族裔或服役经历筛选人才。借助这种数据驱动的招聘方法，企业可以有效地确定最佳人选，并最大限度地提高候选人接受工作的概率。

在利用人才云的同时，企业还应结合使用日益强大的外部人才平台，这些新兴的平台目前已涵盖所有工作类型。麦肯锡的一项研究表明，到 2025 年，将有多达 5.4 亿人可以利用在线人才平台寻找工作、增加兼职机会，或者找到与自身技能更相符的职位。[5] Kaggle、Upwork（一家综合类在线工作平台）和 HourlyNerd（为中小企业提供短期咨询师匹配服务的创业公司）等平台都可以帮助企业按需雇用高技能人才。

外部人才平台不仅提供了虚拟化和社会化程度更高的新型工作模式，而且能够通过 P2P 交互来推动工作执行方式的转变。随着组织的地理分散化和员工全球化程度越来越高，客户分布、合作结构和采购流程跨越多个国家和地区成为普遍现象，提高工作的协作和虚拟化水平也将成为一项硬性要求。正如著名的计算机科学家比尔·乔伊（Bill Joy）所说："大多数脑瓜好的人都不在这儿工作（指不在任何特定的企业或地点工作）"。能够将工作者与不在同一位置（或者说不在同一公司工作）的智者联系在一起，是外部人才平台在重塑工作方式方面最具吸引力的优势之一。

在确定最终候选人名单后，企业将面临最关键的一步：做出最终选择。而在全数字化技术的推动下，测试、甄选和评估候选人的方式也在发生根本性的变化。

例如，HireVue（一家致力于网上视频面试的企业）等公司可以帮助企业向应聘者发起编码竞赛，让他们证明自己的软件开发技能。[6] 雇主可以利用这些工具直接评估应聘者的实力，而不是依靠应聘者简历中的信息来做出判断。事实证明，全数字化测试平台可以帮助企业成功聘到所需人才，有时这样做的结果甚至比人类的主观判断更理想。[①]

智能人才分配

除了招募人才外，大多数企业在分配人员和组建团队方面也

---

① 美国国家经济研究局对 15 家公司聘用的 30 万名员工进行了一项研究，发现通过招聘考试雇用员工可使其在职时间延长 15%，而依靠人为挑选雇用员工会让其在职时间显著缩短。在工作表现方面，依据考试结果雇用的员工和通过人为挑选雇用的员工并无太大区别。请参阅以下文献：Lydia DePillis, "Computers Are Now Really Good at Hiring People – but HR Keeps Getting in the Way," *Washington Post*, November 23, 2015, washingtonpost.com/news/wonk/wp/2015/11/23/computers-are-now-really-good-at-hiring-people-but-hr-keeps-getting-in-the-way/

不尽如人意。企业急需一种新方法来帮助它们从技能组合、经验和视角等方面，有效组合整个组织的员工资源。大型企业的一项艰巨的任务就是，如何跨部门跨区域找出合适的员工，实现价值最大化。如果组织没有意识到员工的真正价值，或者不了解如何更有效地运用员工的知识，员工的才干就容易被“埋没”。

尽管招募人才对于应对全数字化颠覆的挑战至关重要，但企业应首先确定现有员工是否具备实现成功所需的最关键的能力。简而言之，企业应该寻找方法进行“人才审计”，在内部寻找合适的员工，然后将具备适当技能的员工调动到能让这些技能发挥最大作用的团队中或职位上。要做到这两点，就需要借助智能人才分配工具。

企业内部现行的人才分配机制通常无法有效利用可用数据来确定每名员工的技能组合，也无法就员工能最胜任哪个岗位提出建议。团队构建、协作和人才分配通常局限在职能部门的有限环境中，极少跨多个职能部门进行，更不会考虑第三方资源。[①]

无论是团队的人员配置（需要一起共事的成员），还是人才的岗位安排和使用方式，都由相关管理人员全权决定，这和管理学毫不相关。由于闭门造车式的人才分配决定比比皆是，内部人才利用不足、团队构建效果欠佳也就不足为奇了。这也导致企业无法快速做出行动。我们采访的一位高管就着重指出，对许多企业

---

① 有关传统团队构建模式的局限性及组织应如何走出内向型团队结构的论述，请参阅 Deborah Ancona, Elaine Backman, and Henrik Bresman, “X-teams: New Ways of Leading in a New World,” *Ivey Business Journal*, September / October 2008, iveybusinessjournal.com/publication/x-teams-new-ways-of-leading-in-a-new-world/

而言，全数字化转型在“人员”方面的最大挑战“并非技能不足，而是人才分配欠佳”。

随着团队构建的重要性日益显著，强调机动人才管理并能在组织内部提升人才价值的智能人才分配工具将拥有巨大的应用前景。通过做到知人善用，企业不仅可以提高行动速度，还能提高行动效率。而且随着速度的提高，质量也会有所改善。如果团队成员是因为具备所需的专业知识走到一起，而非因为恰属同一部门而分到一起，整个团队就能减少失误和惰性，更快做出行动。正如 SpeakUp 的联合创始人兼首席执行官雷·吉伦沃特（Ray Gillenwater）所言：“对未来的企业而言，衡量其成功的标准在于它们能否有效地让团队得出最佳见解，以及它们能否有效地将这些智慧结晶运用到实际工作中，为改进产品、改善流程、增强客户关系等各个方面做出贡献。”

充分发挥人才的作用

人工智能和分析工具日益强大，可用的员工数据日益增多，这些趋势将共同推动企业的人才分配方式发生变革。为了提高人才分配的效率和智能水平，劳动力服务领域的创新者已开始在自己的服务中采用高级分析技术。例如，劳动力管理软件供应商 Visier 推出了名为“交互式人才流可视化”的服务，帮助企业实时分析员工在职业生涯和职位方面的发展情况，从而改善人才分配。[7]

贝琳达·罗德曼（Belinda Rodman）是绩效分析领域的颠覆者 SOASTA 的全球服务副总裁，她在接受我们的采访时指出，大多数员工都具备多种适用于不同领域的技能。她还谈道：“但是，他们为人所知的只有本职工作所需的技能。越来越多的人开始重新思考员工在组织中的价值，以及如何分配员工才能让他们为组织做出最大贡献。”萨马尔·伯瓦德克（Samar Birwadker）是社交分析平台 Good&Co（可以帮助文化价值观相同的求职者和雇主建立联系）的创始人兼首席执行官，他在 2015 年年底接受我们的采访时，也简明扼要地提到通过严谨的分析来组建团队所具有的价值：“只要将集体文化和团队成员的个性作为依据，就能以量化方式展示哪些类型的人才以及怎样的特长和技能组合更有助于团队取得成功。我们正在添加更多分析和量化数据，以便能够展示成功的概率，以及人们如何根据有关自己和其他团队成员的个人分析来提高团队绩效。”

对企业来说，未充分利用最有价值的员工有两个弊端：一是从这些员工身上获得的价值会减少，二是员工辞职的可能性会增加。[8] 企业可以利用内部人力资源数据和外部数据源来发现存在流失风险的员工，为他们寻找更有成就感的职位，并将他们与其他拥有互补技能的员工安排在一起共事。Workday 就是这样的一个平台，它采用原本为 Netflix 电影推荐引擎而开发的技术，利用人力资源信息和市场信息来发现可能辞职的员工，并就最适合员工的工作职位变动提供规范化建议。[9] 通过在这些全数字化技术的基础上制定人才分配方法，企业将能够提高员工归属感，降低员工流失率，同时实现行动速度和行动效率的提升。

机动技术

要培养快速执行能力，IT 是关键。接下来，我们将分析 IT 在提高全数字化业务敏捷性方面的作用，以及“机动技术”方法可以带来哪些优势。

在本书的引言部分，我们将“全数字化”定义为通过连接实现的各种技术创新。这种技术创新的融合，正是我们在全数字化旋涡中所见证的市场发生天翻地覆的变化和革新的种子。然而，由此带来的复杂性极大地改变了 IT 部门的运作方式，以及 IT 部门帮助企业提高敏捷性和竞争力的方式。

不再做只会说“不”的部门

在企业内部，IT 部门往往是最抗拒变革的部门之一。事实上，它在很多情况下都会拖慢企业的行动速度。造成这种情况的原因之一是，企业在衡量一名 IT 领导者的表现好坏时是以是否出问题为标准。例如，最常用的 IT 指标正常运行时间（IT 术语称为“服务级别协议”）就是衡量无问题时间所占的百分比。由于变革往往意味着不确定、高风险和新问题，所以自然会让 IT 领导者们深恶痛绝。这会演变为一种文化阻力，使 IT 部门成为众所周知的只会说“不”的部门。[10]

即便如此，IT 领导者们也承认，业务部门如今对他们寄予了更高的期待。事实上，思科研究显示，IT 领导者们不否认他们必须在一些方面更加努力才能满足利益相关方的期望，而排在首位的就是推动创新。[11] 就此而言，能够从众所周知的“成本中心”一跃成为真正的业务合作伙伴的 IT 部门并不常见。因此，业务部门（销售部门和财务部门等内部客户）常会绕过 IT 部门直接向技术公司进行采购，以便获得速度更快、灵活性更高的服务（通常是云服务）。也有人认为，因为很多 IT 部门未能在成本价值、体验价值或平台价值方面满足业务部门的实际需求，所以才会受到颠覆。自带设备（BYOD）和软件即服务（SaaS）的增长势头就是这一事实的具体表现。思科研究显示，在目前的企业 IT 总支出中，有近一半（46%）来自业务部门而非 IT 部门。[12] 这给 IT 部门敲响了警钟：是一改往日做法的时候了！

根据思科的研究，目前 80% 以上的 IT 预算作为专项资金被投入高度复杂的现有技术环境中，用于维护和保护大量应用、硬件基础设施和旧型系统等资产。随着数字设备、应用和服务空前增加，现有 IT 环境的复杂性只会进一步恶化。

企业的 IT 环境具有两个特点：一是构成多样（必须维护许多不同的软硬件），二是预算有减无增。这意味着预算中可以用于组织真正关心的业务成果（例如缩短上市时间、推行新商业模式）的支出少之又少。如果典型的现有企业需要将 80% 以上的 IT 支出硬性地用于"维持正常运转"，那么势必很难与灵活而又资本雄厚的颠覆者展开较量。更糟的是，许多 IT 领导者在推动创新方面被戴上了"紧箍咒"：他们必须先想方设法降低成本，再将节省下的资金用于其他用途（所谓的"羊毛出在羊身上"）。

单一管理平台

在这样的背景下，IT 部门如何才能帮助业务部门提高速度、敏捷性和风险承担能力，以满足应对全数字化旋涡的需求？目前，大多数组织都将 IT 资产划分为不同的板块分别管理，常见的分类包括存储、计算、网络、安全和应用等。但以后，企业应考虑采用一种"机动技术"模式，把这些分散的板块联系起来，将所有 IT 组件视为一个可以按需取用的动态资源池，并确保创建 IT 服务所需的一切要素都包含在其中。这样，企业就能快速"协调"端到端的 IT 功能，以可重复的流程随时按照业务部门的要求将一切所需的 IT 资源（功能、安全保护、带宽、计算资源和集成服务等）即刻安排到位。通过这种方式，IT 部门将能够通过自动化的资源配置来支持业务部门的请求，从而大大缩短服务周期。

基于资源的动态IT方法可以降低企业基础设施和应用的总拥有成本（TCO），让IT人员有更多时间从事更有价值的活动，达到“羊毛出在羊身上”的效果。[13] 更重要的是，这种方法有助于IT部门更好地响应业务部门的需求，同时加快调配和管理IT资源的速度。

在“机动技术”模式下，企业不再将IT资源作为一系列分散的技术进行管理，而是通过设置顶级策略和自动实施业务规则来管理全部IT资产（可以设置策略和规则的方面包括服务和安全级别、流量优先级、用户权限，以及其他通常需要IT人员花费大量时间和成本进行处理的容易出错的手动任务）。领先的IT部门不会将IT资产作为一个独立的板块进行管理，也不会以手动方式配置服务器、交换机或其他设备，而是努力达到IT管理的最理想状态：采用“单一管理平台”，让IT领导者可以通过集中式控制台监控并管理自己的环境。借助这种“可编程”的方法，IT领导者可以设置操作策略、实现工作流程自动化、提高质量，并加快向业务部门用户交付服务的速度。这样，IT部门将成为企业实现快速执行所不可或缺的动力来源。

可口可乐首席技术官兼首席创新官艾伦·贝姆（Alan Boehme）对我们谈到他在运营中提出的一个令人记忆深刻的概念：“可抛型IT”。其含义是“鼓励开发人员创造价格低廉、部署快捷的应用和服务来满足新型业务需求”。[14] 这种快速资源部署对于帮助企业应对不断变化的竞争压力和优先要务至关重要。不过，值得注意的是：为满足业务需求而增加大量新应用和新IT服务（特别是在短时间内），可能会加剧IT的复杂性，甚至适得其反地减慢行动速度。Corporate Executive Board（一家企业策略、营运及管理公司）的研究发现，从 2012 年到 2014 年，在典型的 1 亿美元技术资产中，独立 IT 项目的比例已上升至 38%。[15] 因此就出现了前面提到的问题：运营成本不断攀升，维护成为当务之急。在一些情况下，这种 IT 项目激增的现象体现了企业希望提高敏捷性，渴望尝试新事物的热情；但在更多的情况下，这只不过是 IT 资产管理松懈的结果。所以，“满足业务需求”必须通过管理层的管理和指导来加以平衡，以确保试点项目和那些“臭鼬工厂”式计划（ShunkWorks-style Programs）能够实现企业发展所需的业务成果，否则就迅速停止。

动态资源的未来

颠覆者之所以能如此迅速地行动，无疑是依赖于云计算这个核心要素。前面，我们曾提到“人才云”的概念，企业可以借助人才云快速高效地针对特定商机分配适当的人力资源。从技术角度来说，云计算已成为企业 IT 战略的中流砥柱，为组织按需使用 IT 资源提供了途径。[16]

不过，云计算也可以帮助企业更灵活地利用实物资产和流程。这种能力对从事资产密集型行业的企业而言极具发展前景，例如医疗、石油和天然气、公用事业等位于全数字化旋涡外缘的行业。在这些行业中，市场领导者已投入巨额资金购置运营活动所需的实物资产。以全球石油和天然气行业为例，据估计，在石油价格高涨期间，仅 2012 年一年的资本投资就超过 1 万亿美元。[17] 由于全数字化技术能够提高资产利用率（即“发挥资产的最大价值”），因此其在这些行业中备受瞩目。在全数字化旋涡中，这种趋势更加显著，因为身处全数字化旋涡的现有企业面临着来自颠覆者的竞争，而这些颠覆者可能完全避开了传统的价值链和相应的实物资产投资。

作为颠覆者，Cohealo（一家专注于医疗设备管理的公司）推出了一个基于云的平台，让同一医疗系统的多家医院之间能够相互跟踪和共享医院的非急救设备。据估计，美国每年用于医疗设备的开支达 1 000 亿美元，其中大部分开支并无必要，因为这些设备在大多数时间都处于闲置状态。[18] 不仅如此，即使在由多家医院组成的医疗系统内部，每家医院可能并不了解其他医院拥有哪些设备。于是，每家成员医院都需要单独购买、贮存和维护相同的设备，从而造成设备大量过剩。Cohealo 等云共享平台可以让同一系统内的医院“看到”所有医院的所有设备，并协调共享这些宝贵资源。这样，每家医院不仅可以减少必须做出的投资，还能获得大量可按需取用的共享设备。这项服务将行动的有效性作为侧重点，并将其凌驾于行动速度之上。

我们预计，这种基于云的动态资源分配模式将来会进一步扩展到制造业等行业。工业专家已经在探索开发“云制造”商业模式，虽然尚处于起步阶段，但这种模式可以让生产商按需使用共享的制造资源和生产线，以便在不同的组织之间获取、使用和重新部署生产机械设备等资产。[19] 在技术领域，这种在多个组织间共享同一资源的技术被称为“多租户”。总部位于阿姆斯特丹的 3D（三维）打印服务平台 3D Hubs 就是这种颠覆性模式的一个例子。该平台可以帮助 3D 打印服务的需求方与 3D 打印机拥有者建立联系（其名称中的 Hubs 便有“枢纽”的寓意）。该公司称，其平台支持的 3D 打印机网络遍布 2 万多个地点。[20]

动态的流程

现有企业的业务流程死板、迟缓、缺乏变通的形象已经深入人心。相比之下，动态流程则兼具智能和快速的特点，而且能随时调整。这种流程可以根据实际环境灵活定制，以便帮助企业创造最大价值。只要稍加思考，我们就能想出很多动态流程的例子，比如临床环境中用于发现和纠正剂量错误的流程，制造厂的车间设备预测性维护流程。动态流程包括快速实现和快速干预两个要素。下面，我们将逐一分析这两个要素以及其如何有助于提高行动的速度和效果。

快速实现

在研究颠覆发生机制的过程中，我们一再发现，速度是颠覆者手中最有力的王牌。我们先来看看颠覆者如何利用速度作为主要武器来攻陷未充分开发的市场，也就是我们所谓的“快速实现”。

快速实现是指在市场营销、客户支持、商业交往、应用开发和渠道等各种创造价值的活动中加速引入新的组织能力。[①] 如第 1 章所述，颠覆者关注的是价值而非价值链，会让一切可以全数字

---

① 约翰 · 哈格尔（John Hagel III）和约翰 · 西利 · 布朗（John Seely Brown）在其著作《唯一的可持续优势》（*The Only Sustainable Edge*）中呼吁领导者超越正统的“核心能力”，考虑将“加快能力建设步伐”作为获得持久优势的源泉。为此，他们将能力定义为“反复调动资源，实现超越成本的独特价值”。这为企业根据能够快速形成的能力规划竞争定位提供了一个出发点。要在全数字化旋涡中赢得竞争，企业必须能够调动整个合作伙伴生态系统（而非单个企业内部）的有形资源和无形资源，以此加速创新并创造新的客户价值。

化的事物实现全数字化。

从能力建设的角度来看，这意味着颠覆者将对现有企业所依赖的“主要活动”和“支持活动”（按照迈克尔·波特所采用的有关价值链的经典说明）进行全数字化。[21] 其中，主要活动是指物流、运营、市场营销、销售和服务，支持活动是指人力资源、财务、采购和 IT。这些活动都是产业价值链的构成要素，企业可以通过分解和重组这些要素来促生新的竞争形式。对颠覆者而言，快速实现并非直接沿袭传统做法，将“幕后”工作或需要成本的工作外包给提供业务支持的外部供应商。相反，无论是供应链、销售、研发、人力资源还是服务，这些职能都可以成为企业及其价值创造过程的核心。

快速跟踪客户价值

颠覆者采用与现有企业截然不同的方法在价值链中建立新的组织能力。它们从客户价值出发，目标明确地培养有助于提高客户价值的组织能力。在理想的情况下，它们可以借此与现有企业拉开明显的差距。当然，在大多数情况下，颠覆者也会从零开始建立组织能力。作为数字时代的新生儿，它们拥有得天独厚的“条件”，能够从一开始便将全数字化技术融入能力建设中。而大多数现有企业则无法做到这一点。因为对大型现有组织而言，这样做需要在人员、流程和系统方面投入大量成本，而且相当复杂。

在前文中，我们谈到了总部位于荷兰的支付服务商 Adyen 的例子。很有启发性的一点是，在 Adyen 的客户阵营中，我们可以看到 Netflix、爱彼迎、优步、Spotify 和脸书的影子。[22] 这些同样是颠覆者的企业都会思考：“在进军新市场时，我何必自己构建计费和支付系统？”它们知道，Adyen 早已在它们所在的行业使“支付”这个价值链要素实现了全数字化。它们不需要招聘专人、购买设施或构建一个数百万美元的 IT 系统来满足这方面的需要。这些颠覆者利用其他颠覆者实现成本价值、体验价值和平台价值，在其他颠覆者的帮助下加快自己的行动速度，并为自己的客户创造新的价值。它们知道，这种快速实现策略可以帮助它们以模块化方式获得虚拟化的组织能力，从而提高自身的行动速度，敏捷地打造颠覆市场的新型客户价值。需要特别指出的是：在建立组织能力时，颠覆者会结合使用内部资源和外部支持来提供成本价值、体验价值和平台价值。然后，它们会利用自身优势打造组合式颠覆。

除了计费和支付，其他供应链要素也都可以借助第三方服务。例如：为员工办理福利，可以借助 Zenefits（一家为中小企业提供免费一站式云人力资源管理的企业）；如果需要客户关系管理和联系中心一体化解决方案，可以借助 Freshdesk（一款基于云的客户支持软件）、Salesforce.com（一家客户关系管理软件服务提供商）或 SugarCRM（一种客户关系管理系统）；要想在短短几分钟内建立一个电子商务网站，可以使用 Shopify。

许多颠覆性创新都搭上了移动应用的顺风车。颠覆者不是依靠收费高昂的互联网广告代理公司和 IT 服务公司来定制代码应用，而是采用快速实现策略，利用开源工具和 Docker 等“容器”技术来简化应用创建过程，缩短从开发到生产的时间。为了将地图和地理空间分析功能快速添加到应用中，它们可能会使用来自 HERE（由诺基亚推出的地图服务）或 OpenStreetMap（公开地图）的数据。此外，它们可能还会利用 SendGrid（一家电子邮件服务平台）处理事务性电子邮件，利用 DocuSign（一家在互联网上审核用户数字签名的平台）进行电子签名，利用 Twilio（做成插件的电话跟踪服务）来实现双因素身份验证或发送派件通知和预计抵达时间。

连接速度

平台可以带来网络效应和“指数级效应”，因而成为颠覆企业行动模式的重要基础。我们在第 4 章曾指出，现有企业对如何创造平台所知甚少。因此，一些跨行业的全数字化颠覆者便借此机会创造了一个新市场：帮助企业快速建立平台。（这便是一个很好的价值空地。）从本质上说，它们是在利用平台向希望成为平台的企业销售平台。换句话说，它们降低了建立平台的门槛。例如：Sharetribe（一家点对点的服务平台）可以帮助企业构建各种形式的多边全数字化市场；Zuora（祖睿）可以帮助企业打造基于订用的商业模式，并提供完备的计费和计量服务；脸书和谷歌等平台巨头利用自己强大的用户身份验证功能为其他全数字化颠覆者提供认证机制（例如“使用脸书账户登录”）。这些企业不仅为用户提供了方便，也成功地将自己打造为“平台的平台”，向其他实体销售它们高效传输信息的能力。

无论初创企业还是现有企业，都可以利用快速实现策略作为提高行动速度的关键机制。正如第 4 章讨论的那样，实行颠覆战略并非只有一种方法，而是有很多方法，例如分拆或孵化新公司、寻求合资、孵化创新成果或开展收购等。所有这些方法也都适用于快速实现策略。

快速干预

对组织来说，快速执行的含义不仅限于让创新引擎开足马力，像颠覆者那样“行事”，而且包括在运营层面“做出行动”，通过加快日常业务活动来创造更大的客户价值。除了加快原型制作或缩短企业应用的部署时间等特定活动，企业还需要以足够迅速的动作在日常运营层面抓住机遇，例如每一次与客户的互动、供应链中的突发事件，或者其他稍纵即逝的机会。快速执行能力对于提高运营效率至关重要，可以在全数字化颠覆战略中发挥巨大的作用，特别是在成本控制和体验质量日益重要的防御性战略（收割和撤退）中。

连接隐性资产

在全数字化旋涡中，组织的各个方面都会受到猛烈的颠覆，业务流程便是其中之一。不过令许多高管感到意外的是，这方面的颠覆来自一个看似不可能的来源：物联网。

那么，物联网和业务流程有什么关系呢？我们将实体商业环境中过去没有联网的“事物”称为“隐性资产”。通过在工厂、银行、商店、医院、学校、机场、仓库、石油钻井等地点将“隐性资产”连接到网络，我们可以获得大量与这些资产相关的宝贵信息，并为设计动态流程奠定基础。而且，这些信息关系着我们将要介绍的快速执行模式的另一个要素：快速干预。所谓“快速干预”，就是通过迅速采取行动来把握机遇或排除威胁，包括抓住销售机会、优化运营和防止事故。

快速干预可以通过机器学习和自动化来实现，也可以在全数字化技术的支持下通过人为行动来实现。从这个角度来说，动态流程不一定意味着用机器取代人力，也可以通过干预来增强和优化由人执行的工作。这种干预可以由机器执行，也可以由人在机器的支持下执行，具体视情况而定。

下面，我们通过一个例子来了解快速干预在零售业的运用。

比如说，有一家大型零售商或大型综合商场在店内装设了低成本传感器，并为过去的“隐性资产”安装了蓝牙信标和其他传感器，包括货架、购物车、停车场闸门、POS（销售终端），乃至各种库存产品（根据摩尔定律，信标和其他 IP 传感器的成本将不断降低，所以从成本角度来看，它们很快就会成为一次性产品）。

罗恩和玛丽亚光顾了这家商店，罗恩打算选一些食材做晚餐，玛丽亚想选购一款高清电视。通过实时分析店内传感器、无线网络和 IP 摄像头捕获的数据，店家得到了以下信息：罗恩的购物车的移动速度是所有其他顾客平均速度的两倍；玛丽亚则属于“先逛店后网购”的顾客，她虽然在电子产品区的显示屏上浏览电视机产品，但却通过店内的访客 Wi-Fi 用手机上网对比其他卖家的价格。

在这种情况下，店家应采取怎样的动态流程呢？首先，店家可以智能地解读罗恩和玛丽亚为何会有这样的行动。罗恩的购物车快速移动可能表示他在赶时间。尽管他以前曾在汽车用品区买过东西，但是现在向他推介与他无关的冬季轮胎优惠活动明显不合时宜。此时，店家应通过全数字化显示屏（或罗恩的手机）向他提供路线导航，帮助他找到想要购买的商品或“相关”产品。这个决策并非根据罗恩过去的购物记录做出的，而是利用机器智能技术根据其购物车中现有的物品（食品类商品）做出的。这种集定制、即时送达和化繁为简于一身的体验价值是随着罗恩在店内穿行而自动实时提供的。这是一种重要的快速执行能力。

至于玛丽亚，店家通过分析结果了解到，她正在考虑购买一件昂贵的商品：电视机。她已经在电视区的过道上停留了 7 分钟，而且一直在手机上查看竞争对手的价格。玛丽亚手机上的加速度传感器感测到，她大多数时间朝向“端架”（过道尽头的货架），那里展示着一个特定品牌的电视机。店家可以结合使用基于传感器的店内网络和决策分析，提醒店员上前询问，帮助她选择电视机或配件，并提供适度的折扣吸引她当场购买电视机，以免错失良机，让她回家与其他商家进行电子商务交易。

向玛丽亚提供的电视机报价可由算法决定（利用预测性分析推断出可以让她不再货比 3 家的最低折扣），而且这个动态定价将随智能的追加销售建议（如扬声器、线缆、保修）一起发送到店员手持的联网移动设备上。店员在上前询问玛丽亚的过程中，只需扫一眼移动设备就能获得这些信息。

在玛丽亚的例子中，店家通过分析传感器和网络数据告知员工需要采取行动，同时提供了最有效的销售方法。这个动态流程是通过智能的人工干预实现的，而非采用纯自动化方式。借助基于情景的分析工具，店员可以迅速“拦截”有可能流失的销售机会，这正是快速执行能力的体现。玛丽亚不仅获得了更好的购物体验，而且还可能享受了更低的价格。店家不仅达成了销售，让顾客心满意足，而且可以通过追加销售相关商品提高销售量，可谓获益颇丰。

此类行动必须迅速做出，因为价值“可供争取”的时间十分短暂。罗恩和玛丽亚在店内的时间只有几分钟，在这段时间里，或许仅有片刻时间能对他们的购买决定施加影响。对顾客信息和情景信息的处理必须在这短暂的时间里当场完成。如果分析门店客流量数据的商业分析人员在几个小时或几周后才提供罗恩和玛丽亚的销售机会数据，那就对店家毫无帮助了。因为到那时，罗恩早已吃完那顿晚餐，玛丽亚也看上了新电视！

回到我们的故事，罗恩和玛丽亚选好商品后前去结账，却发现收银台前排起了长龙。排队结账是购物者最为不满的问题之一，往往会导致销售机会流失。[23] 店家可以借助动态流程缓解这个问题。店家可以运用基于传感器的分析显示各个收银台前的等待时间，并且（在更理想的情况下）通知店员收银台前正在排长队，建议他们携带手持的"排队预扫描"POS 设备前往收银处。同样，这个例子也表现了企业通过自动、智能的人工干预措施动态调整经营的方式。事实上，上面的故事是一个非常典型的例子，很好地说明了零售商如何建立超强感知能力（实时了解店内发生的情况）、明智决策能力（提供折扣或将人手调动到最能发挥作用的地方）和快速执行能力（使用数字标牌自动提供导航或估计等待时间，或让员工在顾客离开前上前提供帮助）。

这种行动能力是科幻小说中的情节吗？无论这个故事是令人振奋还是发人深省，管理者都不应将其视为奇谈怪论。事实上，它代表着零售商如今面临的竞争现实，在全数字化旋涡内的许多其他行业中也有所体现。

我们在 2016 年年初访问了领先的店内分析服务提供商 RetailNext，希望了解此类技术的成熟度和潜在影响。RetailNext 的客户包括数百家超大型全球零售商。该公司每年分析超过 8 亿名购物者的店内行为，收集的数据点超过 1 万亿个。[24] 在采访中，RetailNext 首席执行官阿列克谢·阿格拉契夫（Alexei Agratchev）谈道："目前，零售业需要借助各种系统让顾客感受到每个门店都与众不同、每一天都与众不同、每个顾客也都在一定程度上与众不同。这就是零售业的总体发展方向。这是一次非常艰难的转型，但这正是技术最大的用武之地。”

测试、学习、重复使用

前文曾提到，接受我们调查的高管发现，初创企业的最大优势之一是拥有勇于尝试和敢于冒险的文化。这一发现其实是在意料之中的，因为我们听得最多的一个问题就是：“企业如何才能加快创新速度？”这个问题的答案之一是：快速干预对加速创新有着不可替代的作用。①

腾讯是拥有较长历史的中国在线服务提供商，旗下拥有移动信息传送平台微信。它依靠更新换代和快速失败策略在市场上推出新服务。这个策略的一个典型例子是，腾讯利用内部竞争来刺激新产品和新服务的开发。事实上，微信平台最初就是通过内部竞争开发出来的。位于不同地点的两个产品团队同时收到内容相同的新平台开发指示，并对此展开竞争。两个月后，获胜的团队开发出一款用于文本信息传送和群组聊天的新移动平台，该平台最终发展成微信。[25]

腾讯还率先推出新的快速迭代模式，帮助其快速发布并改进在线服务。腾讯遵循“发布 – 测试 – 改进”的模式，向其用户群发布有部分新功能的平台。[26] 在发布后几小时内，腾讯会观察新服务的使用状况，并收集用户关于服务改进和附加功能的建议。通过这种方式，腾讯可以在几周内完成产品和服务的发布与改进，比传统的“Beta 测试”周期短得多。[27]

---

① 快速实现也有助于提高创新的质量和速度。如果颠覆者能够迅速以较低的成本对特定的组织能力收放自如，它们就有机会进行更多的试验、迭代设计、商业模式测试和持续学习。从这个意义上说，快速实现和快速干预可以对创新速度产生复合效应。

与在线服务不同，实物产品在开发的早期阶段通常需要更多时间和投资，因为企业要建立产品原型，对其进行测试和更改，直到产品可以批量生产。制造、石油和天然气、制药等目前位于全数字化旋涡外缘的行业很难迅速创新，因为它们制造（或需要）的产品非常复杂并且往往受到严格管制。这些产品的上市需要经过多个阶段，而且企业可能会发现，自己在某个开发周期投入几年时间和数百万美元资金后，只得出了产品无法投入市场的结论。

有一种结合了多种技术和运营创新的“数字孪生”概念可以帮助这些行业以快速干预模式更快地开发产品并使其适应不断变化的环境。“数字孪生”是对真实世界中存在的汽车、风力涡轮机或建筑物等物理对象的仿真虚拟表达。“数字孪生”相对于计算机辅助设计（CAD）的优点在于，CAD 是模拟产品和物理条件，而“数字孪生”是使用传感器和分析功能来创建物理对象与其数字化身的一对一映射。

因此，人们可以利用“数字孪生”来创建非常精确的模拟，借以了解物理对象在各种情况下的表现。这些模拟得出的数据可以用来显示条件变化或设计变更对性能造成的影响，也可用于创建新的虚拟原型并加速设计更改。“数字孪生”也可用于提高预测性维护的准确性，因为它可以对具体机器而非通用模型进行模拟，从而确定容易受损或磨损的部位。因此，制造商可以借助“数字孪生”实现商业模式创新，也就是从销售基于资本支出的实物产品转为销售利润更高的基于服务的产品。[28]

通用电气和西门子等制造商使用“数字孪生”来定制产品开发并提供预测性维护服务。例如：通用电气使用“数字孪生”为特定地点设计风力发电厂，并根据环境变化调整涡轮机，这可以使发电效率提高 20%；[29] 西门子与波音公司合作，模拟新型飞机的整个开发和工程过程，包括试飞。[30] 在一级方程式赛车中，汽车可能在一周内就要经历多达 1 000 次设计更改，所有这些更改都可以使用“数字孪生”方法来进行模拟，为车队在赛道上提供比赛优势。[31]

此外，“数字孪生”还可以帮助供应商和合作伙伴显著改善集成效果，这对汽车、航空航天和其他行业的复杂产品的生产至关重要。零部件设计中的信息传达错误和不精确之处可能导致代价高昂的延误和产品召回。借助“数字孪生”，制造商及其供应链合作伙伴就可以共同创新，使用数字表示进行互动，测试并确保零部件能够与产品集成。PTC 等专门从事产品生命周期管理的软件公司一直通过收购预测性分析领域的全数字化颠覆者来形成自己的“数字孪生”能力。这样，它们就能建立一个协作式产品设计网络（采用生态系统和众包等基于平台的商业模式）。[32]

最后，“数字孪生”目前还被运用于人体来提高医疗功效。有的医疗公司已创建人类心脏的“数字孪生”体，该“数字孪生”体经过调整可用于模拟人体的心脏功能。[33] 例如，通过为患有先天性畸形或堵塞的心脏创建虚拟副本，医生可以预测手术或植入起搏器等治疗对心脏的功能和患者的健康状况有何影响。“数字孪生”方法还有望在发现药物方面发挥重要作用。

动态流程的未来

流程变革是一个棘手的难题。动态流程模式对未来几年的流程发展意味着什么？让我们回顾历史来解答这个问题。

从 20 年前“电子商务”起步以及更早之前的业务流程重新设计直到如今，已经发生的业务流程全数字化带来了一项重要的改进：标准化。标准化意味着效率、一致性和生产力。虽然动态流程意味着没有完全统一的“流程”概念，但这与流程标准化的逻辑并不矛盾。相反，基于业务规则的程序化在动态流程和快速执行能力中不可或缺。随着这些业务规则数量的增长和智能化程度的提高，动态流程的价值也将提高。

最后需要指出的是，在未来，“实时”其实也太慢了，身处全数字化旋涡中的企业需要预测新的业务流程。企业需要感知、决策并根据可能的发展趋势主动调整流程，而不能只是感知、决策和应对当前的情况。2014 年，亚马逊注册了一项专利技术，名为“预测式出货”，该技术可使亚马逊在客户实际购买商品之前运送货物。亚马逊表示，它可以根据以往的订单和其他因素，预计特定地区的客户需要但尚未订购的产品，并提前将其打包运送。根据该专利，这些包裹可以在托运人的货运中心或卡车上等候，直到订单到达。[34]

考虑快速和安全

在从总体上考虑流程和快速执行能力时，企业必须注意安全方面的事宜。安全对敏捷性，特别是对加速创新的工作有着至关重要的作用，但企业有理由担心全数字化技术和商业模式可能会让它们更容易受到黑客的攻击。未来 5 年内，数百亿新的物联网连接进入网络，会给蓄意破坏之人提供许多新的入口。换言之，企业的“受攻击面”正在扩大。

许多现有企业的 IT 系统不断扩张，集几十年前的旧技术（其设计并不适合暴露在企业防火墙之外）和全数字化技术（需要与客户、合作伙伴和云等进行广泛连接）于一身。这些系统的复杂性和一些旧版 IT 系统的内在漏洞，使网络安全成为一项严峻的挑战。

因此，企业既迫切需要实行全数字化商业模式，又面临安全漏洞可能造成灾难的风险，左右为难。这种冲突导致企业放慢了创新步伐。在思科对企业高管进行的研究中[35]，71% 的高管表示网络安全风险阻碍了创新；另有 60% 的高管承认，他们不愿意开发全数字化产品，而身处全数字化旋涡之中，企业的发展乃至生死存亡又恰恰取决于这些产品。安全性不足意味着企业进行尝试和冒险的兴趣与能力都更低，这可能会损害企业实行攻击性战略（颠覆和占领）的能力。

评估快速执行能力

你的公司是否为实现快速执行能力奠定了基础？请试着回答以下问题。

我们网罗人才的方法有何变化？对许多现有企业来说，它们招聘员工或聘请外部服务的方式不合时宜，看起来就像是电视节目《广告狂人》中的情节，不适合全数字化旋涡时代。即使接收电子简历并向第三方招聘门户公布就业岗位，也与 Entelo、TalentBin 和其他社交媒体分析企业所采用的网罗人才和组建团队的动态方法相去甚远。

我们公司如何组建团队？大多数企业都会组建定义明确的部门（如今被普遍称为“业务部门”），以根据同样明确的市场商机调整资源。当然，在全数字化旋涡中，市场商机越来越不明确。

现有企业往往会建立组织孤岛和等级制度来迎合市场商机，这是它们被大多数颠覆者所不屑的共同特点。颠覆者大多采取机动人才方法，现有企业也应该采用这种方法。一些初创企业能够帮助组织以可视方式全面了解人才，从而以一种能够实现员工和企业最大价值的方式来分配人才。

他人能否提供（全数字化的）价值链环节来实现快速执行能力？尽管这是一些最具颠覆性的全球经济竞争者的一项关键要素（一种“秘密武器”），但是关注这个方面的现有企业仍然太少。在许多情况下，尤其是在需求经常发生变化的全数字化旋涡中的一些常见情况下，拥有价值链并不受欢迎。包括 Adyen、Zenefits 和 Zuora 在内，有许多提供不同能力的“军火商”可以帮助现有企业加快占领价值空地的步伐。

业务流程的实际变更频率如何？对大多数现有企业来说，业务流程都遵循一条可预测的轨迹。偏离这条轨迹总是不受欢迎的，即使这样做可能代表着有机会创造更多客户价值或对组织有利。而颠覆者则欣然接受需要动态调整业务流程的情况。实际上，在设计商业模式时，他们考虑的正是现有企业无法以相同的速度进行调整。RetailNext 等颠覆者开创了一条新的道路，一条根据当前业务环境动态调整业务流程并促进企业持续学习的道路。

精益现有企业

我们在第 1 章提出了“束手束脚的现有企业”一词，用来说明市场领先的大型企业如何背负着资产、价值链、流程和组织行为等包袱，在一个颠覆无处不在的时代丧失竞争力。我们指出，现有企业往往缺乏初创企业的典型优势，例如速度、敏捷性，以及勇于尝试和敢于冒险的文化。本书的宗旨是促进企业在复杂的大型组织环境中用多种方法复制这些初创企业的优势。

随着全数字化颠覆者近年来获得如此多的市场份额和关注度，一种被称为“精益创业”的理念已开始流行，并通过连续创业者以及作家埃里克·里斯（Eric Ries）和史蒂夫·布兰克（Steve Blank）的著作得到普及。[①] 精益创业方法强调通过广泛听取客户意见和迭代设计来提高创新的智能化程度并支持学习，同时提高初创企业取得成功的可能性。精益创业不会预先将资源投入到昂贵的设计和开发中，而是生产廉价的“最简化可行产品”（MVP），通过与客户进行沟通来发现其缺点，确定客户重视（和不重视）的方面，并发现重塑公司产品的机会。通过这种“经过验证的学习”，初创企业就能“转向”，重新构思产品或服务，使之更符合市场需求。

顾名思义，精益创业的重点主要放在规模较小、不太成熟的企业上。然而，这并不能阻止市场中大型现有企业的领导者尝试将这种方法引入自己的创新流程中。[②] 虽然勇气可嘉，但尝试采

---

① 请参阅以下文献：Eric Ries, *The Lean Startup: How Today's Entrepreneurs Use Continuous Innovationto Create Radically Successful Businesses* (New York: Crowne Business, 2011), and SteveBlank, *Four Steps to the Epiphany: Successful Strategies for Products That Win* (California:Steve Blank, 2013).

② 有一些著作论述了此问题，值得一读，例如：Vijay Govindarajan and Chris Trimble, *The Other Side of Innovation: Solving the Execution Challenge* (Boston:Harvard Business Review Press, 2010), and Nathan Furr and Jeff Dyer, The Innovator's *Method: Bringing the Lean Startup into Your Organization* (Boston: Harvard Business Review Press, 2014).

用精益创业理论的现有企业大多都已失败。充其量，它们的成果也只是史蒂夫·布兰克所说的“创新剧场”：创新的噱头和大量炒作，但没有实质性的改变。[36]

想象一下这样的企业，它们无论是在新产品引进领域还是在日常运营的方方面面，都能不断学习并验证所学的知识。这类企业利用超强感知能力进行学习并依据所学知识进行明智决策，然后实行转变，从而为客户创造新的或更大的价值。最后，再想象一下，这类企业在执行上述活动时，不仅能做到普遍深入、持之以恒，而且还能行动迅速。

还觉得“精益现有企业”（与“束手束脚的现有企业”相对）的说法牵强吗？完全不会。事实上，在复杂的大型组织中形成“转向”能力正是 DBT 中心的核心概念 —— 全数字化业务敏捷性的精髓。行为和情景感知、包容性和增强型决策，以及动态资源和流程共同表现为智能变革，超出了企业创新方式的范畴，涵盖企业的整体执行能力。

结 论

本书的关键主题

在本书末尾，我们来回顾一下书中的几个主要观点及其在推动组织革新方面的作用，以及如何将其运用到你的企业中。此外，我们还要审视全数字化旋涡的一些长期影响，并从更广泛的意义评估全数字化颠覆及其影响。

在前言中，我们将全数字化业务转型定义为“运用全数字化技术构建新的商业模式，实现组织变革，进而提高绩效”。我们注意到，《全数字化赋能》并非一本关于转型本身的书，而是一本有关如何开展竞争的手册。组织变革作为转型的基础，是一项范围更广的任务，将主导我们今后的研究议题，具体而言就是，企业如何实施和吸收以敏捷性为导向的创新。

本书通过大量的原始研究剖析全数字化颠覆的发生过程，概述全数字化颠覆者的组织特性和能力，并描绘了一些令人信服的“下一步行动”供现有企业提高竞争力。

我们介绍这些做法并不表示对特定应用方法的认可，也不应将其视为支持采取战术性“单点解决方案”的转型方法。转型并不仅仅是将正在使用的全数字化解决方案简单相加。正如理查德·尼克松所言（也许是杜撰的）：“解决方案并非答案。”本书中提及的许多初创企业最终将退出历史舞台。尽管如此，我们仍然可以学习它们的模式。

也可以说，我们的目标是超越各种管理文献中充斥的一般转型原则——自上而下，侧重于变革管理。不遵守这些原则无疑预示着转型工作中将出现相应的失败，但是遵守这些原则对于确立自身与那些采用同样做法的企业的竞争差异的作用也不大。在全数字化旋涡中，遵守这些原则可增强自身竞争力。

我们已经展示了全数字化颠覆者如何无视传统的价值链，而专注于创造成本价值、体验价值和平台价值，然后将其合而为一发起组合式颠覆。我们介绍了 15 种商业模式，描述了全数字化旋涡中发生的大部分价值创造和价值获取活动。这些模式可以跨 B2C 和 B2B 板块适用于所有行业，并可供现有企业纳入自己的战略中，用于应对它们面临的全新竞争形式。

我们分析了“价值吸血鬼”的出现，它们正在对市场和利润板块造成不可逆的改变。但是，我们也分析了颠覆的有利一面，那就是形成价值空地，带来不断快速演变且竞争激烈的市场商机，这将成为许多现有企业未来获取增长的源泉。我们的任务是找出成功发起颠覆的企业（部分属于现有企业，但更多的是初创企业）所共有的跨领域能力，以及这些能力是如何在全数字化旋涡中提高其竞争优势的。

了解创造客户价值的方法、用于创造客户价值的商业模式、所处的竞争形势，以及可供企业选择的应对战略选择，可以为企业的全数字化业务转型之旅指引方向。转型没有放之四海而皆准的方法，也没有一成不变的行动方案，如果咨询公司或“全数字化”顾问提出任何此类言论，高管都应该持怀疑的态度。有太多全数字化转型工作只不过是战略骗局（为转型而转型），只会耗费组织资源并最终使组织招致怀疑和丧失竞争地位。我们对高管的研究和与高管合作的经验告诉我们，导致转型计划失败的最大因素之一是企业对需要赢得胜利的最终博弈（为客户创造的价值和正确的商业模式）理解不足。而这，正是我们的出发点。

转型就绪企业

我们认为，全数字化业务敏捷性并不仅仅是大量相斥的优先要务中需要保持关注的另一个因素或需要考虑的问题，而是在颠覆程度日益加剧的时代开展竞争并战胜对手所必须具备的一项最重要的组织能力。原因很简单，身处全数字化旋涡之中，全数字化业务敏捷性是核心的基本能力。

全数字化技术是敏捷性三要素中所有要素的支撑基础。尽管这些技术必不可少，但仅靠这些技术还不足以形成全数字化业务敏捷性，因为这种敏捷性的根源是人员和流程。全数字化技术和提供这些技术的企业会不断改变。能够找到恰当的工具、技术和商业模式并利用它们来形成超强感知能力、明智决策能力和快速执行能力的组织，才是能长久保持敏捷性的组织。换言之，全数字化技术只是实现敏捷性这个目标的一种手段。

全数字化业务敏捷性是本书中介绍的所有框架的基石。我们将其视为了解、创造和提供成本价值、体验价值和平台价值的基础。企业能否发现价值空地取决于其超强感知能力。利用价值空地则需要明智决策能力和快速执行能力。“感知、决策和行动”这个循环能够提高企业的全数字化业务敏捷性，是包括“价值吸血鬼”在内的所有成功的全数字化颠覆者的共同特征。

我们还进一步提出了作为超强感知能力、明智决策能力和快速执行能力基础的 6 项亚能力：行为感知和情景感知、包容性决策和增强型决策，以及动态资源和动态流程（参见图 18）。这些

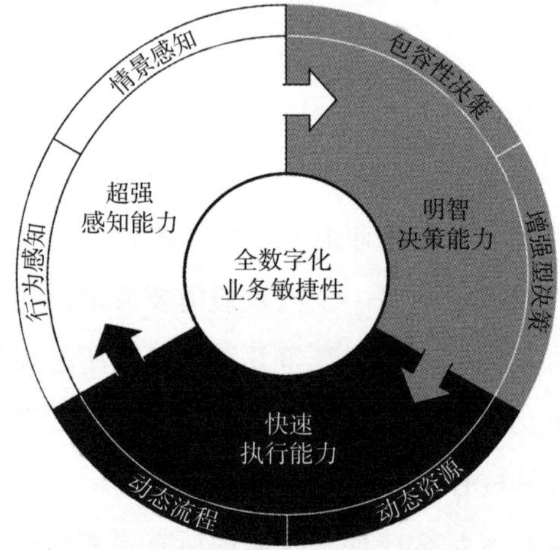

超强感知能力	**行为感知**：了解员工和客户的行为方式、他们的想法以及他们重视的事物的能力	**情景感知**：发现组织内部和外部环境中的变化并辨别其中的重要变化的能力
明智决策能力	**包容性决策**：根据源于不同个体和团队之间协作的共同智慧进行决策的能力	**增强型决策**：将数据和分析纳入整个组织的决策过程的能力
快速执行能力	**动态资源**：按照业务条件获取、部署、管理和重新分配资源（例如人才和技术）的能力	**动态流程**：快速推出新的业务流程并顺应不断变化的商业环境调整现有业务流程的能力

图 18 全数字化业务敏捷性整体方法

资料来源：全球全数字化业务转型中心，2015 年

能力必须作为一个密不可分的整体，推动从认知到运营首尾呼应的过程。

我们认为，所有组织都需要深谙全数字化业务敏捷性之道。它对取得持续成功的重要性并不只是针对全数字化巨头及其直接竞争对手而言，而是与全数字化旋涡中的所有企业和行业都息息相关。本书列举了许多例子来说明医疗、能源和制造等历来变化缓慢的行业所面临的颠覆性威胁。

我们介绍的用于应对全数字化颠覆的收割、撤退、颠覆和占领战略也要依赖全数字化业务敏捷性。当然，确定恰当的战略就像射击移动靶一样。随着环境发生变化，哪怕是最合适的应对战略也会改变。例如，确定制造壁垒和撤退的恰当时机就非常重要。完善颠覆现有业务或占领新的价值空地的正确方法需要不断进行调整。

无论是对 B2B 公司还是 B2C 公司而言，全数字化业务敏捷性都同样重要。正如我们反复指出的，全数字化颠覆者关注的是价值而非价值链，因此 B2B 公司必须弄清在哪里创造价值。遗憾的是，与我们合作过的许多 B2B 公司都缺乏对超强感知能力的强烈感知，原因也许是它们往往距离所创造价值的最终使用方式（例如其客户的客户如何使用）仍有几步之遥。正如我们所看到的，通用电气和通力电梯公司等具有远见的 B2B 公司都在采取积极的措施，培养全数字化业务敏捷性作为其经营模式的支柱。

无论是对于提供产品的公司，还是对于服务公司，全数字化敏捷性都同样重要。服务往往相对稳定不变，不是特别富于创新。考虑一下如同顽疾一般困扰银行、电信、旅游和专业服务（包括法律和会计）等行业的效率低下和客户体验不足吧。因为服务行业的客户往往对体验价值的改进非常敏感，所以这对全数字化颠覆者意味着巨大的商机。敏捷的竞争对手可以发现服务行业中存在的许多价值空地，并开展动态试验来寻找新的和更好的客户价值形式。

我们认为，全数字化业务敏捷性必须成为组织根本结构的组成部分。组织必须对其予以承认、付诸实践并进行激励和改进。全数字化业务敏捷性（企业的“适应性”）的宗旨是帮助组织做好转型的准备，使其成为具备适应性和灵活应变能力的企业。但这并不意味着企业不分轻重缓急地什么都要优先处理，而是必须将实现全数字化业务敏捷性视为头等要务。

概念的运用

如何将上述概念运用到你自己的企业环境中？为了指引你踏上全数字化业务转型之路，我们在附录 B 和附录 C 中提供了两个框架，供你规划自己的目的和路线。（我们在 DBT 中心的高管交互式练习中也使用了这些框架。）第一个框架是关于全数字化颠覆诊断的，涵盖了本书第一部分介绍的许多内容：各种客户价值、商业模式和应对战略。该框架首先询问你的公司创造的是哪种（或哪些）价值：成本价值、体验价值，还是平台价值。你应该从公司的现状和 4~5 年内的情况这两方面对此进行评估。你可以借此考虑公司目前的商业模式和期望实现的商业模式，以及你打算为客户提供的价值和关系的种类。

接下来，我们要求你考虑我们分类的全部 15 种商业模式，并按 0~10 分对其进行评分，其中 10 分表示“严重且迫在眉睫的威胁”；然后，列出一些可能威胁到企业的当前和潜在颠覆。这部分练习通常在小组环境中最有效，因为可以利用不同的观点对容易遭受的潜在威胁（尤其是来自非传统竞争对手的威胁）进行集体讨论。在我们主办的研讨会上，此过程总是会引起广泛的争论。

最后，你必须根据以上情况，确定可以采用哪些防御性战略（收割和撤退）及攻击性战略（颠覆和占领）。同样，这一部分通常也是在小组环境中最有效，你和同事可以考虑不同的方法，并补充每种战略可能需要的内容。你可以对公司的每个业务部门重复整个诊断过程（这是一种很好的做法，因为颠覆通常不会以同样的方式影响企业的所有方面）。

第二个框架是关于全数字化业务敏捷性诊断的，包含第二部分的内容。该框架分析作为全数字化业务敏捷性能力基础的各项具体能力。对于超强感知能力，你需要考虑员工和客户、商业环境和运营环境，按 0~10 分（其中 10 分表示“非常强”）对公司在行为感知和情景感知两方面的能力进行评分。然后，对明智决策能力和快速执行能力及其各自的亚能力重复此过程。

许多企业在这些方面的得分不太理想。虽然这些先进做法属于标杆做法，但部分企业对自己员工的所知所为、客户行为以及自身实物资产状况的了解真可谓微乎其微，简直令人瞠目。而当考虑到大多数大型企业几乎没有采取什么措施来确保自己做出明智决策，或者当今现有企业普遍离“动态流程”等概念相距甚远时，我们更是感到十分气馁。好消息是（同时也是坏消息），在研究的当前阶段，我们在大多数大型现有企业中鲜有发现具备全数字化业务敏捷性的证据。

因此，本练习的重点是期望达到的未来状态而非当前的能力。

我们要求你确定你想变革的方面以及一些潜在的“全数字化助力”（人员、流程和技术），然后确定其优先顺序。一旦彻底考虑清楚，你就在通向全数字化业务转型的道路上迈出了关键的第一步。

未来之路

全数字化颠覆带来了许多问题，其中一些饶有趣味，无法在本书中一一论述，但我们应考虑其中一些最重要的问题，包括管理人员及其领导的企业的长期影响。我们已经看到了全数字化颠覆者如何借助突破性技术和商业模式从许多方面重新定义为客户创造的价值，从而取代现有企业。我们还指出，颠覆不仅发生在市场层面，企业内部完成工作的方式也会发生颠覆。

但是，“管理”方面又如何呢？经过多年创新水平相对较低的低迷期之后，管理结构现在重新受到关注并吸纳了新的思维。企业正在退一步考虑更广泛的问题——身为管理人员意味着什么。

在一个重塑工作方式的时代，人才的分配是动态的，通过市场机制完成并且因不同机会而异，因此管理人员的角色也会发生巨大的变化。管理人员的责任并非长期监督员工个体的工作，而是必须协调人员构成不断变化的参与者队伍（不同参与者经常加入和离开管理人员负责的项目）。这需要管理者在比较短的时间内管理更多的人员和不同类型的参与者，包括企业人才云中的承包商和供应商。

全数字化颠覆者走在管理创新的前沿，主要原因是它们必须找到可以扩大经营规模且无须大量正式员工或复杂流程的方法，因为大量正式员工和复杂流程被企业家视为经营颠覆性企业的沉重包袱。因此，它们成为创新型人员配备和管理战略的实验田。

Zappos 是一家经营鞋类和配饰的领先电子商务零售商，其整个组织正在向被称为“合弄制”的管理模式转型。在合弄制模式中，职权和决策通过自组织团队进行分配，而不是通过传统的管理等级进行分配。[1]该模式中既没有官衔，也没有管理人员。Zappos 首席执行官谢家华对这种模式非常有信心，他甚至向不愿意在这种管理模式下工作的员工提供遣散费，结果有 14% 的员工接受了遣散费并辞职。[2]根据报道，该公司前段时间出现了动荡，这项试验能否成功仍需拭目以待。[3]不过，谢家华愿意放手一搏，因为如果合弄制成功，Zappos 将在提高敏捷性的同时消除对昂贵管理人才的需求，从而获得竞争优势。

软件公司 Basecamp、西红柿加工企业 Morning Star 和面料制造商 Gore-Tex 等其他企业也实施了新的管理结构，例如格子状组织、扁平化组织结构和自我管理。[4]下一代管理结构和领导模式将是 DBT 中心未来研究的重点。

随着企业改用更加动态的资源和流程方法，在很大程度上固定不变和自上而下的报告链变得更加网络化，这有利于实现更灵活的资源配置并在员工中形成平台效应。我们还希望通过泛在分析，让高管和中层管理人员的支持力度大幅上升。简而言之，我们期待管理层本身具备更多“管理学”知识。

那么，聘用这些管理人员的公司呢？它们又如何？全数字化颠覆不仅会分解行业，还会拆分企业，让人对企业存在的基本原理产生怀疑。1937 年，罗纳德·科斯的著作《企业的性质》成为管理理论的奠基之作。他指出，企业产生的原因是企业能够显著降低交易成本。[5]企业家和管理人员不希望每次设计出新部件或将其出售给客户时都要制定新的流程。然而在全数字化旋涡中，交易成本锐减，买卖双方之间的透明度更高，转换成本更低，创新者面对的准入壁垒更少，商业活动中的摩擦也更少。

我们还提出了这样的理论：对希望驾驭颠覆的企业来说，重要的是价值而非价值链。这意味着关注价值链是错误的，组织应该培养并选择相应的能力，尽可能直接地创造成本价值、体验价值和平台价值。此外，随着价值链的重要性的减弱，拥有构成传统价值链的资产（工厂、仓库、呼叫中心、车队）实际上变成了竞争劣势。如果企业能够近乎无限地发展但又不会变大，结果会怎么样？随着全数字化与实物分离，没有资产但可以发挥规模效益的企业就可以开始发起颠覆。

这种颠覆能发展到什么程度呢？Ethereum 是总部位于瑞士的一家颠覆者，提供平台、虚拟货币和编程语言，有可能通过创造“可编程货币”[6]实现交易双方（买家和卖家）之间交易的自动化。该技术有时被形容成“比特币 2.0”，它将区块链技术发展到了新的高度，能够创建“智能合约”，即可以自主发挥作用而不需要像银行这样的中间人的可编程交易规则。[7]有些人认为，这种方法有一天会导致“去中心化自治组织”（DAO）的产生，消除几乎所有当今企业中固有的人工流程（即企业由企业本身经营）。Ethereum 的发言人斯蒂芬·蒂阿尔（Stephan Tual）表示：“比如，可能有一台机器负责所有财务合同的洽谈磋商。它能为你赚钱，只要你选择这样做。你也可以决定在合同开始后抽身而退，它会继续自己经营。然后，这台机器就会为它自己赚钱。只是一台机器，却变得越来越有钱。它甚至有可能成为雇主，雇用人类。”[8]Ethereum 的联合创始人维塔利克·布特林（Vitalik Buterin ）说，他的目标是将该技术建成“一切事物的基础平台”。[9]

按照这种说法合理类推到极致，我们不仅可以想象由机器人或如同区块链的相互监管算法所经营的企业，还能想象经济活动的去中心化成为普遍现象并臻于极致，世界上完全没有企业，无论是实体企业、由人负责的企业还是虚拟企业都将不存在，世界真正步入后企业时代。正如 Ethereum 当时的首席技术官在 2015 年有关开源模型的演变及其更广泛的经济用途的博文中解释的那样：“要从根本上去中心化，编写软件只是第一件事……（采用 Ethereum 的模式）各方面的服务都会走上同一条路。死板僵化的组织或企业的理念将从此消失。”[10]

这个仍是遥远而不确定的前景。但是，研究全数字化旋涡效应反复得到的一个教训就是，市场变革速度呈指数级提高，不应将不确定与不可能混为一谈。Ethereum（还有其他企业，包括志同道合的风险投资机构、技术产业巨头和多国金融机构，全都在这项技术上投入了数百万资金）所设想的前景代表了所有组合式颠覆的根源，可以实现具有真正革命性水平的成本价值、体验价值和平台价值。这样的未来与我们熟悉的任何商业交换和竞争概念都很难协调一致，这是一种基于自动化、分析和连接运转的经济。

利弊与风险

我们并没有回避全数字化颠覆的事实及其所代表的对企业一直以来的运营方式的痛苦变革。对于一些非常有争议的话题，包括全数字化颠覆对整体经济的影响、对劳动力的意义，以及随着工作和商业的全数字化隐秘被削弱可能性，我们也采取了相当中立的立场。这是因为我们的着眼点是企业个体的竞争力，而不是其对社会的大规模影响。但是，这种中立不应该被解释为对这些后果（特别是对普通职工的后果）抱有矛盾心理。① 当软件程序可以“写出”有关体育赛事的报纸文章，而且几乎与人类记者撰写的文章无异时[11]，或者当 3D 打印机无须熟练的商人帮助即可建造整栋公寓大楼时[12]，不应小而化之的真正就业风险就存在了。

我们希望大家认识到全数字化颠覆是真实存在的，而且短时间内根本不可能恢复原来的状况，即便现在占据商业媒体大量篇幅的颠覆者已显著减少。② 这是因为，正如我们所强调的，重要的是颠覆带来了什么，而不是颠覆者本身。

然而，面对一方面市场份额和财富集中化而另一方面又存在颠覆和取代这样似乎相互矛盾的趋势，我们能怎么做？没有足够的竞争[13]和空前的竞争水平如何能并存？

许多最大的现有企业拥有最好的防御［例如，拥有摩根大通首席执行官吉米·戴蒙（Jamie Dimon）所说的“堡垒”式资产负债结构[14]］，并利用这些防御取得了良好的效果。现有企业正在囤

---

① 有关全数字化颠覆对多个国家和地区的工作者有何影响的概述，请参阅 the *Financial Times' series* “New World of Work,” accessed April 25, 2016, ft.com/indepth/new-world-of-work

② 对当今许多高调的颠覆者而言，大坝存在裂缝。从以下文献便可见一斑：Farhad Manjoo, “The Uber Model, It Turns Out, Doesn't Translate,” *New York Times*, March23, 2016, nytimes.com/2016/03/24/technology/the-uber-model-it-turns-out-doesnt-translate.html and Ted Schadler et al., “What Comes After the Unicorn Carnage? Smart CMOs Will Exploit the Slowdown to Catch Up With and Serve Customers,” *Forrester Research*, March 30, 2016, blogs.forrester.com/ted_schadler/16-03-30-what_comes_after_the_unicorn_carnage

积现金[①]，部署律师和游说者大军，并压榨供应商和客户来推迟或避免被撬墙角的厄运。然而，正如我们所说，事实可能证明，这些防御的破绽和漏洞比过去要多。用涨价或降低服务质量压榨客户等于请人来颠覆自己。尽管人们普遍猜测初创企业的前景是将陷入廉价资金枯竭的情况，但现有企业也很容易获得资本，这使许多业绩不佳的竞争者能够掩盖或避免竞争颓势。

大型企业可以适应全数字化旋涡，其中有些还会获得蓬勃的发展。那些能够通过持续的组合式颠覆占领价值空间的企业可能会取得巨大的成功并保持市场领导地位。根据 DBT 中心的研究，最能决定谁去谁留的，不是企业的规模大小，也不是市场占有率的高低，而是企业创造客户价值的水平以及提供这种客户价值的组织敏捷性的强弱。

是什么使全数字化旋涡旋转？换言之，为什么会发生这种颠覆？为谁而发生？不管是从哪方面讲，答案都是市场和社会上的需求空缺可以通过全数字化方法来满足。虽然实现利润最大化、提供便利和为用户提供新的娱乐来源在吸引私人股本和风险投资方面可以发挥重要作用，但这些都不能充分说明为什么我们会遭遇全数字化颠覆者。

---

① 一些观察人士将企业现金持有量的上升直接归因于技术在经济中的地位日益突出。圣路易斯联邦储备银行的分析注意到："美国企业现金持有量的上升部分是因为研发（R&D）的地位日益突出。由于研发本质上是一种涉及不确定性的活动，所以研发与现金持有量之间自然存在关联。研发在整体经济中的重要性日益上升是信息技术公司迅猛发展导致的长期现象。" Juan M.Sánchez and Emircan Yurdagul, "Why Are Corporations Holding So Much Cash?" Federal Reserve Bank of St. Louis, January 2013, stlouisfed.org/Publications/Regional-Economist/January-2013/Why-Are-Corporations-Holding-So-Much-Cash

促使这种变化发生的许多因素都是更根本的因素：对消费者来说，是以更少的花费获得更大的价值；对机构而言，是让医疗、能源或教育等公共财产更实惠、更有效。人类的聪明才智和“让生活更美好”的普遍渴望才是全数字化旋涡的动力来源。

尽管有缺点，但是在许多方面，全数字化已“交货”了。经济学家可能不认同全数字化技术促进了生产力的提高[15]，但这种争论掩盖了个人和企业客户通过学习、连接和买卖而实现巨大价值的事实（特别是将全数字化商业模式也考虑在内时）。

有一个论据很有道理，那就是全数字化颠覆是我们对抗气候变化的最大希望。在传统市场机制、国家领导人和改变行为的恳求失败的情况下，全数字化颠覆为我们提供了一个机会，使我们能够在替代性能源、智能交通和消费效率等许多方面，制造规模效应并以极快的速度对气候危机采取行动。这些有益的结果也许就是接受我们调查的高管认为颠覆具有积极效应的原因（参见图19）：75% 的高管表示全数字化颠覆是一种进步，正在推动我们向正确的方向发展；几乎有同样多的高管认为最终受益的是客户，2/3 的高管认为全数字化颠覆能够增强个人的能力，不仅是作为消费者的能力，而且是作为人类的能力。

尽管全数字化颠覆对某些企业乃至目前的各行各业来说是负面的，但是从实用意义上看，它对整个世界可能是正面的。接受调查的高管对全数字化颠覆的看法可能恰巧证明了经济学家约瑟夫·熊彼特的老生常谈在当代社会的正确性，他曾指出资本主义的精髓是“创造性破坏”，即永久摧毁旧有的经济秩序，并在其废墟上建立创造财富的新源泉。[16] 同样值得注意的是，调查的对象是大中型私营企业的高管，而不是政府官员、劳工领袖或失业人员。

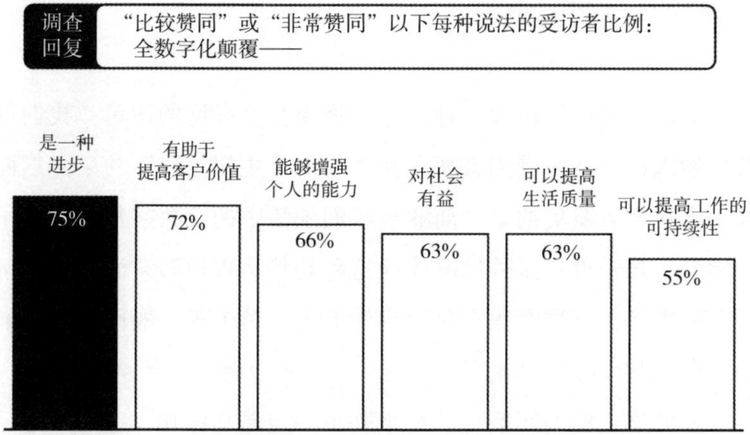

图 19　高管对全数字化颠覆的看法

资料来源：全球全数字化业务转型中心，2015 年

断言全数字化颠覆不会导致经济混乱未免过于天真。行业中坚力量正在被取代，被迫蹒跚前行，或者被扫进历史的故纸堆。整个行业都受到自动化、人工智能和去中介化的间接冲击。国家在全球舞台上的地位随着它们应对全数字化变革的成败而沉浮。减轻这些负面影响并向受到影响的人伸出援手要靠我们大家——企业、政府和民间团体。

不过，我们必须从一个平衡的观点来考虑这些混乱，将数字时代前所未有的成本价值、体验价值和平台价值新源泉纳入考虑范围。资金节省、便利、有更多学习和分享想法的机会、提高可持续性，这些只是公认的几个价值源泉。这些价值相结合，能够产生巨大的好处。这可能也解释了为什么企业领导人通常会以乐观的眼光看待全数字化颠覆，尽管他们承认自己的公司可能会处于不利境地。

选择你自己的未来

全数字化旋涡包含一种可能会被视为宿命论的逻辑：我们都被它卷入其中，并受到其变化和竞争的“主权法律”约束。然而唯一真正不可避免的是，商业和我们生活中的全数字化程度将不断提高。几乎没有哪种情况能让这种趋势出现逆转。而并非不可避免的则是，这种全数字化对身为商人、员工等一般民众的我们的影响。

全数字化旋涡所呈现的未来既不一定是乌托邦，也不一定是反乌托邦。我们看到的迹象显示，“赢家通吃”的竞争效应正在导致市场份额和财富集中化。商业和人际互动的全数字化程度越来越高，有可能威胁到我们的隐私和安全。然而，全数字化旋涡更大的意义并不在于控制，而在于选择和赋予能力。对企业而言，全数字化业务敏捷性可以帮助它们在全数字化旋涡中选择并走出自己的道路。对一般民众而言，全数字化颠覆意味着我们可以摒弃千年来约束资本主义的许多经济和社会模式，建立平等的联系，并摆脱信息获取方式、所处地点、社会经济地位以及顺从压力的束缚。

可汗学院是一家非营利组织，向世界各地的学生提供免费教育内容（成本价值）。它宣传的使命是“为全球各地的所有人提供世界一流的免费教育”。[17] 该公司的学生人数超过 3 000 万，它的课程的观看次数超过 5.8 亿，许多从幼儿园到 12 年级及以后的经典主题课程已被翻译成近 40 种语言（体验价值）。[18] 可汗学院使用 YouTube 视频辐射以前由于没有渠道而未得到教育服务的群体，包括没有受教育机会的学生和需要家教辅导的学生（平台价值）。

可汗学院还通过知识共享许可和开源应用向超过 100 万注册教育工作者提供在线工具和资源，这些教育工作者中有许多人在经费紧张的学校系统工作。

可汗学院的模式代表一种全球性的组合式颠覆，而且没有负面效应，只有赢家。可汗学院的人选择了利用全数字化颠覆来支持他们想要实现的未来。我们大家都必须以此为榜样。

后 记

在全数字化旋涡时代出版一本书

“我们应该写一本书。”2014 年年底，在来自 IMD 和思科的团队首次在洛桑召开会议讨论当时还只是一个令人兴奋的合作意向时，这一点得到普遍认同。不过，当时我们认为这个目标虽然有价值，但需要长期的努力。

DBT 中心于 2015 年 6 月在 IMD 正式启动，当时我们公布了第一批原始研究的结果。在接下来的几个月，我们能够开展大量其他新研究，并走访了数百名高管，讨论全数字化颠覆和转型的话题。

2015 年 11 月，由 IMD 和思科双方员工组成的 DBT 中心团队召开了一次例行的网真会议，在会上再次提出了写一本书的想法。讨论得越多我们就越认识到，对于这个对高管日益重要（或应该日益重要）的主题，我们拥有许多有价值的新信息，事实上，我们拥有足够的数据撑起一本书的篇幅。

虽然有一些不同的出版商，其中不乏著名的商业书籍出版商表示非常愿意与我们合作，但我们很快就达成了共识，部分原因在于这是一本有关全数字化颠覆的书，所以我们也会按照颠覆性方法来创作它。在粗略比较传统出版商的产品和颠覆性竞争者（Amazon CreateSpace 和 IngramSpark 是我们的前两名选择）的产品后，我们得出了一些很能说明问题的见解。其中最主要的是，颠覆性出版商发起了明显的组合式颠覆，让书籍作者受益。我们发现，这些颠覆者比传统出版商赚取的利润低得多，它们提高了作者的版税，从而为我们创造了成本价值。我们还能通过它们的按需印刷模式实现成本价值，这表现的是被我们称为“基于消费的定价”的商业模式。该模式下没有实体书印刷、购买和库存，也没有运送成本（无论是对于我们还是对于可能进货的书店），而是在客户点击“购买”时再打印书籍。

这些颠覆者还以多种方式创造了体验价值。其中，第一种体验价值是客户做主。颠覆性出版商允许作者将自己的书当作“永久测试版”，书籍的再版次数不受限制。由于其采用按需印刷模式，几乎没有“沉没成本”，作者可以随心所欲地频繁更新书籍，只需上传新的手稿原始文件即可。事实上，你现在读的这本书应该是最完善的版本。

由于我们不必只选择一家出版商或印刷商（实际上我们选择了两家），所以也获得了基于客户做主的价值。有多少传统的图书出版商会同意这种做法？对我们来说，这一点非常有利，因为在我们选择的这两家中一家经营范围覆盖全球，而另一家在书籍外形设计上更加灵活（例如精装本和电子阅读器），让我们一举两得。客户做主的商业模式的精髓是实现自助服务和中间商“脱媒”，这正是我们能够做到的。

第二种体验价值是即时送达。事实上，这是在确认一些基本要求（例如纸张和印刷的质量可媲美独立出版[①]方法）后，我们决定选择颠覆性出版平台的最重要因素。简单来说，这些颠覆者比传统出版商的速度要快得多，据传统出版商的非正式说法，要将我们的书准备好、付印并出书，可能需要一年或更长时间。但现在，我们能减少一半以上的时间：从我们协定出书开始到我们第一次拿到实体书，整个过程只用了 6 个月左右。

除此之外，出版商用于创造体验价值的还有以下模式：定制，因为我们可以选择书籍版式，还有各种用于制作电子阅读器和有声版本的选择；化繁为简，因为我们可以管理直接用于印刷的内容的创建和上传过程；自动化，因为整个过程中的印刷、电子商务交易、支付和配送这些关键步骤几乎完全在线处理。

这些出版商还提供了一定程度的平台价值。亚马逊是全球最典型的全数字化市场的例子之一，维系着由作者、书店、图书购买者和其他各方组成的多边市场。亚马逊还通过自己庞大的销售渠道提供这本书，借助社区效应创造了平台价值。IngramSpark 是 Ingram Content Group 的一部分，也是世界上最大的图书发行商之一，让我们得以将遍布数百个国家和地区的数千家图书实体店作为销售渠道。这些平台提高了我们的信息传播效率，并扩大了我们的影响。

在设计本书封面时，我们通过 99designs 的服务发现了平台价值（众包），这家公司为需要设计服务的人提供机动人才渠道。该公司总部设在旧金山，提供一个众包平台供客户举办“竞赛”，世

① 过去被称为个人出版，随之形成（理所当然的）负面含义，现在更准确地被称为独立出版，而且这两个词（和相应活动）区别极大。

界各地的设计人员可以提交设计参赛，争夺 200 美元到 2 500 美元的现金奖，具体金额视项目而定。在几天内收到设计人员提交的数十份设计后，我们选出决选名单并更改提交的设计，然后挑出了我们最喜欢的一份设计。使用这项服务，我们不仅能获得符合我们规定的图书封面，而且所需时间和成本与提供全面服务的传统设计机构相比微不足道。我们非常喜欢这个过程，所以之后我们又让 99designs 举办了两次竞赛，一次是将我们的网站设计（digitalvortex.com）众包，另一次是将我们的营销材料众包。因此，得益于组合式颠覆的威力，本书的出版过程与我们最初的设想大相径庭。

那么，本书中介绍的研究和内容创作本身如何呢？让我们从本书中包含的另一个关键概念的角度来审视这些要素，这个概念就是全数字化业务敏捷性。

超强感知能力是指对环境中正在发生的事情进行全面的了解，它实际上与研究的意思相近。我们希望跟踪多个向量，全面了解颠覆的发生机制，并确保不会遗漏关键思路或曲解认知来迎合我们可能拥有的任何先入为主的观念。具体而言，我们需要的是定量和定性相结合的见解。为获得定量见解，我们与 LightSpeed Research 的分部 Global Market Insite（GMI）合作，通过在线问卷调查对 13 个国家和地区的约 941 名高管开展了调查。我们与 GMI 合作，在征集受访者和完成实际实地调查方面，实施了我们期望落实的质量控制措施剖析。由于 GMI 网络规模庞大，且拥有全球研究合作伙伴生态系统，我们得以在不到 30 天的时间内，从一批经过预先审核的参与者中征集到近 1 000 名受访者。我们还与 Lionbridge 进行了接洽，该公司通过机动人才方法提供低成本翻译服务，不到一周就将我们的调查工具翻译成 9 种语言。

为获得定性见解，我们使用 Gerson Lehrman Group（GLG）提供的专业知识共享在线会员制平台与数十名高管进行了定性访谈。借助该平台，我们可以发现、招募这些专家并与其沟通。我们的团队依靠协作技术来进行访谈，这些技术包括由思科和颠覆性初创企业提供的网真和基于云的会议工具。如果没有这些能力，我们就无法对颠覆者如何重塑行业和市场以及市场领导者采取了什么应对措施有如此详尽且有据可依的全面了解。换言之，就是我们无法有如此强的感知能力。

为了分析我们的数据，我们使用了一系列分析和协作工具来培养明智决策能力。其中包括基于云的数据分析和共享平台，用于交换和理解我们收集的大型数据集和见解。例如：我们使用 MarketSight 和 R 这两款基于云的低成本数据分析软件工具来获取对我们主要研究数据的不同观点并运行统计分析；我们使用在线文件共享服务 Box.net 在整个团队中交换大量内容，包括视频和音频文件；我们通过基于云的转录服务获得了我们与企业家和高管进行的许多访谈的书面记录，该服务名为 Rev.com，可在 24 小时内返回完成的文字记录，每分钟音频仅收费 1 美元。Rev.com 本身具有人才市场的作用，通过虚拟网络汇集了位于世界各地的转录人员和翻译人员。

由 4 名主要作者和十几名其他重要贡献者（项目经理、研究人员、设计人员、编辑和审校人员）共同创作一本书，特别是在跨越 4 个国家（加拿大、印度、瑞士和美国）的工作小组中，有效的协作至关重要。各位作者和我们的扩展团队非常依赖思科网真、Jabber（一款即时通信服务器）、网讯和 Spark（专门为大规模数据处理而设计的快速通用的计算引擎）等协作工具来讨论概念、可视化信息、共同创作内容、获取审校人员反馈，以及更改和完善本书的众多版本。我们实行了由全数字化技术支持的包容性决策。

最后，在思想市场中，读者或学习者从内容中获得的很大一部分价值是信息流通功能，这些信息是否及时？在讨论像我们这样动态的主题时尤其如此。快速面市非常重要。虽然在创作如此大的篇幅、条理清楚的内容时不可避免地会遇到阻滞和挫折（工作重点冲突、文思枯竭、观点不同），但我们能够采取颠覆性的方法来获得快速执行能力。

例如，在令人苦恼的编辑过程后期，我们意识到我们在项目计划中一时疏忽，忘记为创建本书索引安排时间和资金预算。为解决此问题，我们利用“零工”和微型任务市场 Upwork 的自动化商业模式，聘请了一位按照非常工业化的流程专门从事书籍索引制作的索引编制人员。这是快速实现在实践中的运用，让我们赶上了最后期限，也就是 2016 年 6 月的 IMD 年会“Orchestrating Winning Performance”（设计致胜）。

正如我们在第 1 章中看到的，媒体 / 娱乐业（出版属于该行业）非常靠近全数字化旋涡的中心，其与全数字化旋涡中心的距离仅次于技术产品和服务行业。来自该行业内部和相关行业（例如零售业和批发业）的颠覆者，正忙于创造新的价值形式并将任何可以全数字化的产品实现全数字化。本书是一个简单却真实的例子，说明了该行业的客户（我们）如何使用全数字化颠覆者的产品获得更高的价值，并在该过程中绕过传统的价值链。我们希望我们的客户，也就是你，也能从这种方法中受益。

致 谢

在后记中，我们概述了在创作《全数字化赋能》时采用的“颠覆性”方法。本书是数十位贡献者共同协作的成果。核心团队包括分散在不同地理位置的4位作者，他们从IMD和思科的合作中获益良多，这两家截然不同的组织在各自的领域中都是世界领先的佼佼者。我们十分荣幸能够从这两家组织的智慧、经验和客户中汲取知识。

每年访问IMD的高管数以千计，但很少有人意识到他们为本书的创作所贡献的价值。本书中包含的许多例子和见解都来自我们与高管的交流，他们在自己的组织和行业中与全数字化颠覆艰苦作战。我们在为他们提供培训的同时，也在向他们学习。随着我们的思路和框架逐渐成型，我们开始在IMD和其他地方的培训计划和研讨会中对其进行实时检验。衷心感谢这些高管，感谢你们愿意分享和倾听。你们的见解是本书的核心。

DBT中心位于瑞士洛桑。没有它也就没有这本书。设立中心需要在多个利益相关者群体间进行大量协作。我们谨向IMD院长杜道明、主席胡皓华和管理团队的其他成员致以最深切的谢意，感谢他们同意支持形成一种深深扎根于实践的全新思维领导模式。我们要特别感谢阿南德·纳拉辛汉（Anand Narasimhan）、詹姆斯·亨德森（James Henderson）、桑德拉·布斯卡（Sandra Bouscal）、马琳·博卡德（Marlène Borcard）、约翰·埃万斯（John Evans）、迈克尔·布利安（Michael Boulianne）、奥萝拉·巴拉斯（Aurora Barras）和马尔科·曼塞斯（Marco Mancesti）的支持。还要感谢 SIX 执行董事兼战略风险投资主管克里斯蒂安·比舍利（Christian Bucheli）出任 DBT 中心顾问委员会委员。最后，我们还要特别感谢 DBT 中心副经理里米·埃尔·阿西尔（Remy El Assir），在我们时常沉浸于创作本书而不知所踪时，里米以瑞士手表般的效率和精度让一切工作保持正常运转。

衷心感谢许多思科高管，他们对 DBT 中心给予了始终不变的支持，其中包括罗卓克、钱伯斯、凯利·克拉梅尔（Kelly Kramer）、希尔顿·罗曼斯基（Hilton Romanski）、卡伦·沃克（Karen Walker）、弗朗·卡苏达斯（Fran Katsoudas）、迈克尔·甘泽（Michael Ganser）和马西耶·克兰兹（Maciej Kranz）。特别感谢蒂埃里·莫皮莱（Thierry Maupilé）从始至终不断推动 DBT 中心的成立和运转。蒂埃里是驻 IMD 的高管兼思科战略合作副总裁，正是他的远见和决心加上其他因素，才使 DBT 中心得以成立，并最终为本书以及未来即将开展的所有研究和企业合作创造条件。

感谢思科首席数字官凯文·班迪（Kevin Bandy ）在思路方面的领导和指引，也感谢他在每一个关键时刻鼓励我们迎难而上，致力于解决全数字化业务转型中重要而又棘手的未知问题（特殊性、陷阱和前景）。在凯文的指导下，参与本项目的思科人员已经能够担起研究人员和变革实践者的双重角色。这两点对我们的工作具有巨大的价值。与凯文一起帮助思科设计自己的全数字化路线图是难得的学习机会，我们满怀激动地期待着迈出下一步。

包括迈克尔·亚当斯（Michael Adams）、唐娜·考克斯（Donna Cox）、克莱尔·毛尔科维奇（Clare Markovits）和迈威·基尼奥尼斯（Marivell Quinonez）在内，凯文部门的同事在编写本书的几个月里为我们的团队提供了宝贵的支持。特别感谢 DBT 中心的访问学者乔尔·巴比尔（Joel Barbier），他为我们提供了无与伦比的转型经济学专业知识。

衷心感谢凯西·康奈尔（Kathy O' Connell）及其思科营销团队：卡罗琳·阿尔奎斯特（Caroline Ahlquist）、凯文·德莱尼（Kevin Delaney）、妮科尔·弗朗斯（Nicole France）、切里·古德曼（Cheri Goodman）、莉萨·莱赫德（Lisa Lahde）、斯特凡妮·麦卡恩（Stefanie McCann）、梅莉莎·迈因斯（Melissa Mines）、鲍伯·莫里亚蒂（Bob Moriarty）、比尔·拉特克（Bill Radtke）、里克·里普林格（Rick Ripplinger）和弗吉尔·维达尔（Virgil Vidal）。在这个过程中，你们不仅是营销伙伴，也是真正的思想伙伴。你们的协作精神、才智和以执行力为导向的思维模式不愧为世界一流。事实上，我们还应该感谢许多其他思科工作人员，特别是英巴·拉塞尔–拉布（Inbar Lasser-Raab）、吉姆·格鲁布（Jim Grubb）、斯特凡·蒙特尔德（Stephan Monterde）、克里丝蒂安·昆（Christian Kuun）、安德莉亚·杜菲（Andrea Duffy）和阿兰·斯特恩（Alan Stern）。此外，我们还要对约瑟夫·布拉德利（Joseph Bradley）长久以来的友谊和指点致以深深的谢意，他对物联网的敏锐洞察力和他的眼光与专业精神无人可及。

在内容创建方面，我们要感谢开发编辑皮特–杰拉尔多（Pete Gerardo）和制作编辑凯利·安德松（Kelly Andersson）。我们还要感谢平面设计奇才斯科特·菲尔德斯（Scott Fields）。很难找到像斯科特这么工作努力却脾气随和的人，他是真正的专业人士。在研究和分析方面，我们要感谢迪维亚·卡普尔（Divya Kapoor）、塞拉·帕克（Sierra Parker）、伊莎贝尔·雷东多·戈麦斯（Isabel Redondo Gomez）、希特·塞蒂（Hiten Sethi）、单嘉露、高拉夫·辛格（Gaurav Singh）和安德烈·塔林（Andrew Tarling）。感谢你们帮助调查100多家全数字化颠覆者的模式，发现各种奇怪的生物（“独角兽”“吸血鬼”“变形人”“巨人”），你们不折不扣的数据分析技能在本书的创作中发挥了关键的作用。感谢你们的团队从无数方面质疑我们的思路并帮助我们获得改进。

没有劳伦·巴卡尔（Lauren Buckalew）的不懈努力和她的智慧与责任心，本书就无法完成，她负责管理所有主要研究的现场工作，并担任本书的主要采访人、项目经理和质量保证负责人。安迪说得最好了，他曾说：“我对劳伦感到敬畏。”感谢劳伦，为你点赞！

对我们的孩子、父母、朋友和其他亲人致以无尽的谢意，感谢你们在我们从事本项目时给予的爱、支持和忍耐。对我们的妻子苏珊、詹恩、凯伦和海蒂，我们现在终于可以对你们说出那句让你们渴望已久的话：“我们完成了这本书。”非常感谢你们。

附录 A　全数字化旋涡方法

调查详情

2015 年 4 月，DBT 中心对全球 941 名企业领导者进行了一次预先无准备的在线调查，以期了解全数字化颠覆的状况。调查的受访者及其组织的特征如表 A1 所示。

行业排名方法

DBT 中心的行业排名方法结合了第三方数据和调查数据。为了按行业评估全数字化颠覆的相对可能性，我们采用了以下方法。

步骤 1：确定全数字化颠覆潜在性指标

按行业对全数字化颠覆潜在性进行的分析首先确定了表 A2 中所示的全数字化颠覆潜在性关键指标。

DBT 中心认为，这些指标都很有意义，可以显示各行业的全数字化颠覆相对可能性，因为它们回答了以下问题：

- 投资者和市场在哪里下注？
- 有多少企业正在致力于利用全数字化技术来颠覆行业？
- 一个行业何时、可能以什么速度发生全数字化颠覆？
- 全数字化颠覆者可能采用哪些商业模式来攻击行业，它们成功的概率有多高？
- 这些全数字化颠覆者在一个行业内可能会发起何种程度的颠覆？

表 A1 调查详情

受访公司（按总部所在地）	美国	41%
	中国	9%
	英国	9%
	印度	8%
	巴西	6%
	加拿大	6%
	意大利	6%
	德国	5%
	法国	4%
	墨西哥	2%
	俄罗斯	2%
	澳大利亚	1%
	日本	1%
受访公司（按行业）	CPU（快消品）和制造业	23%
	金融服务业	18%
	零售业	12%
	技术产品和服务行业	10%
	医疗业	6%
	电信行业	6%
	教育行业	5%

（续表）

受访公司（按行业）	酒店和旅游业……5% 制药业……5% 媒体 / 娱乐业……4% 石油和天然气行业……3% 公用事业……3%
受访公司（按年收入）	5 000 万美元以下……4% 5 000 万美元（含）至 1 亿美元……9% 1 亿美元（含）至 5 亿美元……20% 5 亿美元（含）至 10 亿美元……20% 10 亿美元（含）至 50 亿美元……22% 50 亿美元（含）至 100 亿美元……11% 100 亿美元（含）以上……14%
受访职位和职能	公司高管 （例如 CEO 和 CIO）……33% 高级副总裁和副总裁……29% 总监……38% ——— 信息技术（IT）……24% 综合管理……19% 财务……16% 制造、供应、物流……7% 销售……6% 市场营销……5% 客户服务……4% 人力资源……4% 法律、风险管理、合规性……4% 研发……4% 其他……4% 采购……2%

资料来源：全球全数字化业务转型中心，2015 年

表 A2 全数字化颠覆潜在性指标

投资维度	投资维度主要是指针对使用全数字化技术来颠覆行业的企业的投资水平。该指标表明投资者在哪里下注，同时也意味着它们认为哪些地方能成功利用全数字化颠覆提升经济价值的可能性最大
时间维度	时间维度是指全数字化颠覆对某个行业产生深远影响所需的时间，以及全数字化颠覆推动该行业变革的速度
方法维度	方法维度是指全数字化颠覆者在某个行业中所面临的准入壁垒水平，以及它们可用于跨过这些壁垒的颠覆方法（例如颠覆性的商业模式的数量）
影响维度	影响维度是指全数字化颠覆对某个行业所代表的颠覆程度（例如对现有企业市场份额的影响）和存亡威胁程度

资料来源：全球全数字化业务转型中心，2015 年

步骤 2：量化全数字化颠覆潜在性指标

确定全数字化颠覆潜在性的指标之后，下一步是确定用于量化这些指标的具体度量标准。在对数十个潜在度量标准进行研究后，我们选择了下列度量标准。因为这些度量标准来自不同来源且单位也不同，因此我们将其转换为标准化的 z 分数。对于有多个输入度量标准的指标，取所有度量标准 z 分数的平均值。最后一步是计算每个颠覆潜在性指标的累计 z 分数（见表 A3）。

表 A3　用于量化行业全数字化颠覆潜在性的度量标准

度量	指标	定义
对全数字化颠覆的风险投资	投资维度	截至 2015 年 4 月，各行业获得风投支持且估值至少达 10 亿美元的私营企业（即“独角兽”企业）的数量[1]
全数字化颠覆的时间（以年计）	时间维度	预计某个行业受到全数字化颠覆影响之前的平均年数[2]
全数字化颠覆速度呈指数级增长的程度	时间维度	预计未来 5 年内其所在行业中的全数字化颠覆速度将呈指数级增长（即变化的速度越来越快）的行业高管百分比[2]
可能出现的全数字化颠覆模式数量	方法维度	在调查中所测试的 5 种不同的颠覆性全数字化商业模式中，高管认为可能在未来 5 年内对其所在行业产生颠覆性影响的商业模式平均数[2]
全数字化颠覆者的准入壁垒	方法维度	每个行业中认为全数字化颠覆者面对的准入壁垒不存在、非常低或低的高管百分比[2]
现有市场领头羊企业被替代的可能性	影响维度	高管预计未来 5 年内当前市场份额排名前 10 的现有企业将被全数字化颠覆者所取代的平均数量[2]
被淘汰的风险	影响维度	各行业认为未来 5 年内因全数字化颠覆而导致企业被淘汰的风险稍微或显著增加的受访者百分比[2]

资料来源：1.《华尔街日报》，2015 年 4 月；
2. DBT 中心调查，2015 年 4 月

步骤 3：计算全数字化颠覆潜在性的行业排名

对于每个行业，将每个指标的累计 z 分数相加，得出各行业的累计 z 分数。然后，根据这些分数得出行业排名，如表 A4 所示。

表 A4 各行业的全数字化颠覆潜在性排名

技术产品和服务行业	#1
媒体 / 娱乐业	#2
零售业	#3
金融服务业	#4
电信行业	#5
教育行业	#6
酒店和旅游业	#7
快消品和制造业	#8
医疗业	#9
公用事业	#10
石油和天然气行业	#11
制药业	#12

资料来源：全球全数字化业务转型中心，2015 年

步骤 4：分析模式

步骤 3 中计算出的分数说明了各个行业的水平。行业的排序和分组突出了一些有关在行业内和跨行业发生全数字化颠覆可能采取的方式的关键模式。DBT 中心利用评分和基础数据为本报告的两项重点分析提供数据：一项是对各行各业全数字化颠覆模式的深入分析，另一项是全数字化旋涡分析。

附录 B　全数字化颠覆诊断

表 B1 是全数字化颠覆诊断工作表（digitalvortex.com 上还免费提供更大的 PDF 格式版本）。请为你的企业填写该工作表。

1. 请指出支持你保持当前竞争地位的价值形式。请举例说明。
2. 浏览 15 种商业模式，然后按 0~10 分评估每种模式的当前威胁级别，其中 10 分表示“严重且迫在眉睫的威胁”。请举例说明。
3. 请思考未来的情况。鉴于已确定的主要商业模式威胁，你在 4~5 年内需要对抗哪些价值形式？请举例说明。
4. 请确定为了实现期望达到的未来状态，你需要采用哪些防御性和攻击性战略。请举例说明。
5. 与小组中的同事分享你的工作表。

你可能需要对不同的业务部门重复此过程。

表 B1　全数字化颠覆诊断工作表

	你的价值驱动因素示例		如今威胁你的商业模式有哪些？			你的应对战略示例
	现在	4~5 年内		0~10 分	示例	
成本价值			免费 / 超低成本			
			买家集中			收割
			价格透明			
			逆向竞拍			
			基于消费的定价			撤退
体验价值			客户做主			
			定制			
			即时送达			
			化繁为简			颠覆
			自动化			
平台价值			生态系统			
			众包			
			社区			
			全数字化市场			占领
			数据协调者			

资料来源：全球全数字化业务转型中心，2016 年

附录 C　全数字化业务敏捷性诊断

表 C1 是全数字化业务敏捷性诊断工作表（digitalvortex.com 上还免费提供更大的 PDF 格式版本）。请为你的组织填写该工作表。

1. 按 0~10 分评估你当前的能力，其中 10 分表示“非常强”。
2. 确定提高和实现每种能力的机会。请举例说明。
3. 根据你在《全数字化赋能》中所学的内容，确定支持实现每种能力的全数字化技术、工具或应用。

你可能需要对不同的业务部门重复此过程。

表 C1 全数字化业务敏捷性诊断工作表

	全数字化业务敏捷性能力	聚焦点	当前能力（0~10）	可实施的机会	全数字化助力
超强感知能力	行为感知	员工			
		客户			
	情景感知	运营环境			
		商业环境			
明智决策能力	包容性决策	多元化视角			
		包容性环境			
	增强型决策	泛在分析			
		自动化 / 快速决策			
快速执行能力	动态资源	机动人才			
		机动技术			
	动态流程	快速实现			
		快速干预			

资料来源：全球全数字化业务转型中心，2016 年

参考文献

前　言

[1] Joel Barbier, Joseph Bradley, and Doug Handler. “Embracing the Internet of Everything to Capture Your Share of $14.4 Trillion,” Cisco Consulting Services, 2013, http://www.cisco.com/c/dam/en_us/about/ac79/docs/innov/IoE_Economy.pdf. See also “Internet of Everything: a $4.6 Trillion Public-Sector Opportunity,” Cisco Consulting Services, 2013, http://www.cisco.com/c/dam/en_us/services/portfolio/consulting-services/documents/internet-of-everything-public-sector-white-paper.pdf.

第 1 章

[1] “Short Messaging Services versus Instant Messaging: Value versus Volume,” *Deloitte*, 2014, deloitte.com/content/dam/Deloitte/au/Documents/technology-media-telecommunicatir thons/deloitte-au-tmt-short-messaging-services-versus-instant-messaging-011014.pdf

[2] Sarah Frier, ”Facebook’s $22 Billion WhatsApp Deal Buys $10 Million in Sales,” *Bloomberg*, updated October 29, 2014, bloomberg.com/news/articles/2014-10-28/facebook-s-22-billion-whatsapp-deal-buys-10-million-in-sales

[3] Erik Heinrich, ”Telecom Firms Face $386 Billion in Lost Revenue to Skype, WhatsApp,” *Fortune*, June 23, 2014, fortune.com/2014/06/23/telecom-companies-count-386-billion-in-lost-revenue-to-skype-whatsapp-others/

[4] Liyan Chen, Ryan Mac, and Brian Solomon, ”Alibaba Claims Title for Largest Global IPO Ever with Extra Share Sales,” *Forbes*, September 22, 2014, forbes.com/sites/ryanmac/2014/09/22/alibaba-claims-title-for-largest-global-ipo-ever-with-extra-share-sales/#450bb5f97c26

[5] “The Unicorn List: Current Private Companies Valued at $1B And Above,” *CB Insights*, accessed March 31, 2016, cbinsights.com/research-unicorn-companies

[6] Ibid.

[7] John Greenbough, “10 Million Self-driving Cars Will Be on the Road by 2020,” *Business Insider*, July 29, 2015, businessinsider.com/report-10-million-self-driving-cars-will-be-on-the-road-by-2020-2015-5-6

[8] Paul Gao et al., “Disruptive Trends that will Transform the Auto Industry,” *McKinsey & Company*, January 2016, mckinsey.com/industries/high-tech/our-insights/disruptive-trends-that-will-transform-the-auto-industry

[9] Michele Bertoncello and Dominik Wee, “Ten Ways Autonomous Driving Could Redefine the Automotive World,” *McKinsey & Company*, June 2015, mckinsey.com/industries/automotive-and-assembly/our-insights/ten-ways-autonomous-driving-could-redefine-the-automotive-world

[10] Jenny Stanton, “Drone Delivery is Here! China’s Largest Mail Firm to Deliver More than 1,000 Packages a Day to Remote Areas Using Fleet of Aircraft,” *Daily Mail*, March 24, 2015, dailymail.co.uk/news/peoplesdaily/article-3009593/Drone-delivery-China-s-largest-mail-firm-deliver-1-000-packages-DAY-remote-areas-using-fleet-aircraft.html

[11] Nick Bilton, "Disruptions: How Driverless Cars Could Reshape Cities," *New York Times*, July 7, 2013, bits.blogs.nytimes.com/2013/07/07/disruptions-how-driverless-cars-could-reshape-cities/?_r=0

[12] Wendy Koch, "Self-Driving 'Robocabs' Could Help Curb Global Warming," *National Geographic*, July 6, 2015, news.nationalgeographic.com/energy/2015/07/150706-driverless-robot-taxis-could-curb-global-warming/

[13] Bob Morris, "Clayton M. Christensen: An Interview by Bob Morris," *Blogging on Business* (blog), June 9, 2011, bobmorris.biz/clayton-b-christensen-a-book-review-by-bob-morris

[14] Ainsley O'Connell, "Pluralsight Continues Its Acquisition Spree, Dropping $36 Million On Code School," *Fast Company*, January 27, 2015, fastcompany.com/3041515/fast-feed/pluralsight-continues-its-acquisition-spree-dropping-36-million-on-code-school

[15] "Interbrand Releases 2015 Best Global Brands Report," *Interbrand*, October 4, 2015, interbrand.com/newsroom/interbrand-releases-2015-best-global-brands-report/

[16] Trefis Team, "Q2 2015 U.S. Banking Review: Total Deposits," *Forbes*, September 1, 2015, forbes.com/sites/greatspeculations/2015/09/01/q2-2015-u-s-banking-review-total-deposits/#7282b2081e7d

[17] Charles Riggs, "15 Years Online!" *Wells Fargo Guided by History* (blog), May 17, 2010, blogs.wf.com/guidedbyhistory/2010/05/15-years-online/

[18] Charles Riggs, "Wells Fargo: 20 Years of Internet Banking," *Wells Fargo Guided by History* (blog), May 18, 2015, blogs.wf.com/guidedbyhistory/2015/05/internet-20-years/

[19] Greg Edwards, "Big Banks Report Steady Increases in Mobile Banking," *St. Louis Business Journal*, January 27, 2015, bizjournals.com/stlouis/blog/2015/01/big-banks-report-steady-increases-in-mobile.html

[20] Parmy Olson, "Under Armour Buys Health-Tracking App MyFitnessPal for $475 Million," *Forbes*, February 4, 2015, forbes.com/sites/parmyolson/2015/02/04/myfitnesspal-acquisition-under-armour/#65f8fce04db6

[21] Alyson Shontell, "Snapchat is a Lot Bigger than People Realize and It Could Be Nearing 200 Million Active Users," *Business Insider*, January 3, 2015, businessinsider.com/snapchats-monthly-active-users-may-be-nearing-200-million-2014-12

[22] Jerin Mathew, "Snapchat Raises $537.6m via Common Stock Sale at $16bn Valuation," *International Business Times*, May 30, 2015, ibtimes.co.uk/snapchat-raises-537-6m-via-common-stock-sale-16bn-valuation-1503598

[23] Geoffrey Moore, *Crossing the Chasm, Marketing and Selling High-Tech Products to Mainstream Customers* (New York: HarperBusiness, 1991)

[24] Weixin Zha and Stefan Nicola, "German Solar Records May Keep Traders Busy on Weekends," *Bloomberg*, April 15, 2015, bloomberg.com/news/articles/2015-04-15/german-power-grid-expects-a-season-of-record-solar-output

[25] Scott McCullough, "Report: Renewables Met 57% of Scotland's Electricity Demand in 2015," *Daily Record*, March 31, 2016, heraldscotland.com/news/14395942.Half_of_Scotland_s_energy_consumption_came_from_renewables_last_year/

[26] Alex Davies, "Elon Musk's Grand Plan to Power the World with Batteries," *Wired*, May 1, 2015, wired.com/2015/05/tesla-batteries/

[27] Ray Kurzweil, "The Law of Accelerating Returns," *Kurzweil Accelerating Intelligence* (blog), March 7, 2001, kurzweilai.net/the-law-of-accelerating-returns

[28] Matthew S. Olson and Derek van Bever, *Stall Points: Most Companies Stop Growing – Yours Doesn't Have To* (New Haven: Yale University Press, 2008)

[29] "The Problem with Profits," *Economist*, March 26, 2016, economist.com/news/leaders/21695392-big-firms-united-states-have-never-had-it-so-good-time-more-competition-problem

[30] "World Economic Outlook: A Survey by the Staff of the International Monetary Fund," *International Monetary Fund*, October 2015, imf.org/external/pubs/ft/weo/2015/02/pdf/text.pdf

[31] Richard Dobbs et al., "The New Global Competition for Corporate Profits," McKinsey Global Institute, September 2015, mckinsey.com/business-functions/strategy-and-corporate-finance/our-insights/the-new-global-competition-for-corporate-profits

[32] Ibid.

第 2 章

[1] Alexander Osterwalder and Yves Pigneur, *Business Model Generation*, 2010, p. 14

[2] Howard Lock and James Macaulay, "Hospitality Business Models Confront the Future of Meetings," *Cornell Hospitality Industry Perspectives* 4 (2010): 6-15. June 1, 2010, scholarship.sha.cornell.edu/chrindper/4/

[3] Christopher Heine, "In a World of Constantly Deleted Apps, This Mobile Player Uses Cash to Keep Folks Coming Back," *AdWeek*, February 19, 2015, adweek.com/news/technology/world-constantly-deleted-apps-mobile-player-uses-cash-keep-folks-coming-back-163025

[4] Konrad Putzier, "Who Will Be the Airbnb of Office Space?" *The Real Deal,* July 2, 2015, therealdeal.com/2015/07/02/who-will-be-the-airbnb-of-office-space/

[5] J.B. Wood, Todd Hewlin, and Thomas Lah, *B4B: How Technology and Big Data Are Reinventing the Customer-Supplier Relationship* (n.p.: Point B Incorporated, 2013), pp. 70-71

[6] Alex Derber, "No Afterthought: Rolls-Royce and the Aftermarket," *MRO Network*, July 19, 2013, mro-network.com/analysis/2013/07/no-afterthought-rolls-royce-and-aftermarket/1345

[7] "Disrupting Banking: The FinTech Startups That Are Unbundling Wells Fargo, Citi and Bank of America," *CB Insights*, November 18, 2015, cbinsights.com/blog/disrupting-banking-FinTech-startups/

[8] Joseph M. Bradley et al., "The Advice Advantage: How Banks Can Close the 'Value Gap' and Regain Customer Trust," *Cisco Systems*, February, 2015, connectedfuturesmag.com/Research_Analysis/docs/ioe-financial-services-white-paper.pdf

[9] Joseph Bradley et al., "Winning the New Digital Consumer with Hyper-Relevance," *Cisco Systems*, January, 2015, cisco.com/c/dam/en/us/solutions/collateral/executive-perspectives/ioe-retail-whitepaper.pdf

[10] Hannah Yankelevich, "Big Data: Nordstrom's Innovation and Investment for the Future," Center for Digital Strategies at the Tuck School of Business (blog), February 4, 2013, digitalstrategies.tuck.dartmouth.edu/about/blog/detail/big-data-nordstroms-innovation-and-investment-for-the-future

[11] Meredith Bauer, "The Hottest Trend in 3D Printing: Shoes on Demand." *Sydney Morning Herald*, February 5, 2016, http://www.smh.com.au/technology/innovation/the-hottest-trend-in-3d-printing-could-change-the-way-you-buy-running-shoes-20160204-gmlbzp.html

[12] Yan Deng, "How Instacart's Pricing Changes Impact Retailers," *Viewpoints* (blog), February 9, 2016, supermarketnews.com/blog/how-instacarts-pricing-changes-impact-retailers

[13] Sara Ashley O'Brien, "Thousands Are Bypassing the Post Office with This App," *CNNMoney*, May 5, 2015, money.cnn.com/2015/04/21/technology/shyp-series-b/

[14] Seth Fiegerman, "Google Becomes a Rival to Amazon to Deliver Your Fresh Fruits and Veggies," *Mashable*, September 8, 2015, mashable.com/2015/09/08/google-express-fresh-groceries/#uL8CdTIHoSqN

[15] Adrian Gonzalez, "Amazon's 3D Printing Patent: The Quixotic Quest for Instant Delivery?" *LinkedIn Pulse* (blog), March 5, 2015, linkedin.com/pulse/amazons-3d-printing-patent-quixotic-quest-instant-adrian-gonzalez

[16] "Ask Alexa," Amazon, accessed April 11, 2016, amazon.com/gp/help/customer/display.html?nodeld=201549800

[17] "Grocery Click+Collect," Tesco, accessed April 1, 2016, tesco.com/collect/

[18] liquidnet.com, accessed May 20, 2016

[19] Ibid.

[20] Mike Gault, "Forget Bitcoin – What Is the Blockchain and Why Should You Care?" *Recode*, July 5, 2015, recode.net/2015/07/05/forget-bitcoin-what-is-the-blockchain-and-why-should-you-care/

[21] Laura Shin, "Bitcoin Technology Tested in Trial by 40 Big Banks," *Forbes*, March 3, 2016, forbes.com/sites/laurashin/2016/03/03/bitcoin-technology-tested-in-trial-by-40-big-banks/#5760b2c3d97a

[22] Thomas R. Eisenmann et al., "Strategies for Two-Sided Markets," *Harvard Business Review* 84 (October 2006), hbr.org/2006/10/strategies-for-two-sided-markets/ar/1

[23] Alexa Ray Corriea, "Debate Over Making Money off of Minecraft Leads to Player Outcry, Notch Dismay," *Polygon*, June 17, 2014, polygon.com/2014/6/17/5817194/debate-over-making-money-off-of-minecraft-leads-to-player-outcry

[24] John Biggs, "A Tiny Computer Attracts a Million Tinkerers," *New York Times*, January 30, 2013, nytimes.com/2013/01/31/technology/personaltech/raspberry-pi-a-computer-tinkerers-dream.html?_r=0

[25] "Join 2,940,000 Engineers with Over 1,260,000 Free CAD Files," GrabCAD Community, accessed April 5, 2016, grabcad.com/library

[26] Paul Rubens, "What Are Containers and Why Do You Need Them?," *CIO*, May 20, 2015, cio.com/article/2924995/enterprise-software/what-are-containers-and-why-do-you-need-them.html

[27] Charles Babcock, "Docker: Less Controversy, More Container Adoption In 2015," *InformationWeek*, January 26, 2015, informationweek.com/cloud/platform-as-a-service/docker-less-controversy-more-container-adoption-in-2015/d/d-id/1318771

[28] Ericka Chickowski, "8 Signs of Docker Ecosystem Empire-Building," *DevOps.com*, March 30, 2015, devops.com/2015/03/30/8-signs-of-docker-ecosystem-empire-building/

[29] Amy Larocca, "Etsy Wants to Crochet Its Cake and Eat It Too," *New York*, April 4, 2016, nymag.com/thecut/2016/04/etsy-capitalism-c-v-r.html

[30] Harrison Weber, "Etsy Now Has 54M Members. They Drove $1.93B in Sales Last Year," *VentureBeat*, March 4, 2015, venturebeat.com/2015/03/04/etsys-54m-members-drove-1-93b-in-sales-last-year/

[31] "The Appy Trucker," *Economist*, March 5, 2016, economist.com/news/business/21693946-digital-help-hand-fragmented-and-often-inefficient-industry-appy-trucker

[32] "Internet of Things in Logistics," *DHL Trend Research*, 2015, dpdhl.com/content/dam/dpdhl/presse/pdf/2015/DHLTrendReport_Internet_of_things.pdf

[33] Bernard Marr, "From Farming To Big Data: The Amazing Story of John Deere," *Data Science Central* (blog), May 7, 2015, datasciencecentral.com/profiles/blogs/from-farming-to-big-data-the-amazing-story-of-john-deere

[34] Hal Varian et al., *The Economics of Information Technology: An Introduction* (Cambridge: Cambridge University Press, 2004), p. 4

[35] Wikipedia contributors, "Adyen," *Wikipedia, The Free Encyclopedia*, accessed April 1, 2016, en.wikipedia.org/wiki/Adyen

[36] Jason Del Rey, "Adyen Is the $2 Billion Payments Startup You've Never Heard Of (Unless You're a Payments Nerd)," *Recode*, January 14, 2016, recode.net/2016/01/14/adyen-is-the-2-billion-payments-startup-youve-never-heard-of-unless-youre-a-payments-nerd/

[37] Sramana Mitra, "Billion Dollar Unicorns: Adyen is on a Roll," *One Million by One Million* (blog), October 7, 2015, sramanamitra.com/2015/10/07/billion-dollar-unicorns-adyen-is-on-a-roll/

[38] "Accept Apple Pay Online and In-Store," Adyen, accessed April 1, 2016, adyen.com/home/payment-network/apple-pay

[39] Lucy England, "Here's Why the Company that Takes Payments for Facebook, AirBnB and Spotify is Worth $1.5 billion," *Business Insider*, July 10, 2015, businessinsider.com/adyen-FinTech-unicorn-payments-facebook-airbnb-spotify-wired-money-2015-7?r=UK&IR=T

[40] Wikipedia contributors, "LinkedIn," *Wikipedia, The Free Encyclopedia*, accessed April 5, 2016, en.wikipedia.org/w/index.php?title=LinkedIn&oldid=713724958

[41] "Free LinkedIn Account Usage Among Members as of May 2015," *Statista*, accessed April 1, 2016, statista.com/statistics/264074/percentage-of-paying-linkedin-users/

[42] Siya Raj Purohit, "How LinkedIn Knows What Jobs You Are Interested In," *Udacity.com* (blog), May 21, 2014, blog.udacity.com/2014/05/how-linkedin-knows-what-jobs-you-are.html

[43] "LinkedIn Announces Fourth Quarter and Full Year 2015 Results," LinkedIn, February 4, 2016, press.linkedin.com/site-resources/news-releases/2016/linkedin-announces-fourth-quarter-and-full-year-2015-results

[44] "2 Million LinkedIn Groups," *Slideshare* (infographic), August 20, 2013, slideshare.net/linkedin/linked-in-groups-2013-infographic

[45] John Nemo, "LinkedIn Just Made a Savvy Business Move and Nobody Noticed," *Inc.*, April 26, 2016, inc.com/john-nemo/linkedin-just-made-a-savvy-business-move-and-nobody-noticed.html?cid=cp01002fastco

第 3 章

[1] Dorian Lynskey, "How the Compact Disc Lost its Shine," *The Guardian*, May 28, 2015, theguardian.com/music/2015/may/28/how-the-compact-disc-lost-its-shine

[2] Neil Strauss, "Pennies that Add Up to $16.98: Why CDs Cost So Much," *New York Times*, July 5, 1995, nytimes.com/1995/07/05/arts/pennies-that-add-up-to-16.98-why-cd-s-cost-so-much.html

[3] Lynskey, "How the Compact Disc."

[4] "Why does the RIAA Hate Torrent Sites So Much?" *Music Business Worldwide*, December 6, 2014, musicbusinessworldwide.com/why-does-the-riaa-hate-torrent-sites-so-much/

[5] "IFPI Digital Music Report 2015," IFPI, 2015, ifpi.org/downloads/Digital-Music-Report-2015.pdf

[6] Don Dodge, "Napster – The Inside Story and Lessons for Entrepreneurs," *Don Dodge on The Next Big Thing* (blog), October 3, 2005, dondodge.typepad.com/the_next_big_thing/2005/10/napster_the_ins.html

[7] "Internet Growth Statistics," *Internet World Statistics*, accessed April 5, 2016, internetworldstats.com/emarketing.htm

[8] Maya Kosoff, "ClassPass, a Startup That Gym Rats and Investors Love, Is Now a $400 Million Company," *Business Insider*, May 6, 2015, businessinsider.com/classpass-400-million-valuation-2015-5

[9] Antonia Farzan, "Here's How Often You Have to Work Out to Make a ClassPass Membership Worth It," *Business Insider*, July 6, 2015, businessinsider.com/classpass-worth-it-2015-6

[10] Jenna Wortham, "ClassPass and the Joy and Guilt of the Digital Middleman Economy," *New York Times Magazine*, March 9, 2015, nytimes.com/2015/03/05/magazine/classpass-and-the-joy-and-guilt-of-the-digital-middleman-economy.html?_r=0

[11] Nathan McAlone, "Hot New York startup ClassPass is Generating $100 Million in Revenue, and It Just Poached a VP from Amazon to Be Its New CTO," *Business Insider*, March 17, 2016, businessinsider.com/classpass-hires-amazons-sam-hall-to-be-new-cto-and-cpo-2016-3

[12] Maya Kosoff, "Some Gym Owners Have Grown Wary of $400 Million Startup ClassPass: 'It's the Groupon of Exercise Studios'," *Business Insider*, May 19, 2015, businessinsider.com/how-classpass-wants-to-help-studio-owners-2015-5

[13] Brad Tuttle, "Everything You Need To Know About Amazon's New Rival Jet.com," *Money*, July 20, 2015, time.com/money/3964742/jet-com-compare-amazon-costco/

[14] Leena Rao, "Jet.com, the Online Shopping Upstart, Drops Membership Fee," *Fortune*, October 7, 2015, fortune.com/2015/10/07/online-shopping-jet-com/

[15] Rolfe Winkler, "Frenzy Around Shopping Site Jet.com Harks Back to Dot-Com Boom," *Wall Street Journal*, July 19, 2015, wsj.com/articles/frenzy-around-shopping-site-jet-com-harks-back-to-dot-com-boom-1437359430

[16] "How Jet Works: How to Get JetCash," Jet, accessed April 5, 2016, jet.com/how-jet-works/how-to-get-jetcash

[17] Michael E. Porter, *Competitive Strategy: Techniques for Analyzing Industries and Competitors* (New York: The Free Press, 1998), pp. 35-38.

[18] Teresa Novellino, "To Catch Amazon, Jet.com Needs to Fuel Up, Find Niches," *New York Business Journal*, July 30, 2015 bizjournals.com/newyork/news/2015/07/30/to-catch-amazon-jet-com-needs-to-fuel-up-find.html

[19] John Kell, "This Amazon Killer Is in Talks for a $3 Billion Valuation," *Fortune*, July 20, 2015, fortune.com/2015/07/20/amazon-killer-3billion-valuation-jet/

[20] Paula Rosenblum, "Jet.com: The Top Ten Things You Should Know," *Forbes*, August 5, 2015, forbes.com/sites/paularosenblum/2015/08/05/jet-com-the-top-ten-things-you-should-know/3/#5667b0ac6a3d

[21] Nick Huang, "Global Logistics Industry Outlook," January 28, 2014, *BusinessVibes*, businessvibes.com/blog/report-global-logistics-industry-outlook

[22] Erica E. Phillips, "Startups Compete for Freight Forwarding as They Wade Into Global Shipping," *Wall Street Journal*, July 17, 2015, wsj.com/articles/startups-compete-for-travel-agents-for-cargo-mantle-as-they-wade-into-freight-forwarding-1437167723

[23] Sam Whelan, "Hi-tech Newcomer Shakes Up the Adhoc Freight Sector by Cutting 30% Off Logistics Costs," *The Loadstar*, March 3, 2016, theloadstar.co.uk/high-tech-newcomer-shakes-adhoc-freight-sector-cutting-30-off-logistics-costs/

[24] Mark W. Johnson, *Seizing the White Space: Business Model Innovation for Growth and Renewal* (Boston: Harvard Business Review Press, 2010)

[25] Rita Gunther McGrath, *The End of Competitive Advantage: How to Keep Your Strategy Moving As Fast As Your Business* (Boston: Harvard Business Review Press, 2013) p. xvi

[26] W. Chan Kim and Renée Mauborgne, *Blue Ocean Strategy: How to Create Uncontested Market Space and Make the Competition Irrelevant* (Boston: Harvard Business Review Press, 2005, p. 49

[27] Ibid, p. 204

[28] Brandon Griggs and Todd Leopold, "How iTunes Changed Music, and the World," *CNN*, April 26, 2013, cnn.com/2013/04/26/tech/web/itunes-10th-anniversary/

[29] Steven Tweedie, "Apple Announces Apple Music, Its New Music Streaming App," *Business Insider*, June 8, 2015, businessinsider.com/apple-announces-new-apple-music-streaming-app-2015-6

[30] Christina Rogers, Mike Ramsey and Daisuke Wakabayashi, "Apple Hires Auto Industry Veterans," *Wall Street Journal*, July 20, 2015, wsj.com/articles/apple-hires-auto-industry-manufacturing-veteran-1437430826

[31] Bruce Brown and Scott Anthony, "How P&G Tripled Its Innovation Success Rate," *Harvard Business Review*, June 2011, hbr.org/2011/06/how-pg-tripled-its-innovation-success-rate

[32] Drew Harwell, "Gillette's Lawsuit Could Tilt the Battle for America's Beards," *Washington Post*, December 18, 2015, washingtonpost.com/news/business/wp/2015/12/18/gillettes-lawsuit-could-tilt-the-battle-for-americas-beards/

[33] "Blades," Dollar Shave Club, accessed April 6, 2016, dollarshaveclub.com/blades

[34] Rolf Winkler, "Dollar Shave Club Is Valued at $615 Million," *Wall Street Journal*, June 21, 2015, blogs.wsj.com/digits/2015/06/21/dollar-shave-club-valued-at-615-million/

[35] Jack Neff, "Dollar Shave Club Claims to Top Schick as No. 2 Razor Cartridge," *Advertising Age*, September 8, 2015, adage.com/article/cmo-strategy/dollar-shave-club-claims-top-schick-2-men-s-razor/300247/

[36] Serena Ng and Paul Ziobro, "Razor Sales Move Online, Away From Gillette," *Wall Street Journal*, June 23, 2015, wsj.com/articles/SB12147335600370333763904581058081668712042

[37] Ari Levy, "Shaving Wars Pit Tech Start-ups against Gillette," *CNBC*, April 8, 2015, cnbc.com/2015/04/08/s-pit-tech-start-ups-against-gillette.html

[38] Matthew Barry, "A Changing Environment for Online Shaving Clubs in the US," *Euromonitor International* (blog), February 21, 2016, blog.euromonitor.com/2016/02/a-changing-environment-for-online-shaving-clubs-in-the-us.html

[39] Steve Millward, "WeChat Still Unstoppable, Grows to 697m Active Users," *Tech in Asia*, March 17, 2016, techinasia.com/wechat-697-million-monthly-active-users

[40] Juro Osawa, "Tencent's WeChat App to Offer Personal Loans in Minutes," *Wall Street Journal*, September 11, 2015, wsj.com/articles/tencent-to-add-personal-loan-feature-to-wechat-app-1441952556?mod=e2tw

[41] Devin Leonard and Rick Clough, "How GE Exorcised the Ghost of Jack Welch to Become a 124-Year-Old Startup," *Bloomberg Businessweek*, March 17, 2016, bloomberg.com/news/articles/2016-03-17/how-ge-exorcised-the-ghost-of-jack-welch-to-become-a-124-year-old-startup

[42] Reuters, "GE Has Been Busy Selling Off Its Non-core Assets," *Fortune*, March 30, 2016. fortune.com/2016/03/30/general-electric-selling-assets/

[43] Ted Mann and Laurie Burkitt, "GE Deal Gives China's Haier Long-Sought Overseas Foothold," *Wall Street Journal*, January 15, 2016, wsj.com/articles/ge-deal-gives-chinas-haier-long-sought-overseas-foothold-1452904339

[44] "Form 10-K 2015," GE, 2015, ge.com/ar2015/assets/pdf/GE_2015_Form_10K.pdf

[45] Ed Crooks, "General Electric: Post-Industrial Revolution," *Financial Times*, January 12, 2016, ft.com/intl/cms/s/0/81bec2c0-b847-11e5-b151-8e15c9a029fb.html#axzz3yGmPePd5

[46] Kristin Kloberdanz, "GE's Got a Ticket to Ride: How the Cloud Will Take Trains into a New Era," *manufacturing.net* (advertisement), accessed April 6, 2016, manufacturing.net/news/2016/04/ges-got-ticket-ride-how-cloud-will-take-trains-new-era

[47] Ibid.

[48] Tomas Kellner, "The Power Of Predix: An Inside Look at How Pitney Bowes Is Using the Industrial Internet Platform," *GE Reports*, February 24, 2016, gereports.com/the-power-of-predix-an-inside-look-at-how-pitney-bowes-has-been-using-the-industrial-internet-platform/

[49] Crooks, "General Electric."

第 4 章

[1] "Q4 15 Letter to Shareholders," Netflix, January 19, 2016, files.shareholder.com/downloads/NFLX/1837473908x0x870685/C6213FF9-5498-4084-A0FF-74363CEE35A1/Q4_15_Letter_to_Shareholders_-_COMBINED.pdf

[2] Emily Steel, "Netflix Refines Its DVD Business, Even as Streaming Unit Booms," *New York Times*, July 26, 2015, nytimes.com/2015/07/27/business/while-its-streaming-service-booms-netflix-streamlines-old-business.html?_r=1

[3] James Macaulay et al., "The Digital Manufacturer: Resolving the Service Dilemma," Cisco, November 2015, cisco.com/c/dam/en_us/solutions/industries/manufacturing/thought-leadership-wp.pdf

[4] Ethan Wolf-Mann, "Vinyl Record Revenues Have Surpassed Free Streaming Services Like Spotify," *Money*, October 1, 2015, time.com/money/4056464/vinyl-records-sales-streaming-revenues/

[5] Jen Wieczner, "Last Big Chunk of GE Capital Sold to Wells Fargo," *Fortune*, October 13, 2015, fortune.com/2015/10/13/ge-capital-wells-fargo/

[6] "KONE Joins Forces with IBM for IoT Cloud Services and Advanced Analytics Technologies," KONE Corporation, February 19, 2016, kone.com/en/press/press/kone-joins-forces-with-ibm-for-iot-cloud-services-and-advanced-analytics-technologies-2016-02-19.aspx

[7] Gary Shub et al., "Global Asset Management 2015: Sparking Growth with Go-to-Market Excellence," *BCG Perspectives*, July 7, 2015, bcgperspectives.com/content/articles/financial-institutions-global-asset-management-2015-sparking-growth-through-go-to-market-strategy/

[8] Julia Greenberg, "Financial Robo-Advisers Go into Overdrive as Market Rumbles," *Wired*, August 27, 2015, wired.com/2015/08/FinTechs-robo-advisers-go-overdrive-market-rumbles/

[9] Sarah O'Brien, "Will You Trust a Robot to Manage Your Money – When You're 64?" *CNBC*, June 2, 2015, cnbc.com/2015/06/02/will-you-trust-a-robot-to-manage-your-money-when-youre-64.html

[10] "Schwab Intelligent Portfolios", Charles Schwab, accessed April 6, 2016, intelligent.schwab.com

[11] "Schwab Posts First Robo Results; Q2 Earnings Beat Estimates," *ThinkAdvisor,* July 16, 2015, thinkadvisor.com/2015/07/16/schwab-posts-first-robo-results-q2-earnings-beat-e

[12] Lisa Schidler, "Schwab's Robo Spikes Suddenly To Nearer $5 Billion as 500 RIAs Sign On," *RIABiz*, October 27, 2015, riabiz.com/a/4957939840319488/schwabs-robo-spikes-suddenly-to-nearer-5-billion-as-500-rias-sign-on

[13] Alessandra Malito, "Schwab Launches Adviser-facing Robo Service," *Investment News*, June 23, 2015 investmentnews.com/article/20150623/FREE/150629976/schwab-launches-adviser-facing-robo-service

[14] Joe Morris, "Schwab Storms into 'Robo-Advisor' Sector," *Financial Times*, October 30, 2014, on.ft.com/1UuMKQE

[15] "Who We Are," BlackRock, accessed April 6, 2016, blackrock.com/corporate/en-us/about-us

[16] Leena Rao, "Blackrock Buys a Robo Advisor," *Fortune*, August 26, 2015, fortune.com/2015/08/26/blackrock-robo-advisor-acquisition/

[17] Alessandra Malito, "In the Wake of Blackrock's FutureAdvisor Deal, which Independent Robo-Adviser Will Be Bought Next?" *Investment News*, August 27, 2015 investmentnews.com/article/20150827/FREE/150829915/in-the-wake-of-blackrocks-futureadvisor-deal-which-independent-robo

[18] Brooke Southall, "Why BlackRock's Purchase of FutureAdvisor for $152 Million Could Be a Deal of Destiny," *RIABiz*, September 2, 2015, riabiz.com/a/4949175858888704/why-blackrocks-purchase-of-futureadvisor-for-152-million-could-be-a-deal-of-destiny

[19] "BlackRock to Acquire FutureAdvisor," BlackRock, August 26, 2015, blackrock.com/corporate/en-at/literature/press-release/future-advisor-press-release.pdf

[20] Michael Kitces, "BlackRock Acquires FutureAdvisor for $150M as Yet Another Robo-Advisor Pivots to Become an Advisor," *Nerd's Eye View* (blog), August 27, 2015, kitces.com/blog/blackrock-acquires-futureadvisor-for-150m-as-yet-another-robo-advisor-pivots-to-become-an-advisor-FinTech-solution/

[21] "BlackRock Solutions," BlackRock, accessed April 6, 2016, blackrock.com/institutions/en-axj/investment-capabilities-and-solutions/blackrock-solutions

[22] Kitces, "BlackRock Acquires FutureAdvisor."

[23] "Fidelity by the Numbers: Corporate Statistics," Fidelity, accessed April 6, 2016, fidelity.com/about-fidelity/fidelity-by-numbers/corporate-statistics

[24] Suleman Din, "Raising $100M, Betterment Sets Itself Apart in Robo Space," *Employee Benefit News*, March 29, 2016, benefitnews.com/news/raising-100m-betterment-sets-itself-apart-in-robo-space

[25] James J. Green, "Betterment Allies with Fidelity to Launch Betterment Institutional for Advisors," *ThinkAdvisor*, October 15, 2014, thinkadvisor.com/2014/10/15/betterment-allies-with-fidelity-to-launch-betterme

[26] "Fidelity Institutional Announces New Collaboration with LearnVest," Fidelity, accessed April 6, 2016, fidelity.com/about-fidelity/institutional-investment-management/collaboration-with-learnvest

[27] Liz Moyer, "Northwestern Mutual Is Buying Online Advice Provider LearnVest," *Wall Street Journal*, March 25, 2015, on.wsj.com/1xh64lh

[28] Lawrence Delevingne, "Robo Advisor Betterment Works with Fidelity in RIA Push," *CNBC*, October 15, 2014, cnbc.com/2014/10/15/robo-advisor-betterment-works-with-fidelity-in-ria-push.html

[29] Liz Skinner, "Fidelity Institutional Weighs Own Robo Offering," *Investment News*, December 2, 2014, investmentnews.com/article/20141202/FREE/141209982/fidelity-institutional-weighs-own-robo-offering

[30] Ron Lieber, "Fidelity Joins Growing Field of Automated Financial Advice," *New York Times*, November 20, 2015, nytimes.com/2015/11/21/your-money/fidelity-joins-growing-field-of-automated-financial-advice.html?_r=0

[31] Sarah Perez, "Nielsen: Music Streams Doubled In 2015, Digital Sales Continue To Fall," *TechCrunch*, January 7, 2016, techcrunch.com/2016/01/07/nielsen-music-streams-doubled-in-2015-digital-sales-continue-to-fall/

[32] Paul Resnikoff, "$9.99 Is 'Way Too Expensive' for Streaming Music, Study Finds," *Digital Music News*, January 7, 2016, digitalmusicnews.com/2016/01/07/9-99-is-way-too-expensive-for-streaming-music-study-finds/

[33] Jeremy Rifkin, *The Zero Marginal Cost Society* (New York: Palgrave Macmillan, 2014)

[34] Glenn Peoples, "PwC's Music Biz Forecast for the Next Four Years? More of the Same, Despite Looming Changes," *Billboard*, June 2, 2015, billboard.com/articles/business/6583239/pwcs-music-biz-forecast-for-the-next-four-years-more-of-the-same-despite

[35] Chris Taylor, "Apple's Business Model Is Backwards – And It Works Like Crazy," *Mashable*, October 23, 2013, mashable.com/2013/10/23/apple-free-software-expensive-hardware/#8mVXX0gECsqg

[36] Ibid.

[37] Matt Asay, "Thinking about the iPod as a Razor, Not a Blade," *CNET*, August 4, 2007, cnet.com/news/thinking-about-the-ipod-as-a-razor-not-a-blade/

[38] Andrew Tonner, "Apple's Services Segment: It's Bigger Than You Might Think," *Motley Fool*, September 7, 2015, fool.com/investing/general/2015/09/07/apples-services-segment-its-bigger-than-you-might.aspx

[39] Christine Moorman, “Why Apple Is a Great Marketer,” *Forbes*, July 10, 2012, forbes.com/sites/christinemoorman/2012/07/10/why-apple-is-a-great-marketer/#404bb9be6cb0

[40] “Introducing Apple Music – All The Ways You Love Music. All in One Place.” Apple, June 8, 2015, apple.com/pr/library/2015/06/08Introducing-Apple-Music-All-The-Ways-You-Love-Music-All-in-One-Place-.html?sr=hotnews.rss

[41] Micah Singleton, “Spotify Hits 30 Million Subscribers,” *The Verge*, March 21, 2916, theverge.com/2016/3/21/11220398/spotify-hits-30-million-subscribers

[42] Corey Fedde, “Apple Music Hits 11 Million Subscribers: Why Spotify Isn’t Worried,” *Christian Science Monitor*, February 13, 2016, csmonitor.com/Business/2016/0213/Apple-Music-hits-11-million-subscribers-Why-Spotify-isn-t-worried

[43] Mark Hogan, “The 50 Best Playlists on Apple Music,” *Vulture*, October 1, 2015, vulture.com/2015/10/50-best-playlists-on-apple-music.html

[44] Ethan Wolf-Mann, “Apple Music Is the ‘PC’ of the Music Streaming World,” *Money*, October 19, 2015, time.com/money/4077990/apple-music-not-popular-with-young/

[45] Yoni Heisler, “Apple Music Beats Spotify to the Punch, Will be the First Streaming Service to Feature DJ Mixes,” *BGR*, March 15, 2016,bgr.com/2016/03/15/apple-music-mashups-dj-remixes-streaming/

[46] Julia Greenberg, “Apple Tiptoes Into Original TV with Vice Show on Apple Music,” *Wired*, March 23, 2016, wired.com/2016/03/apple-tiptoes-original-tv-vice-show-apple-music/

[47] Roland Banks, “Smartphones Are Changing TV Viewing Habits, Especially among the Younger Generation,” *Mobile Industry Review*, October 26, 2015, mobileindustryreview.com/2015/10/smartphones-are-changing-tv-viewing-habits.html

[48] Jennifer Booton, “Pandora’s Answer to Spotify and Apple Music Might Be Too Late,” *MarketWatch*, November 18, 2015, marketwatch.com/story/pandoras-apple-music-rival-might-be-too-late-to-make-a-difference-2015-11-17

第 5 章

[1] Roger L. Martin, “The Big Lie of Strategic Planning,” *Harvard Business Review*, January 2014, hbr.org/2014/01/the-big-lie-of-strategic-planning

[2] Aileen Ionescu-Somers and Albrecht Enders, “How Nestlé Dealt with a Social Media Campaign against It,” *Financial Times*, December 3, 2012, ft.com/cms/s/0/90dbff8a-3aea-11e2-b3f0-00144feabdc0.html#axzz41OkAJtML

[3] James Murray, "Greenpeace Lauds Nestlé and Ferrero Palm Oil Pledges, Slams Others," *GreenBiz*, March 7, 2016, greenbiz.com/article/greenpeace-slams-lack-business-progress-palm-oil-deforestation

[4] Nestlé and the Digital Acceleration Team Take Social to the Next Level with Socialbakers,” Socialbakers, accessed April 6, 2016, socialbakers.com/resources/client-stories/nestle/

[5] Abbey Klaassen, “Nestlé’s Global Program Produces Its Digital Disciple,” *Advertising Age*, October 13, 2014, adage.com/article/digital/nestle-s-global-program-produces-digital-disciples/295359/

[6] “Nestlé and the Digital Acceleration Team,” Socialbakers, accessed April 6, 2016, socialbakers.com/resources/client-stories/nestle/

[7] Shilpi Choudhury, “How Nestlé Uses Data Visualization for Social Media Monitoring and Engagement,” *FusionBrew*, last updated September 13, 2015, fusioncharts.com/blog/2014/08/how-nestle-uses-data-visualization-for-social-media-monitoring-and-engagement/

[8] Evelyn L. Kent, "Cognitive Computing: An Evolution in Computing," *KMWorld* 24, no. 10 (November/December 2015), kmworld.com/Articles/News/News-Analysis/Cognitive-computing-An-evolution-in-computing-107027.aspx

[9] Judith Lamont, PhD, "Text Analytics Broadens Its Reach," *KMWorld* 24, no. 7 (July/August 2015), kmworld.com/Articles/Editorial/Features/Text-analytics-broadens-its-reach-104747.aspx

[10] "At a Glance," Deutsche Post DHL Group, accessed April 6, 2016, dpdhl.com/en/about_us/at_a_glance.html

[11] "DHL Invests $108 Million in Its Americas Hub," DHL, May 29, 2015, dhl.com/en/press/releases/releases_2015/group/dhl_invests_108_million_in_its_americas_hub.html

[12] "DHL Successfully Tests Augmented Reality Application in Warehouse," DHL, January 26, 2015, dhl.com/en/press/releases/releases_2015/logistics/dhl_successfully_tests_augmented_reality_application_in_warehouse.html

[13] Ibid.

[14] Charles Mitchell, Rebecca L. Ray, and Bart van Ark, "CEO Challenge 2014," The Conference Board, 2014, conference-board.org/retrievefile.cfm?filename=TCB_R-1537-14-RR1.pdf&type=subsite

[15] Brad Power, "How GE Applies Lean Startup Practices," *Harvard Business Review*, April 23, 2014, hbr.org/2014/04/how-ge-applies-lean-startup-practices/

[16] Will Knight, "Inside Amazon's Warehouse, Human-Robot Symbiosis" *MIT Technology Review*, July 7, 2015, technologyreview.com/s/538601/inside-amazons-warehouse-human-robot-symbiosis/

[17] "Coffee House Chains Ranked by Number of Stores Worldwide in 2014," Statista, accessed April 6, 2016, statista.com/statistics/272900/coffee-house-chains-ranked-by-number-of-stores-worldwide/

[18] Mark Wilson, "Mobile Orders Will Make Starbucks Coffee More Addictive than Ever," *Fast Company*, December 3, 2014, fastcodesign.com/3039308/mobile-orders-will-make-starbucks-coffee-more-addictive-than-ever

[19] Taylor Soper, "Mobile Payments Account For 21% of Transactions at Starbucks as Coffee Giant Rolls Out New Technology," *GeekWire*, October 30, 2015, geekwire.com/2015/mobile-payments-account-for-21-of-sales-at-starbucks-as-coffee-giant-rolls-out-new-technology/

[20] Natasha Lomas, "Starbucks' Mobile Pre-Ordering Goes International with London Launch," *TechCrunch*, October 1, 2015, techcrunch.com/2015/10/01/starbucks-takes-mop-to-london/

[21] Sarah Perez, "Starbucks' Mobile Order & Pay Now Live Nationwide, Delivery Service in Testing by Year-End," *TechCrunch*, September 22, 2015, techcrunch.com/2015/09/22/starbucks-mobile-order-pay-now-live-nationwide-delivery-service-in-testing-by-year-end/

[22] "Available in More Than 7,400 Stores and Customers Using the Starbucks App on iOS or Android Devices; International Expansion Coming in October," Starbucks, September 22, 2015, news.starbucks.com/news/starbucks-mobile-order-pay-now-available-to-customers-nationwide

[23] Julia Kowelle, "Starbucks Sales Set to Break $20bn – A Latte for Everyone on Earth," *The Guardian*, October 30, 2015, theguardian.com/business/2015/oct/30/starbucks-coffee-sales-set-to-break-20bn-a-latte-for-everyone

[24] Tricia Duryee, "Q&A: Starbucks Digital Chief Adam Brotman on Mobile Ordering, Delivery and International Availability," *GeekWire*, December 4, 2014, geekwire.com/2014/qa-starbucks-digital-chief-adam-brotman-on-mobile-ordering-delivery-international-availability/

[25] Amy Danise, "The Largest Auto Insurance Companies by Market Share," Insure.com, last updated December 3, 2015, insure.com/car-insurance/largest-auto-insurance-companies-by-market-share.html

[26] "Insurance Customers Would Consider Buying Insurance from Internet Giants, According to Accenture's Global Research," Accenture, February 6, 2014, newsroom.accenture.com/subjects/research-surveys/insurance-customers-would-consider-buying-insurance-from-internet-giants-according-to-accentures-global-research.htm

[27] Ibid.

[28] "Insurance-Tech Startups Are Invading The Multi-Trillion-Dollar Insurance Industry," *CB Insights*, June 5, 2015, cbinsights.com/blog/insurance-tech-startups-investment-growth/

[29] Steven Kauderer, Sean O'Neill and David Whelan, "Why It Pays for P&C insurers to Earn their Customers' Intense Loyalty," *Bain Insights*, August 28, 2013, bain.com/publications/articles/why-it-pays-for-pc-insurers-to-earn-their-customers-intense-loyalty-brief.aspx

第 6 章

[1] Charles Coy, "Spotlight on Technology: Let Employees Voice Their Feedback," *Cornerstone on Demand*, January 22, 2014, cornerstoneondemand.com/rework/spotlight-technology-let-employees-voice-their-feedback

[2] Greg Petro, "The Future of Fashion Retailing: The Zara Approach (Part 2 of 3)," *Forbes*, October 25, 2012, forbes.com/sites/gregpetro/2012/10/25/the-future-of-fashion-retailing-the-zara-approach-part-2-of-3/#153e9aaa39a0

[3] Chris DeRose and Noel Tichy, "Here's How to Actually Empower Customer Service Employees," *Harvard Business Review*, July 1, 2013, hbr.org/2013/07/heres-how-to-actually-empower-customer

[4] "Overview," Officevibe, accessed April 6, 2016, officevibe.com/employee-engagement-solution

[5] Lisa He, "Google's Secrets of Innovation: Empowering Its Employees," *Forbes*, March 29, 2013, forbes.com/sites/laurahe/2013/03/29/googles-secrets-of-innovation-empowering-its-employees/#74d93ae7eb39

[6] "Enterprise Collaboration: Insights from the Cisco IBSG Horizons Study," Cisco, March 2012

[7] Edgar H. Schein, *Humble Inquiry: The Gentle Art of Asking Instead of Telling* (San Francisco: Berrett-Koehler Publishers, 2013), p. 2

[8] Rawn, "Measuring the Performance of Knowledge Workers," *IBM developerWorks* (blog), April 1, 2006, ibm.com/developerworks/community/blogs/rawn/entry/measuring_the_performance_of_knowledge?lang=en

[9] Dave Evans, "The Internet of Things: How the Next Evolution of the Internet is Changing Everything," Cisco, April 2011, cisco.com/c/dam/en_us/about/ac79/docs/innov/IoT_IBSG_0411FINAL.pdf

[10] Olivia Solon, "Why Your Boss Wants to Track Your Heart Rate at Work," *Bloomberg*, August 12, 2015, bloomberg.com/news/articles/2015-08-12/wearable-biosensors-bring-tracking-tech-into-the-workplace

[11] Hannah Kuchler, "Data Pioneers Watching Us Work," *Financial Times*, February 17, 2014, ft.com/intl/cms/s/2/d56004b0-9581-11e3-9fd6-00144feab7de.html

[12] Rachel Emma Silverman, "Tracking Sensors Invade the Workplace," *Wall Street Journal*, March 7, 2013, wsj.com/articles/SB10001424127887324034804578344303429080678

[13] Sue Shellenbarger, "Stop Wasting Everyone's Time," *Wall Street Journal*, December 2, 2014, wsj.com/articles/how-to-stop-wasting-colleagues-time-1417562658

[14] David Nield, "Do You Really Know Everything Your Phone Is Tracking on You?" *TechRadar*, July 25, 2015, techradar.com/news/phone-and-communications/mobile-phones/sensory-overload-how-your-smartphone-is-becoming-part-of-you-1210244

[15] Duncan Graham-Rowe, "A Smartphone that Knows You're Angry," *MIT Technology Review*, January 9, 2012, technologyreview.com/s/426560/a-smart-phone-that-knows-youre-angry/

[16] Elizabeth Dwoskin, "Lending Startups Look at Borrowers' Phone Usage to Assess Creditworthiness," *Wall Street Journal*, November 30, 2015, wsj.com/articles/lending-startups-look-at-borrowers-phone-usage-to-assess-creditworthiness-1448933308

[17] Tanaya Macheel, "Average Time to Close Mortgages Fell in February: Ellie Mae," *National Mortgage News*, March 16, 2016, nationalmortgagenews.com/news/origination/average-time-to-close-mortgages-fell-in-february-ellie-mae-1073931-1.html

[18] Sydney Ember, "See That Billboard? It May See You, Too," *New York Times*, February 28, 2016, nytimes.com/2016/02/29/business/media/see-that-billboard-it-may-see-you-too.html?ref=technology

[19] Ibid.

[20] David Bolton, "Wearables: Triple-Digit Growth in 2015 Signals Increased Interest," *ARC*, February 26, 2016, arc.applause.com/2016/02/26/wearables-shipments-2015-idc/

[21] Cliff Kuang, "Disney's $1 Billion Bet on a Magical Wristband," *Wired*, March 10, 2015, wired.com/2015/03/disney-magicband/

[22] Christopher Palmeri, "Why Disney Won't Be Taking Magic Wristbands to Its Chinese Park," *Bloomberg*, January 10, 2016, bloomberg.com/news/articles/2016-01-10/why-disney-won-t-be-taking-magic-wristbands-to-its-chinese-park

[23] Affectiva, accessed April 6, 2016, affectiva.com/

[24] Oliver Nieburg, "Smile for Candy: Hershey Eyes In-Store Excitement with Facial Recognition Sampler," *ConfectionaryNews.com*, July 31, 2015, confectionerynews.com/Manufacturers/Hershey-Smile-Sample-Facial-recognition-to-dispense-chocolate

[25] Ibid.

[26] Rob Matheson, "Watch Your Tone: Voice Analytics Software Helps Customer Service Reps Build Better Rapport with Customers," *MIT News*, January 20, 2016, news.mit.edu/2016/startup-cogito-voice-analytics-call-centers-ptsd-0120

[27] David Cohen, "How Facebook Manages a 300-Petabyte Data Warehouse, 600 Terabytes per Day," *SocialTimes* (blog), April 11, 2014, adweek.com/socialtimes/orcfile/434041?red=af

[28] Jason Del Rey, "How Amazon Tricks You into Thinking It Always Has the Lowest Prices," *Recode*, January 15, 2015, recode.net/2015/01/13/how-amazon-tricks-you-into-thinking-it-always-has-the-lowest-prices/

[29] Erik Kain, "Amazon Price Check May Be Evil, But It's the Future," *Forbes*, December 14, 2011, forbes.com/sites/erikkain/2011/12/14/amazon-price-check-may-be-evil-but-its-the-future/#3fa5861a6839

[30] Gregory T. Huang, "Diving Deeper Into Cybersecurity, Recorded Future Reels In $12M," *Xconomy*, April 16, 2015, xconomy.com/boston/2015/04/16/diving-deeper-into-cybersecurity-recorded-future-reels-in-12m/#

[31] Alicia Boler-Davis, "How GM Uses Social Media to Improve Cars and Customer Service," *Harvard Business Review*, February 12, 2016, hbr.org/2016/02/how-gm-uses-social-media-to-improve-cars-and-customer-service

[32] Rob Preston, "GM's Social Media Plan: It's Not About Likes," *Forbes*, August 18, 2015, forbes.com/sites/oracle/2015/08/18/gms-social-media-plan-its-not-about-likes/#55a26e4c2eae

[33] Dan Primack, "This Software Startup Is Battling Slavery," *Fortune*, December 21, 2015, fortune.com/2015/12/21/software-startup-battling-slavery/

[34] Ibid.

[35] "FedEx Company Statistics," Statistics Brain, accessed April 6, 2016, statisticbrain.com/fedex-company-statistics/

[36] "BP at a Glance," BP, accessed April 6, 2016, bp.com/en/global/corporate/about-bp/bp-at-a-glance.html

[37] Julie Bort, "Cisco Teams Up with Robot Company So It Can Watch Hundreds of Robots on Factory Floors," *Business Insider*, October 5, 2015, businessinsider.com/cisco-fanac-for-iot

[38] "Mining Firm Quadruples Production, with Internet of Everything," Cisco, 2014, cisco.com/c/dam/en_us/solutions/industries/docs/manufacturing/c36-730784-01-dundee.pdf

[39] Ibid.

第 7 章

[1] Justin Worland, "Google's Former CEO: Amazon Is Biggest Rival," *Time*, October 14, 2014, time.com/3505713/google-amazon-rivals/

[2] Adam M. Kleinbaum, Toby E. Stuart and Michael L. Tushman, "Communication (and Coordination?) in a Modern, Complex Organization," Working Paper 09-004 (Harvard Business School, 2008), hbs.edu/faculty/Publication%20Files/09-004.pdf

[3] Sarah Jane Gilbert, "The Silo Lives! Analyzing Coordination and Communication in Multiunit Companies," *Working Knowledge*, September 22, 2008, hbswk.hbs.edu/item/the-silo-lives-analyzing-coordination-and-communication-in-multiunit-companies

[4] Ranktab, accessed April 7, 2016, ranktab.com/explore/

[5] Shana Lebowitz, "Three Unconscious Biases That Affect Whether You Get Hired," *Business Insider*, July 17,2015, businessinsider.com/unconscious-biases-in-hiring-decisions-2015-7

[6] Jane Porter, "You're More Biased than You Think," *Fast Company*, October 6, 2014, fastcompany.com/3036627/strong-female-lead/youre-more-biased-than-you-think

[7] Sara Ashley O'Brien, "Biased Job Ads: This Startup Has a Fix," *CNN*, May 5, 2015, money.cnn.com/2015/03/20/technology/unitive-diversity/

[8] "Premium Appliance Producer Innovates with Internet of Everything," Cisco, 2014, cisco.com/c/dam/en_us/solutions/industries/docs/manufacturing/appliance_producer_innovates_with_ioe.pdf

[9] Ibid.

[10] Scott A. Christofferson, Robert S. McNish, and Diane L. Sias, "Where Mergers Go Wrong," *McKinsey Quarterly*, May 2004, mckinsey.com/business-functions/strategy-and-corporate-finance/our-insights/where-mergers-go-wrong

[11] Sujeeb Indap, "IBM Bets on Mergers and Algorithms for Growth," *Financial Times*, January 12, 2016, ft.com/cms/s/0/11010eea-ae5f-11e5-993b-c425a3d2b65a.html#ixzz3x2lpWTb9

[12] Steve Dunning, "Why IBM is in Decline," *Forbes*, May 30, 2014, forbes.com/sites/stevedenning/2014/05/30/why-ibm-is-in-decline/#752439814c53

[13] Barb Darrow, "Why IBM Is Dropping $2.6 Billion on Truven Health," *Fortune*, February 18, 2016, fortune.com/2016/02/18/ibm-truven-health-acquisition/

[14] Sujeeb Indap, "IBM Bets on Mergers and Algorithms for Growth," *Financial Times*, January 12, 2016, ft.com/cms/s/0/11010eea-ae5f-11e5-993b-c425a3d2b65a.html#ixzz3x2lpWTb9

[15] "M&A Accelerator," IBM, accessed April 7, 2016, ibm.com/services/us/gbs/strategy/mna/

[16] "Where We Operate," P&G, n.d., pg.com/en_US/downloads/media/Fact_Sheets_Operate.pdf

[17] Tom Davenport, “How P&G Presents Data to Decision-Makers,” *Harvard Business Review*, April 4, 2013, hbr.org/2013/04/how-p-and-g-presents-data

[18] Doug Henschen, “P&G’s CIO Details Business-Savvy Predictive Decision Cockpit,” *InformationWeek*, September 11, 2012, informationweek.com/it-leadership/pandgs-cio-details-business-savvy-predictive-decision-cockpit/d/d-id/1106234?

[19] “Latest Innovations: Business Sphere,” P&G, n.d., pg.com/en_US/downloads/innovation/factsheet_BusinessSphere.pdf

[20] “Data Analytics Allows P&G to Turn on a Dime.” *CIO Insight*, May 3, 2013, cioinsight.com/it-strategy/big-data/data-analytics-allows-pg-to-turn-on-a-dime?utm_source=datafloq&utm_medium=ref&utm_campaign=datafloq

[21] “Tom Davenport, “How P&G Presents Data.”

[22] Sue Hildreth, “Data+ Awards: Procter & Gamble Puts Worldwide BI Data in Executives’ Hands,” *Computerworld*, August 26, 2013, computerworld.com/article/2483948/enterprise-applications/data--awards--procter---gamble-puts-worldwide-bi-data-in-executives--hands.html

[23] “Tom Davenport, “How P&G Presents Data.”

[24] “Senior Managers View the Workplace More Positively than Front-Line Workers,” American Psychological Association, May 12, 2015, apa.org/news/press/releases/2015/05/senior-managers.aspx

[25] Amy Adkins, “Employee Engagement in U.S. Stagnant in 2015,” *Gallup*, Jan 13, 2016, gallup.com/poll/188144/employee-engagement-stagnant-2015.aspx

[26] Susan Sorenson and Keri Garman, “How to Tackle U.S. Employees’ Stagnating Engagement,” *Gallup*, June 11, 2013, com/businessjournal/162953/tackle-employees-stagnating-engagement.aspx

[27] Steven Rosenbush and Laura Stevens, “At UPS, the Algorithm Is the Driver,” *Wall Street Journal*, February 16,2015, wsj.com/articles/at-ups-the-algorithm-is-the-driver-1424136536

[28] Ibid.

[29] Ibid.

[30] “The Decentralized Control Room” (case study), DAQRI, accessed April 7, 2016, daqri.com/home/case-studies/case-ksp/

[31] “Gartner Says Customer Relationship Management Software Market Grew 13.3 Percent,” *Gartner*, May 19, 2015, gartner.com/newsroom/id/3056118

[32] Shira Ovide and Elizabeth Dwoskin, “The Data-Driven Rebirth of a Salesman,” *Wall Street Journal*, September 17, 2015, http://www.wsj.com/articles/the-data-driven-rebirth-of-a-salesman-1442534375

[33] Ibid.

[34] Tim Bradshaw, “CES 2016: L’Oréal Gets a Makeover with Move into Wearable Tech,” *Financial Times*, January 6, 2016, ft.com/intl/cms/s/0/c61c4bd4-b45c-11e5-8358-9a82b43f6b2f.html

[35] Steve Bertoni, “Oscar Health Using Misfit Wearables To Reward Fit Customers,” *Forbes*, December 8, 2014, forbes.com/sites/stevenbertoni/2014/12/08/oscar-health-using-misfit-wearables-to-reward-fit-customers/#3bbc88b92574

[36] Jonah Comstock, “With $400M Injection, Tech-savvy Health Insurer Oscar Eyes 1M Member Mark,” *MobiHealthNews*, February 23, 2016, mobihealthnews.com/content/400m-injection-tech-savvy-health-insurer-oscar-eyes-1m-member-mark

第 8 章

[1] Jared Lindzon, "The State of the American Freelancer in 2015," *Fast Company*, June 26, 2015, fastcompany.com/3047848/the-future-of-work/the-state-of-the-american-freelancer-in-2015

[2] Guy Gilliland, Raj Varadarajan, and Devesh Raj, "Code Wars: The All-Industry Competition for Software Talent," *BCG Perspectives*, May 27, 2014, bcgperspectives.com/content/articles/hardware_software_human_resources_code_wars_all_industry_competition_software_talent/

[3] Drafted, accessed April 7, 2016, drafted.us/

[4] Lauren Weber, "Your Résumé vs. Oblivion," *Wall Street Journal*, January 24, 2012, wsj.com/articles/SB10001424052970204624204577178941034941330

[5] James Manyika et al., "Connecting Talent with Opportunity in the Digital Age," *McKinsey Global Institute*, June 2015, mckinsey.com/insights/employment_and_growth/connecting_talent_with_opportunity_in_the_digital_age

[6] Jacqueline Smith, "Why Companies Are Using 'Blind Auditions' to Hire Top Talent," *Business Insider*, May 31, 2015.

businessinsider.com/companies-are-using-blind-auditions-to-hire-top-talent-2015-5

[7] "Pam Baker, "Visier's New Release Offers Real-Time Workforce Analytics," *Fierce Big Data*, December 3, 2014, fiercebigdata.com/story/visiers-new-release-offers-real-time-workforce-analytics/2014-12-03

[8] Melissa E. Mitchell and Christopher D. Zatzick, "Skill Underutilization and Collective Turnover in a Professional Service Firm," *Journal of Management Development* 34, no. 7 (July 2015): 787-802, DOI: 10.1108 /JMD-09-2013-0112

[9] Phil Wainewright, "Workday Analytics Recommends Your Next Career Move," *Diginomica*, November 4, 2014, diginomica.com/2014/11/04/workday-analytics-recommends-next-career-movve-predictive-future/#.VnHX4t-rQql

[10] Ben Kepes, "Moving IT Beyond the 'Department of No'," *Forbes*, September 27, 2013, forbes.com/sites/benkepes/2013/09/27/moving-it-beyond-the-department-of-no/

[11] Joseph Bradley et al., "Fast IT: Accelerating Innovation in the Internet of Everything Era," Cisco, 2014, cisco.com/c/dam/en/us/solutions/collateral/executive-perspectives/fastit_findings.pdf

[12] Ibid.

[13] Ibid.

[14] "IT as a Strategic Business Resource," *Forbes Insights*, 2015, cisco.com/c/dam/en/us/solutions/collateral/data-center-virtualization/application-centric-infrastructure/strategic-business-resource.pdf

[15] "Executive Guidance for 2016: Accelerated Corporate Clock Speed," Corporate Executive Board, 2015, cebglobal.com/content/dam/cebglobal/us/EN/top-insights/executive-guidance/pdfs/eg2016ann-accelerating-corporate-clock-speed.pdf

[16] Joseph Bradley et al., "The Impact of Cloud on IT Consumption Models," Cisco, 2013, cisco.com/c/dam/en_us/about/ac79/docs/re/Impact-of-Cloud-IT_Consumption-Models_Study-Report.pdf

[17] "Global Oil & Gas Capital Expenditure Over $1 Trillion," *Energy Digital*, August 23, 2012, energydigital.com/utilities/2434/Global-Oil-Gas-Capital-Expenditure-Over-1-Trillion

[18] Dan Verel, "Can Cohealo Bring the Sharing Economy to Hospitals?" *MedCityNews*, October 20, 2014, medcitynews.com/2014/10/cohealo-uber-ride-sharing-medical-equipment-sharing/?rf=1

[19] Dazhong Wu et al., "Cloud Manufacturing: Drivers, Current Status, and Future Trends," in *ASME 2013 International Manufacturing Science and Engineering Conference collocated with the 41st North American Manufacturing Research Conference, Volume 2: Systems; Micro and Nano Technologies; Sustainable Manufacturing*, proceedings.asmedigitalcollection.asme.org/proceeding.aspx?articleid=1787092, doi:10.1115/MSEC2013-1106

[20] Wikipedia contributors, "3D Hubs," *Wikipedia, The Free Encyclopedia*, accessed April 7, 2016, en.wikipedia.org/w/index.php?title=3D_Hubs&oldid=704069571

[21] Michael E. Porter, *Competitive Advantage: Creating and Sustaining Superior Performance*, (New York: The Free Press, 1985) p.37

[22] Steve Bertoni, "Meet Adyen: The Little-Known Unicorn Collecting Cash for Netflix, Uber, Spotify and Facebook," *Forbes*, January 20, 2016, forbes.com/sites/stevenbertoni/2016/01/20/meet-adyen-the-little-known-unicorn-collecting-cash-for-nextflix-uber-spotify-and-facebook/#5f28ffbc2dd6

[23] "Why Customers Leave – And How to Keep Them," Nomi, accessed April 7, 2016, 3ez6hf6v2zy5uytw2a9dvi13.wpengine.netdna-cdn.com/wp-content/uploads/2014/01/Why-Customers-Leave-Whitepaper.pdf

[24] "Real Time In-store Analytics with RetailNext," RetailNext, January 2014, retailnext.net/wp-content/uploads/2014/01/RetailNext-Data-Sheet-Real-Time-In-Store-Analytics.pdf

[25] Dorinda Elliott, "Tencent: The Secretive, Chinese Tech Giant That Can Rival Facebook and Amazon," *Fast Company*, April 17, 2014, fastcompany.com/3029119/most-innovative-companies/tencent-the-secretive-chinese-tech-giant-that-can-rival-facebook-a

[26] Peter J. Williamson and Eden Yen, "Accelerated Innovation: The New Challenge from China," *MIT Sloan Management Review*, April 23, 2014, sloanreview.mit.edu/article/accelerated-innovation-the-new-challenge-from-china/

[27] Michael Wade, Y. Fang and W. Kang, "Tencent: Copying to Success," case study 3-2274, *IMD Business School*, 2011

[28] James Macaulay et al., "The Digital Manufacturer: Resolving the Service Dilemma," Cisco, November 2015, cisco.com/c/dam/en_us/solutions/industries/manufacturing/thought-leadership-wp.pdf

[29] Chris Lo, "Digital Wind Farms and the New Industrial Revolution," *Power Technology*, December 10, 2015, power-technology.com/features/featuredigital-wind-farms-and-the-new-industrial-revolution-4644602/

[30] Daniel Gross, "Siemens CEO Joe Kaeser on the Next Industrial Revolution," *strategy+business*, February 9, 2016, strategy-business.com/article/Siemens-CEO-Joe-Kaeser-on-the-Next-Industrial-Revolution?gko=efd41

[31] "From Virtual Space to Outer Space," *Pictures of the Future* (digital magazine), April 13, 2015, siemens.com/innovation/en/home/pictures-of-the-future/industry-and-automation/digital-factory-plm.html

[32] Stephanie Neil, "Has PTC 'Ubered' the Automation Industry?" *Automation World*, December 29, 2015, automationworld.com/all/has-ptc-ubered-automation-industry

[33] Sarah Scoles, "A Digital Twin of Your Body Could Become a Critical Part of Your Health Care," *Slate*, February 10, 2016, slate.com/articles/technology/future_tense/2016/02/dassault_s_living_heart_project_and_the_future_of_digital_twins_in_health.html

[34] Greg Bensinger, "Amazon Wants to Ship Your Package Before You Buy It," *Wall Street Journal*, January 17, 2014, blogs.wsj.com/digits/2014/01/17/amazon-wants-to-ship-your-package-before-you-buy-it/

[35] Joel Barbier et al., "Cybersecurity as a Growth Advantage," Cisco, April 2016, https://www.cisco.com/c/dam/m/en_us/offers/pdf/cybersecurity-growth-advantage.pdf

[36] Steve Blank, "Lean Innovation Management – Making Corporate Innovation Work," *Steve Blank* (blog), June 26, 2015, steveblank.com/2015/06/26/lean-innovation-management-making-corporate-innovation-work/

结 论

[1] Wikipedia contributors, "Holacracy," *Wikipedia, The Free Encyclopedia*, accessed April 7, 2016, en.wikipedia.org/w/index.php?title=Holacracy&oldid=713630893

[2] Alison Griswold, "Zappos Stopped Managing Its Employees. They Don't Seem Too Happy About It." *Slate*, May 8, 2015, slate.com/blogs/moneybox/2015/05/08/zappos_holacracy_many_employees_choose_to_leave_instead_of_work_with_no.html

[3] Laura Reston, "Tony Hsieh's Workplace Dream: Is Holacracy a Big Failure?" *Forbes*, July 17, 2015, forbes.com/sites/laurareston/2015/07/17/tony-hsiehs-workplace-dream-is-holacracy-a-big-failure/#314f90735ccd

[4] Benjamin Snyder, "Holacracy and 3 of the Most Unusual Management Practices Around," *Fortune*, June 2, 2015, fortune.com/2015/06/02/management-holacracy/

[5] R. H. Coase, "The Nature of the Firm," *Economica* 4 No. 16 (November 1937), pp. 386-405, DOI: 10.2307/2626876

[6] Elliot Maras, "Are Smart Contracts the Future of Blockchain?" *CryptoCoinsNews*, January 13, 2016, cryptocoinsnews.com/smart-contracts-future-blockchain/

[7] Nathaniel Popper, "Ethereum, a Virtual Currency, Enables Transactions That Rival Bitcoin's," *New York Times*, March 27, 2016, nytimes.com/2016/03/28/business/dealbook/ethereum-a-virtual-currency-enables-transactions-that-rival-bitcoins.html

[8] Gian Volpicelli, "Smart Contracts Sound Boring, But They're More Disruptive Than Bitcoin," *Motherboard*, February 16, 2015, motherboard.vice.com/read/smart-contracts-sound-boring-but-theyre-more-disruptive-than-bitcoin

[9] DJ Pangburn, "The Humans Who Dream of Companies that Won't Need Us," *Fast Company*, June 19, 2015, fastcompany.com/3047462/the-humans-who-dream-of-companies-that-wont-need-them

[10] Gavin Wood, "Bazaar Services," *Ethereum Blog* (blog), April 5, 2015, blog.ethereum.org/2015/04/05/bazaar-services/

[11] Joe Fassler, "Can the Computers at Narrative Science Replace Paid Writers?" *The Atlantic*, April 12, 2012, theatlantic.com/entertainment/archive/2012/04/can-the-computers-at-narrative-science-replace-paid-writers/255631/

[12] Michelle Starr, "World's First 3D-printed Apartment Building Constructed in China," *CNET*, January 19, 2015, cnet.com/news/worlds-first-3d-printed-apartment-building-constructed-in-china/

[13] Paul Krugman, "Robber Baron Recessions," *New York Times*, April 18, 2016, nytimes.com/2016/04/18/opinion/robber-baron-recessions.html?_r=0

[14] Edward Teach, "A Fortress Balance Sheet," *CFO*, June 18, 2009, cfo.com/banking-capital-markets/2009/06/a-fortress-balance-sheet/

[15] Paul Krugman, "The Big Meh," *New York Times*, May 25, 2015, nytimes.com/2015/05/25/opinion/paul-krugman-the-big-meh.html

[16] Joseph Schumpeter, *Capitalism, Socialism and Democracy* (London: Routledge, 1942)

[17] Khan Academy, accessed April 7, 2016, khanacademy.org/

[18] "Press Room", Khan Academy, accessed April 7, 2016, khanacademy.zendesk.com/hc/en-us/articles/202483630-Press-room

作者简介

迈克尔·韦德（Michael Wade）是思科全数字化业务转型主席，也是IMD商业管理学院，一家总部位于瑞士的以高管教育著称的商学院的创新与战略学教授。他是全球全数字化业务转型中心的主任。迈克尔曾在主要学术期刊和会议上发表50余篇文章和演讲，并以他与组织合作的经验为基础，著有七本书和20多篇案例研究。他是IMD“领导全数字化业务转型”高管课程的共同负责人，并为瑞士信贷、沃达丰、马士基航运、苏黎世金融、标致雪铁龙集团和卡地亚等公司设计了几门定制课程。他曾为IBM、LVMH、雀巢、谷歌和诺华公司等公共和私营部门组织提供咨询服务、高管教育和专家评估。迈克尔拥有加拿大西安大略大学理查德毅伟商学院荣誉学士学位、工商管理硕士学位和博士学位。他曾在七个国家生活和工作，目前与家人住在瑞士。

杰夫·劳克斯（Jeff Loucks）是思科全数字化办公室主任，也是全球全数字化业务转型中心（IMD和思科合作的一项计划）的访问学者。杰夫与全球500强企业和创新型初创企业合作，探索企业在全数字化时代蓬勃发展所必须采取的战略和具体措施。通过十五年的研究、写作和咨询工作，杰夫已帮助许多企业借助商业模式转型来利用技术变革。杰夫对组织为适应日益加速的变革而使用的战略特别感兴趣。深厚的学术背景与他的技术专长相得益彰。他的博士论文论述的是世界上伟大的战略家之一马基雅维利。此外，他还借助哲学、心理学和政治学来了解机构和人类如何应对当今日益严峻的挑战。杰夫拥有俄亥俄州立大学政治学学士学位，以及多伦多大学政治学硕士和博士学位。他与妻子和两个儿子住在俄亥俄州。

詹姆斯·麦考利（James Macaulay）是思科全数字化办公室主任，也是全球全数字化业务转型中心的访问学者。凭借近二十年的高科技行业从业经验，以及广泛发表的研究成果，他一直战斗在思科的思想领导力前线，以明确全数字化市场转型及其影响。作为专业的研究人员，他与世界各地的企业展开合作，帮助他们设计全数字化转型路线图。加入思科之前，他有七年的创业经历，经营一家提供咨询服务的初创企业，专攻高科技市场研究和战略。他一直致力于包括私营及公共部门的技术研究，曾在硅谷 Gartner 和布鲁塞尔的加拿大外交和国际贸易部担任分析人员。詹姆斯以优异成绩获得了达尔豪斯大学政治学学士学位，此外还持有多伦多大学政治学硕士学位。目前，他与妻子和两个孩子生活在不列颠哥伦比亚省。

安迪·诺罗尼亚（Andy Noronha）是思科全数字化办公室主任，负责发展有助于指导思科及其客户未来实现全数字化的研究和见解。他还是全球全数字化业务转型中心的访问学者，在该中心开展研究并与希望在全数字化颠覆时代保持竞争力的公司的高管合作。凭借在技术行业 20 年的从业背景，他拥有帮助企业在技术不断演进的商业领域保持竞争力的丰富经验。踏入职业生涯之初，他在 Gartner 担任分析师，负责领导能源实务并为全球科技公司提供咨询服务。后来，他与人联合创办了一家市场研究和咨询公司，帮助技术供应商改进他们在垂直市场的销售和营销工作。他对研究科技会如何改变未来子孙后代的生活非常感兴趣。安迪拥有加州大学伯克利分校的生物工程学士学位。目前，他与妻子和两个孩子生活在加利福尼亚州南部。

关于全球全数字化业务转型中心

全球全数字化
业务转型中心
IMD 和思科的一项计划

全球全数字化业务转型中心（DBT 中心）是洛桑国际管理发展学院（简称 IMD）与思科联合发起的一项计划，汇集了全数字化时代的创新成果和知识。DBT 中心是位于全数字化业务转型前沿的全球研究中心，吸引高管参与解决因大规模市场转型而带来的挑战。DBT 中心向包括初创企业和现有企业在内的各种组织广泛征集不同观点，为这一过程带来新的想法、最佳实践和颠覆性思维。这次合作将思科的领先技术与 IMD 在应用研究和培养全球领导者方面的专业知识相结合，集中力量研究全数字化转型所需执行的组织变革。DBT 中心位于瑞士洛桑的 IMD 校区。

关于 IMD

IMD
REAL WORLD. REAL LEARNING

imd.org

IMD 是一家顶尖的商业管理学院，是公认的通过高影响力的管理教育课程培养全球领导者方面的专业机构。该校百分之百地专注于真实世界的管理人员培养；以全球化的视角提供拥有卓越品质、灵活且高效的定制方案。IMD 连续五年位居全球开放招生课程的榜首，在高管教育领域名列全球前三（《金融时报》，2012—2016 年）。IMD 总部位于瑞士洛桑，在新加坡设有高管学习中心。

关于思科

CISCO

cisco.com

思科（纳斯达克股票代码：CSCO）是全球 IT 领导厂商，倡导“联所未联”，帮助企业把握未来的机遇。思科总部位于加利福尼亚州圣荷西，拥有超过 7 万名员工并在全球设有 400 多个办事处。